生成式人工智能在教育领域的应用

王慧　王璜　著

北方联合出版传媒(集团)股份有限公司
辽宁科学技术出版社

图书在版编目(CIP)数据

生成式人工智能在教育领域的应用 / 王慧, 王璜著. --沈阳 ：辽宁科学技术出版社，2024. 8.

ISBN 978-7-5591-3830-9

Ⅰ. G43

中国国家版本馆CIP数据核字第2024VA0030号

出版发行：辽宁科学技术出版社

（地址：沈阳市和平区十一纬路25号　邮编：110003）

印 刷 者：辽宁鼎籍数码科技有限公司

幅面尺寸：170mm×240mm

印　　张：14.625

字　　数：300千字

出版时间：2024年8月第1版

印刷时间：2026年1月第1次印刷

策划编辑：王玉宝

责任编辑：高雪坤

封面设计：博瑞设计

版式设计：博瑞设计

责任校对：修吉航

书　　号：ISBN 978-7-5591-3830-9

定　　价：59.00元

编辑电话：024-23285311

邮购热线：024—23284502

http://www.lnkj.com.cn

作者简介

王慧，女，汉族，湖南隆回人，研究生学历，讲师，研究方向是信息化教学、信息技术课程教学与改革，中共党员，电子与通信工程专业，主要从事计算机教育教学研究工作，主编教材《信息技术与Office办公软件》，作为副主编参与了教材《计算机网络技术基础》和《大学计算机应用基础》的编写，作为主要成员参与了湖南省教育厅科研项目《地方高职院校学生信息素养培养模式和策略研究》、湖南省职业教育教学改革研究项目《基于"三端一体"的高职高专<计算机应用基础>精品课程建设研究与实践》等课题。

王璜，女，汉族，湖南邵阳人，研究生学历，讲师，研究方向是信息技术支持下的课程与教学改革、数字媒体技术等领域，中共党员，本硕毕业于天津师范大学现代教育技术专业。科技创新名师工作室成员，作为副主编编写《信息技术与Office办公软件》和《大学计算机应用基础》等多本教材，参与课题《基于"工作室"的高职院校现代教育技术专业技能型人才培养模式研究》，多次指导学生获得省、校级比赛奖项。

前 言

人工智能是一种模拟人类智能的计算机技术，经过多个阶段的发展，从早期基于规则的专家系统逐渐演变为基于数据和算法的深度学习。在医疗、教育、艺术、游戏等领域，人工智能都得到了广泛的应用。教育作为重要且敏感的领域，直接关系着人类的知识、技能、价值观和未来发展。

生成式人工智能是一种能够理解并生成自然语言的模型式人工智能技术。在教育领域，生成式人工智能可以呈现多种形式和功能。它具备令人瞩目的特点，能根据输入或提示，自动生成文章、诗歌、代码、歌曲等，为教育带来新的可能性。作为现代技术发展的高级形态，生成式人工智能对教育的变革已成必然。ChatGPT、GPT-4 等生成式人工智能的快速发展，不仅引领着人工智能技术的爆炸性增长，也对社会各领域产生了重大的冲击和影响，教育领域亦不例外。从社会结构体系的角度来看，可将技术与教育视为社会的两个子系统。而从技术与教育的关系来看，生成式人工智能一方面通过推动社会经济发展引领社会人力资本和劳动力市场革新，从外部驱动教育形态变革；另一方面通过直接融入教育场域、创新教育系统，从内部赋能教育生态重塑。这一技术的快速发展给教育领域带来了新的机遇和挑战，对教学、学习和育人产生了深远的影响，为教育体系的改革提供了机会，促使教育更注重学生的发展和创新能力。然而，生成式人工智能技术在教育中的引入也带来了一些挑战，包括教育公平性、数据隐私和技术伦理等。因此，我们需要深入思考和研究，以更好地理解生成式人工智能对教育的影响。

本书主要是针对生成式人工智能在教育领域的应用而编写的，以生成式人工智能、ChatGPT 为研究对象，对教育领域的人工智能应用进行了研究。阐述了人工智能与教育的关系、教育的发展历程、人工智能在现代化教育中的理论政策等基础知识，对生成式人工智能在教育现代化领域中的机遇与风险、挑战与变革、生态伦理与应对方法进行了探索，基于生成式人工智能在教育现代化领域中的应用、学习方法展开了研究，并对生成式人工智能在教育现代化领域中的未来进行展望。文章通过系统研究生成式人工智能对教育变革与发展的影响，旨在为我国利用生成式人工智能技术促进教育数字化转型提供系统的理论参考与实践指导。

王慧

2024年6月

目　录

第一章 绪论

第一节 人工智能与教育

一、人工智能与教育概述

人工智能是一种融合了生物学、语言学、心理学、计算机科学、电子学等多个学科的应用技术。严格来说,人工智能技术属于计算机科技的一个分支领域。目前,相对成熟的人工智能技术涵盖了图像识别、指纹识别、语音识别、智能机器人、专家系统等。简而言之,人工智能技术的核心在于通过计算机信息技术模拟人的思维,并执行相应的指令,旨在实现超越人类智慧或人类行为能力的目标。在当前大数据应用蓬勃发展的背景下,以机器学习和深度学习为关键技术的人工智能已经悄然而至,并深刻影响着人类社会经济结构、社会生活、工作方式的各个方面。

教育是社会发展与人类文明延续不可或缺的社会活动,必然会受到人工智能的影响与冲击。《教育信息化"十三五"规划》明确提出坚持"融合创新"的工作原则,大力推进提升信息化服务教育教学与管理的功能。人工智能不仅能够优化教育信息化的流程,还能显著提升其效能。通过优化学习环境、变革教学模式和教学评价方法,以及改进教育服务供给,人工智能促进了教学系统整体性变革,推动了教育发展创新。

针对人工智能在教育领域的应用这一既是难点又是热点的问题,国内外学者已从不同方面进行了一定程度的研究。国外学者的研究工作起步比较早,相对更为成熟,对技术开发和应用的研究是其主要研究成果的侧重点,涉及人工智能辅导系统、智能论证评估系统、以交互性学习为主的教育游戏等应用。近年来,自然语言处理、智能代理、深度学习、机器学习等技术成为国外研究者关注和青睐的关键技术。相比之下国内学者的研究起步较晚,在偏向于宏观理论相关探索的同时,也进行了部分实践研究。理论研究主要集中在人工智能教育的概念、特征、技术结构或框架体系、未来发展等方面[①],而实践研究则主要基于人工智能技术的发展,探讨了智能校园、智慧课堂、游戏化学习、5G互联技术、在线教育、K12教育、各类开放大学远程教育等方面的实践应用,但这些讨论绝大多数还处于设想的阶段[②]。

到目前为止,虽然国内外研究者在人工智能教育的内涵与外延、技术方法和实用工具的开发与应用等方面取得了一定的成效,但是大部分文献对人工智能教育应用研究仍局限于较为浅显的理论介绍与分析,缺乏理论与实践应用相结合的深入研究。

现阶段,我国的教育信息化事业已经迈入了崭新的发展阶段。计算机信息技术与教育事业的深度融合成为教育、校园建设的基础。在人工智能的有效利用之下,现代化教育正逐渐朝着智能化、个性化的方向发展,因此,人工智能技术正是推动教育时代中信息化教育持续发展的中坚力量。

二、人工智能教育应用场景及特征

人工智能技术依托语音识别、自然语言处理、机器学习等核心技术,发展出了多种灵活性、交互性、个性化的智能教育教学系统或工具,这些系统逐渐展现出显著的应用形态差异,并具备智能化服务、个性化发展、多样性交互等特征。

(一)人工智能教育应用场景

1.智能导学系统实现教学方式智能化

智能导学系统旨在通过模拟人类教师,实现"一对一"的智能化辅助教学。该系统利用情景感知与识别技术,实现对学习主体、学习场景、学习服务等信息数据的捕捉识别,并完成数据的整理分析和决策生成等工作,通过多模态反应生成器将信息反馈给教师,从而更好地开展个性化的教学活动。智能导师系统(Intelligent Tutoring System,ITS)和智能教学代理(Intelligent Tutoring Agent,ITA)是其典型应用,美国孟菲斯大学主导的Auto Tutor、美国卡内基学习公司的MATHia、中国科大讯飞公司的畅言智能语音(双语)教学系统等,这些系统在提升教学效率和增强教学效果等方面发挥重要作用。

①彭绍东.人工智能教育的含义界定与原理挖掘[J].中国电化教育,2021(06):49-59.
②鲍赟力,孙雨.人工智能在远程教育领域的应用路径研究[J].成人教育,2020,40(11):13-16.

2.智能学习过程支持系统增强学习方式自适应

智能学习过程支持系统利用机器学习、大数据、计算机视觉等技术，分析学习者的学习水平和学习偏好，提供即时、有针对性的教学诊断，并进行智能学习推荐。Knewton系统是其中的典型代表，它基于对学习者学习轨迹的关注和追踪，分析学习者的教育背景、学习状态、认知水平、遗忘曲线、注意范围等，诊断学习过程中遇到的障碍，为学生定制并不断优化个性化的学习成长路径和学习资源。目前，我国也开发了多种自适应教学系统，如“松鼠AI”系列产品、流利说英语、小盒科技等，这些产品在提升学生学习效率的同时，也注重学生的个性化发展。

3.智能测评系统实现教学测评精准化

智能测评系统在口语测评、写作教学测评、程序作业测评等方面能够提供深度分析和有效反馈。例如，美国的自动化口语测评系统Speech Rater、中国的科大讯飞普通话水平自动测试系统均已成为规模应用的语言测评系统。信息与通信技术（Information and Communications Technology，ICT）自动测评系统是程序作业测评的典型应用，其在程序代码检查、代码质量评估、程序测试等方面不仅让学习者能够收到及时的诊断、评价与反馈，还能对学生未来学习趋势进行预测性评估，从而实现教师对学生的前瞻性干预和更为精准的教学指导。

4.智慧教学环境实现学习空间的开放互容

虚拟现实技术（Virtual Reality，VR）突破了传统教学中基于文本图像和固定物理场所的二维平面教育环境，建立了虚实融合、开放共享的立体仿真三维交互环境，为师生带来更具想象力和创造性的教学体验。例如，学而思网校及一些职业技术院校已借助VR、AR技术模拟在地球环境中无法操作或具有危险性的实验。在虚拟空间中，学生可以接收到视觉、触觉、听觉等多方面的信息，获得更加生动、直观的学习体验，从而大大提高学习的积极性和主动性。

5.智能教育管理与服务水平

人工智能技术的应用可以营造智慧化校园环境，促进师生之间的有效交往和协作互动，从而提升学校智慧化管理与服务水平。一是数据驱动智能教育决策：基于大数据的智能决策系统采用可视化分析方法，帮助学校、教育主管部门等快速收集、汇总并分析教育数据，为管理决策、制度完善、政策制定提供更为科学的依据，实现教育决策的科学性和前瞻性。二是创新教育服务方式:利用人脸识别技术、传感技术、通信技术等在校园安全保卫、生活服务等方面实现教育管理与服务智能化、规范化。

(二)人工智能教育应用的基本特征

1.智能化服务

智能化是信息技术和大数据推动社会变迁发展的重要阶段。当人工智能与教育活动融合时,也呈现智能化服务特征。教育智能化是智能技术在教育领域深度普及和常态化应用的必然结果。人工智能在教育中的应用,以算法、算力和数据为核心驱动力,展现出强大的图文生成、语言分析和逻辑思维能力,为教育环境、教学工具、教育方式等赋予智能化特征。智能导师系统、个性化推荐学习系统、智能测评系统等都是基于智能模型构建的,它们不仅为教学程序赋能创新,让教学中的实际问题得以简化,还提高了教学效率和教学质量。同时,作为人类智力过程的模拟,人工智能技术的功能是动态的、自主的,能够实时观察海量教育信息,并从中挖掘具有潜在价值的教育资源,为未来教学活动提供可参考的建议。

2.个性化发展

实现个性化发展是人工智能教育的重要特征,也是实现个体生命完整性发展的核心原则。当前,我国积极鼓励人工智能教育的发展。2023年6月,教育部印发的《基础教育课程教学改革深化行动方案》提出,要推进数字化赋能教学质量提升行动,强调在数字化背景下实现学习模式从标准化走向个性化,从被动接受转向主动探究。在人工智能时代,知识图谱构建、数据可视化技术、学生数据画像等支持教师对学生知识结构、学科偏好、思维方式、情感喜好等方面的全面了解和把握。在此基础上,可以抓取学习数据、识别学习需求、定制学习计划、推荐学习资源、跟踪学习进度、提供学习反馈,这有助于实现教学从"千人一面"到"千人千面"的转变。

3.多样化交互

人工智能教育开创了具有包容性和开放性的新型教育模式,它超越了传统教育的时空和结构限制,可以在多个领域中进行教育活动,并实现了智慧教育的全向交互。一是人机交互。智能技术的发展使得人工智能具有更强的"类人性",如自然语言处理技术支持人工智能理解并分析复杂的语言表达;思维链逻辑推理能力能够理解并分析假设给定的复杂逻辑关系,从而进行相应的推理决策,以更为直接的方式实现人与智能教育终端设备的交互。二是“家、校、政、企、社”多方交互。人工智能教育在打破传统教育时空领域的同时,将政府、企业、社区等纳入传统的“学校—家庭”育人格局中,形成强大的信息资源集成平台和智能创新教育平台。三是虚实深度交互。虚拟技术、物联网技术和数字化平台等打造虚拟教学空间,实现了物理空间、信息空间和社会空间的融合,为教学实践开拓了更为丰富的教育场景,在更加动态开放的教学空间中,师生的创新意识和创造能力得到进一步提升。

最后,人工智能与人类智能的协作共存是未来教育发展的必然。人工智能教育产品伦理向度的增加承载了社会大众的价值期许。在理想情况下,人工智能应用应当成为体现向善赋能的价值载体①。为此,必须对人工智能教育在应用中的伦理风险保持清晰认知,这是实现人工智能教育“适应”与“超越”的前提。

三、人工智能应用对教育事业的影响

(一)基于学习者的角度分析

作为一种全新的科学技术,人工智能技术的作用优势极其鲜明,它不仅能为人们提供更加高效、便捷的信息处理服务,还能在一定程度上模拟人的行为操作,执行相应指令,甚至做出部分简单决策。在当前教育环境复杂性和学习者背景多样性的条件下,根据学习者的不同学习需求、学习能力以及知识掌握程度制订具体、有针对性的学习方案显得尤为困难。然而,人工智能技术凭借其高度的拟人化、信息化及智能化特征,在教育领域有望弥补传统教育和“互联网+教育”的局限性,从而提高教育质量。

随着人工智能技术的不断推进与深入发展,其与教育的融合已成为可能。在教育教学活动中广泛应用人工智能技术,可以帮助学习者利用以往的学习数据对未来的学习情况进行分析与预测,挖掘学习者的实际需求,并智能化地推荐最合适的学习内容和资源,从而显著提升学习效果。

1.个性化学习的实现

个性化学习较于传统课堂学习模式更能体现学习者之间的差异。它以尊重学习者的个性发展为首要出发点,能够基于学习者的个人信息、认知特征、学习记录,以及媒体、社交等信息进行因材施教,促进学习者能力

①祝智庭,韩中美,黄昌勤.教育人工智能(eAI):人本人工智能的新范式[J].电化教育研究,2021,42(01):5-15.

与个性得到充分、自由的发展。随着人工智能教育应用的日趋成熟，个性化学习的实现已成为可能。一方面，基于“以学习者为中心”的理念，人工智能技术可以对学习者的个性优势、需求、偏好、学习能力、知识经验等进行分析，构建学习者画像，动态展示学习者的知识结构。另一方面，根据个性化学习分析结果，可以精准定位学习者的各项个性化特征，如学习行为、认知能力、学习风格、学习方式等，并逐步完善个性化学习资源的推送以及个性化学习路径的规划与实施，通过促进学习者的自我调控和知识生成，更好地实现个性化学习的构想。

2. 自适应学习的实现

自适应学习是指借助以人工智能为基础的学习者智能评价与诊断结果，根据学习者个性化需求和认知特点，推送精准的学习资源与学习路径，从而主动或被动地构建学习者知识的学习方式。目前，由于班级式教学模式的普遍采用，教师往往面对数十名甚至更多学习者。一方面，没有足够的时间和精力分析每一名学习者的每次学习行为；另一方面，评价与诊断主要依靠经验，具有较大的偶然性和主观性。相比之下，基于人工智能的评价与诊断能够基于学习者客观的学习过程数据，高效、科学地实现学习评估与诊断的客观性、智能化以及个性化。此外，随着教育信息化的推进，学习者的学习数据可以持续采集形成自适应序列，借助人工智能技术对其进行深度分析，发现以往靠经验未能发现的规律，并智能地为学习者提供学业水平发展报告与学习资源等内容反馈。自适应学习有助于学习者实现自我反思、自我监控与自我认知，通过鼓励学习者做出积极选择来实现学习理念的改进与学习价值的创造。

3. 分布式学习的实现

分布式学习是指将学习者置身于同伴、媒介、社会与文化等环境中进行的一种沉浸式的学习活动，主要强调认知主体与环境之间的分布。从本质上来讲，分布式学习不仅强调学习者之间的交互和群体知识构建，还重视加强学习者与多样化学习资源的交互作用。借助人工智能技术，学习者可以围绕课程主体、话题内容和学习兴趣等创设学习社群，组成学习小组或构建人机合作共同体。此外，人工智能技术还可以为学习者提供多元化且可以深度参与的交互学习环境，通过打造人际互动网络实现学习者之间同步或异步的高效互动，共同完成学习任务，达到学习目的。同时，通过分布式学习网络，学习者可以建立与其他学习者、学习内容和学习环境间的联结,从而获得多元化学习路径、学习资源和学习支持,促进知识的构建以满足动态需求。

(二)基于教师的角度分析

人工智能给教育领域带来了极其广泛而深远的影响,作为大多数教育活动主体之一的教师也必然会受到一定的影响。人工智能教育应用的第一步便是从替代烦琐、机械的教育教学活动,将教师从重复性的脑力工作及简单的机械性劳动中解放出来,从而提升教育教学成效。同时,教师的角色也将伴随着人工智能教育的应用而发生根本性变革,人工智能将取代教师的知识性角色,使教师能够更专注于育人角色,将主要精力放在充当"连接者"和"创造者"上。

1.减轻工作负担,提高工作效率

人工智能教育应用的作用主要体现在替代教师的部分重复性劳动,提高教师开展个性化教育教学的效率上。一方面,通过对学习者资源使用情况的完整记录以及学习者在学习过程中所产生的学习行为数据进行深度挖掘,帮助教师精准快速地把握学习者的学情,并以学情分析的结果为基础,依据学习风格、学习需求等参数选择教学资源、教学策略,同时规划教学过程并高效地实现自动备课或者提供有效的授课建议。另一方面,人工智能可以完美地承担出勤考核记录,作业的编辑、收发和批阅,问题的收集、分析与解答以及学习者素质测评等程序性任务,不仅大幅减轻了教师的工作负担,而且为教师从事创造性、情感性的个性化答疑、授课以及创生个性化教学工作提供可能。

2.促进角色转变,适应全新教学环境

人工智能教育应用使得学习者的核心素养培养成为主要内容,教师的核心价值也由传统的专业知识和专业技能转向为情感塑造、创造力提升和良好德行的培养,教师的责任不再是单纯地灌输知识,而是帮助和引导学习者自主学习及自我成长,并最终成为学习者的人生导师。在教学上,教师将更多地被定位为学习者学习活动的设计者和组织者。人工智能技术能够为学习者的个性化学习创造有利条件,教师应当摒弃培养单一人才的教育目的和以知识讲授为中心的教学目标,成为注重营造浓厚学习氛围的营造者、学习者学术成长计划与方案的定制者、学习者学会自我管理与自我调控的引导者,以及学习者主动学习、实践和创造的促进者。在育人上,教师将更多地被定位为促进学习者成长的心灵导师和成长伙伴。人工智能的教育应用使教师应该更加关注师生对话与情感交流，注重培养学习者的批判意识、创新能力和审美素养，通过对学习者进行思想熏陶与价值引领帮助其养成健全人格。

（三）基于管理者角度分析

人工智能教育应用可以很大程度上降低教育管理成本，提升教育管理效益，使管理者、教师与学习者沉浸于良好的教育生态系统中，从而真正地将教育与管理融为一体，促使教育沿着内涵式发展道路前行，同时，它也使得教育能够从冗长、粗放的科层管理模式转向扁平化的精准化治理。

1.实现精准化的教育治理

人工智能既可以协助管理者精准制定教育政策，也可以对教育宏观规律进行预测与调控。以人工智能技术为支撑，可以对包含学习者、教师、学校与社会等各个方面的教育数据进行全样本收集，通过数据挖掘关联算法分析优化教育治理体系各个治理环节及流程，用具有前瞻性的宏观调控取代滞后的微观管控，提升治理方案的应用实效，从而达到教育发展状态与社会需求相协调的目的。同时，为学校布局、教育经费分配等教育决策提供理论指导与数据支持，提高教育发展战略以及教育政策等方面决策的有效性及精准性。

2.促进优质资源共享

信息技术的发展打破了学习的时间与空间限制，使得学习者接受教育的方式也发生了重大变革。学习者可以突破传统教育对学习资源和学习方式的限定，借助网络、媒体等多元渠道获取知识与技能。人工智能技术使得建立具有全功能、全流程特色的高效智能教育管理系统成为可能，通过这一智能化管理系统可促进学习资料、学习资源、教学资源、优秀师资以及信息红利的有效共享。

四、人工智能教育应用面临的问题

人工智能教育应用虽然发展较快，并在各方面取得了一定的进展，但仍处于浅层次的、以认知为导向的弱人工智能阶段，其在教育领域应用的潜力未得到发挥，尤其是通用性人工智能尚待开发，对于推进教育系统深层次变革依然存在广阔的发展空间，在推进人工智能教育应用的过程中还会面临诸多的现实问题与挑战。

(一)学习者自主学习能力不足,学习负担增加

学习者具备一定的自主学习能力是人工智能教育应用实施的基础。自主学习能力不仅包含信息处理能力,更重要的是自我调节、自我管理能力等。显而易见,在人工智能教育应用过程中,学习者必然会成为所有学习活动的中心,主体地位始终贯穿整个学习过程,学习者可以根据自身需求选择相应的学习资源,生成个性化学习方案。如此,个性化学习方案的顺利实施对学习者自主学习能力要求更高。大部分学习者习惯于采用传统的学习模式,自主学习能力存在一定的欠缺,必将导致学习效率低下,学习负担增加。主要表现为处理信息速度慢;学习基础薄弱,需要花费大量时间和精力对基础知识进行弥补。

(二)教师数字胜任力薄弱,教改动力不足

教师具备必要的数字胜任力是人工智能教育应用实施的关键。教师数字胜任力意味着数字意识、数字交流、数字创造等多种能力的综合表现,正是为面对智能时代的数据而存在①。人工智能教育应用要求教师能够对于教育教学活动相应事项所产生的大量数据信息进行适当的理解和运用,从而创生新信息。然而,在现实教学改革中却碰到以下问题:一是由于教师缺乏数据意识,很难运用数据对教学问题进行思考,更谈不上辅助教学管理,从而对数据利用态度消极;二是由于教师数据技能欠缺,导致数据交流能力低下,从而造成所获取的数据服务有限,进而无法进行对外技能交流,更别说数字创新。因此,教师数字胜任力薄弱必将使得教师工作量加大,导致其教改动力不足。

(三)管理者资源相对缺乏,统筹推进受限

管理者统筹推进资源开发与建设是人工智能教育应用的重要保障。人工智能教育应用要求管理者要根据现有资源配置情况,洞察教育教学过程中存在的问题及其演化趋势,通过对大数据的收集和分析,搭建智能化管理平台,实现更方便、更高效的资源配置,更合理、更有效地提升教育质量及促进教育公平。在这一系列过程中需要多方相关专业技术人员的保障与支持,同时要对多方资源进行统筹优化。然而,当前大多数管理者采用的是科层管理模式,各部门有各自的系统,虽然分工明确但各部门之间

---

①何灶,赵磊磊.智能时代教师数字胜任力发展困境及策略研究[J].贵州师范学院学报,2021,37(03):53-61.

未能形成系统的联系，这无疑将成为制约人工智能教育应用发展的重要瓶颈。

第二节 生成式人工智能

一、生成式人工智能概述

（一）生成式人工智能概念

生成式人工智能（Generative Artificial Intelligence，GAI），是一种专注于生成或创建新内容的人工智能，它利用现有的文本、音频或图像等大型数据集进行机器学习，然后生成全新内容。生成式人工智能通常基于深度学习模型，生成对抗网络（Generative Adversarial Networks，GANs）、变分自编码器（Variational Auto Encoders，VAEs）等[①]。与以往决策式人工智能不同，生成式人工智能聚焦于创作新内容，它可基于语言模型、图像模型，利用深度学习技术，分析并学习数据库，自动生成新的文本、图片、音频和视频等内容。随着大数据、深度学习、云计算等技术与智能算法深度融合，生成式人工智能开始广泛应用于市场各行业、各场景，催生出许多改变行业认知和现实的创新应用，对世界政治经济、文化传播和人类生活皆产生了极其深刻的影响。例如，在图像生成领域，生成式人工智能可以学习一组图像的特征，并生成与之类似的新图像。在自然语言处理领域，生成式人工智能可以学习文本数据的语义和语法规则，并生成新句子或段落[②]。

全球知名IT研究与顾问咨询公司高德纳认为，生成式人工智能是最具影响力和快速发展的技术之一，可以带来生产力革命。基辛格等战略家指出，没有哪个大国可以忽视人工智能的安全维度。对我国而言，发展新一代人工智能是关系我国核心竞争力的战略问题，也是必须紧紧抓住的战略制高点。伴随着互联网日益成为意识形态斗争的主阵地、主战场、最前沿，显然掌握网络意识形态主导权，就是守护国家的主权和政权。在当前网络空间意识形态斗争错综复杂的形势下，作为网络空间传播思想文化的

①杨曼婷．基于GAN的图像生成算法研究[D]．淮南：安徽理工大学，2022．

②王晨月．基于深度学习和计算机辅助技术的非遗纹样生成与设计研究[D]．上海：华东理工大学，2021．

重要载体，生成式人工智能的意识形态安全风险把控仍存在漏洞，诸如偏好性提取学习基础数据信息、通过算法推荐制造信息茧房，对我国意识形态进行“去中心化”，进而挤压我国主流意识形态的生存空间，形成并维护意识形态霸权。

（二）生成式人工智能技术特征

生成式人工智能技术以人类智能活动为研究对象，以算法模型为核心，其本质是一种深度模仿人类思维的智能生成过程。生成式人工智能技术在理论和技术上具有独特优势，主要体现为以下5个方面。

1.生成模型

生成式人工智能使用生成模型来学习和理解数据。生成模型试图从给定的输入数据中生成，与原始数据相似地输出数据。这与判别式模型不同，后者对给定的输入进行分类预测。

2.深度学习

生成式人工智能经常使用深度学习技术，特别是深度神经网络。深度学习模型由多个层次组成，每个层次都有许多神经元，通过规模数据集进行训练，可以获取高级抽象特征①。

3.生成样本

生成式人工智能的一个重要目标是生成新的以假乱真的样本，这些样本可以是图像、音频、文本等各种形式。生成式对抗网络是一种常用生成模型，其由生成器和判别器两个对抗网络组成，通过对抗训练来提高生成样本的质量②。

4.长期依赖建模

生成式人工智能可以处理具有长期依赖关系的传统序列模型，如循环神经网络等，在处理长序列容易出现梯度消失或梯度爆炸的问题中，生成式人工智能中的一些模型（Transformer）使用了注意力机制，能够更好促使模型长期生成。

5.创造性应用

生成式人工智能在创造领域有广泛的应用，如艺术创作、音乐生成、图像合成等。其可以通过学习大量的输入数据，并结合模型的创造性能力生成新颖且富有深意的内容。

---

①翁奇峰．基于GAN的两阶段图像生成方法研究[D]．成都：电子科技大学，2023.

②杨韶晟．基于VAE的条件生成式对抗网络模型研究[D]．长春：吉林大学，2019.

需要注意的是,生成式人工智能技术已经取得显著的进展,但仍然处于不断发展和进步的阶段。从目前来看,人工智能技术已经在医疗、金融、交通等领域发挥了重要作用。然而,尽管人工智能技术在诸多领域取得了重大进展,但和实现通用人工智能的目标还相距甚远。在未来的发展过程中,人工智能技术将朝着更加拟人化的方向发展,这意味着人工智能将越来越多地从简单的工具向具有更多人类特征和行为的智能产品转变,未来也将更多地呈现出与人类相同或相似的思维方式。因此,如何应对这一现象对人类社会发展所产生的影响,以及如何避免由此引发的伦理、法律和社会问题,将成为未来人工智能发展所必须思考和解决的重要课题。

二、生成式人工智能的出现及其影响

纵观人类技术发展史,每一次科技重大变革必然引发对劳动力市场的冲击,纯粹抵制机器代替人工的卢德主义并不可取,否则将阻碍生产力的解放和技术发展对社会的促进作用。生成式人工智能的出现同时催生了某些新兴职业,拥有人工智能机器操作技能的劳动者将会在新一轮的人才竞争中脱颖而出。然而,作为新兴技术的代表,生成式人工智能的发展势必面临诸多难题,因此,应当客观评价其对未来社会的整体影响,这体现在3个方面:一是对公共秩序和公共安全的影响;二是对隐私保护和科技安全的影响;三是对人机关系和社会认知的影响。随着生成式人工智能的发展成为全球关注的核心议题之一,透明、可解释与可信任是现阶段生成式人工智能治理的主要目标,回顾人工智能的发展历史能够更好地客观分析其对社会发展带来的深刻变革。

(一)生成式人工智能的发展历程

像人一样思考和行动是人工智能研发的初衷,人工智能创造之初通过模仿人类的智力劳动实现任务自动化,并借助“图灵测试”来检验其智能程度。人工智能技术发展跨度70余年,大致经历了4次浪潮,前两次浪潮主要在神经网络和语言识别技术层面予以突破,第三次浪潮则以深度学习技术为支撑,并以阿尔法狗(AlphaGo)同人类的智力竞赛获胜为节点。作为引发第四次人工智能浪潮的典型代表,生成式人工智能初具类脑特征,通过算法模拟人的基础认知,利用海量数据作为语料文本的分析源,并借由算力为规模数据计算提供基础保障,具有自主决策能力及自我发展的潜力。值得注意的是,在算法模型的迭代中,GPT-4.0改造了知识生产及传播方式和人机互动模式的同时,使得输出内容更为多样并具有通用性,并为投入产业化运营提供了新思路。OpenAI(开放公司)最新推出 GPT-Turbo、开放式新模态和定制化服务,不断提升用户满意度,主要表现如下:一是可控性增强,满足一条指令多项任务操作的用户需求;二是语料库不断更新扩展,并辅助更加精准的信息来源,从而保证了生成内容的可信度;三是提升定制化服务水平,用户的视觉、感知等体验感不断丰富。除此之外,生成式人工智能的研发者为应对潜在的知识产权风险,设置"版权盾"应对版权侵权索赔的情形。总体而言,可信任生成式人工智能的开发和应用是大势所趋,而用户友好型生成式人工智能技术的优化是提升竞争力的关键,因此必然涉及算法模型和数据安全的精准治理。

(二)生成式人工智能对社会的整体影响

2018 年 10 月 31 日中共中央政治局就人工智能发展现状和趋势举行第九次集体学习,中共中央总书记习近平在主持学习时强调,人工智能是新一轮科技革命和产业变革的重要驱动力量,加快发展新一代人工智能是事关我国能否抓住新一轮科技革命和产业变革机遇的战略问题。要深刻认识加快发展新一代人工智能的重大意义,加强领导,做好规划,明确任务,夯实基础,促进其同经济社会发展深度融合,推动我国新一代人工智能健康发展。参与全球生成式人工智能竞争,有助于倒逼补齐我国人工智能领域相关技术短板,推动跨行业跨领域技术创新和产业化运营,为经济高质量发展赋能。如果将生成式人工智能的内核同人脑类比,对语料文本快速抓取的技能可以类比为人脑的记忆功能;对数据的规模化训练和算法模型的升级则还原了人脑思考的动态;多模态模型及海量应用场景的匹配则类似人脑语言加工及输出的过程。

对生成式人工智能风险一定要置于可控范围内,否则可能造成社会科技发展的失衡。这是由于在逐利扩张和监管失范的双重影响下,会导致科技资源分配不均。生成式人工智能沦为大国博弈甚至数字霸权的工具,趁机侵蚀他国数字主权乃至国家核心利益。如果不加遏制,甚至可能会滑向军备竞赛的方向,给国际局势增添不确定因素[①],如通过制造政治性言论和煽动舆论,从而引发新的国际政治危机。一旦生成的政务信息真实性存疑,将直接减损公众对公共政策的信任程度,进而引发新的舆情危机,对

①王禄生. 从进化到革命:ChatGPT 类技术影响下的法律行业[J]. 东方法学,2023(04):56-67.

于公共秩序和安全都将造成冲击[①]。生成式人工智能同样易产生法律风险，包括生成内容的著作权权属争议，商业数据的规模爬取过程引发的商业秘密纠纷，以及对个人隐私条款的模糊处理、隐私泄露问题等[②]。由于人工智能行业依托特定场景创新，借助工程实践为主要支撑，并遵循可信任规则为必要保障，因此，未来生成式人工智能技术将沿着技术创新、产业工程及规则建构的方向发展，将对社会各方面的影响深远，我们尤其要关注其对科技发展所带来的影响。

（三）生成式人工智能对科技发展的影响

生成式人工智能颠覆了人类的基础认知、行为范式和关系网络，具备典型的“双刃属性”，优势在于跨行业整合了科技信息资源，降低了信息获取门槛并助于打破旧有行业模式，弊端是使得社会风险更加突显，将隐私数据和算法伦理修正等问题推向了新的高度。生成式人工智能对科技发展的影响主要体现在以下几点。

一是重塑了人机关系，在频繁的人机互动中可能逐步演化为人机协同。主要表现在利用生成式人工智能语料库并借助算法智能推荐功能，可以实现精准的信息对称，从而与用户之间形成更为紧密的关系，便于用户参与内容生成的全链条。与此同时，人机互动也可能异化为人机对抗，用户可能产生对于生成式人工智能的强依赖心理，长此以往可能限制基于人脑的创造劳动。生成式人工智能的泛化使用也可能加剧信息茧房的形成，随即而来的基础认知偏差和信息割裂分布将不利于信息本身的完整性和真实性。

二是引发了科技创新的鲶鱼效应，倒逼加大开展人工智能基础研究和技术研发的投入。生成式人工智能突破了机器创造和机器学习的瓶颈，能够借由机器学习把握“概念化”“逻辑化”基本规律，有利于实现稳定且全面的技术跨越。不仅如此，与人脑有限的记忆联结不同，生成式人工智能的语料库素材跨越数学、计算机科学等自然学科和语言学等社会学科范畴，在信息获取和资源累积方面具备明显优势。然而由于缺乏系统治理，生成式人工智能创造物的真实性难以有效保证，误导性、有害性信息可能

①姚志伟，李卓霖．生成式人工智能内容风险的法律规制［J］．西安交通大学学报（社会科学版），2023，43（05）：147-160．

②李健．出版视域下生成式人工智能创作物的权利归属与制度应对［J］．出版发行研究，2023（03）：41-47．

被规模化传播[①]。

三是生成式人工智能可能引发多重法律风险。在法律规范尚不健全的情形下,生成式人工智能可能造成对国家秘密、商业秘密及个人信息的全面泄露。利用生成式人工智能实施侵权行为更具隐蔽性,表现为对个人数据的规模性爬取,且数据获取类型、广度和深度已经突破了最小必要原则,对个人信息权益、隐私权等人格利益造成严重侵害的可能性。对于知识产权造成了潜在威胁,由于生成式人工智能语料库庞大且可以同时上传并更新内容,因此存在员工不当使用泄露商业秘密的隐患,由此给企业造成严重的经济损失。

整体而言,生成式人工智能的更新迭代和广泛应用是科技不断创新和产业化发展的必然结果。在"科技向善"理念的引导下将极大地丰富生活体验并降低沟通成本,节省内容生成及传播的成本。生成式人工智能使得人机交互常态化,进而可能分化为人机协同和人机对抗两种模式。起初生成式人工智能对用户的角色定位为"服务者",在密集且区分式的信息投喂过程中,正在逐步演化为"主导者"甚至是"操纵者"。当生成式人工智能信息来源的真实性无法保障时,将严重影响用户知情权和决策权的行使,从而演变为人机对抗的不利局面,使得科技发展可能脱离人类可控范围,引发社会管理风险。

三、生成式人工智能引发的科技安全风险及防范对策

(一)生成式人工智能引发的科技安全风险

要把科技的命脉牢牢掌握在自己手中,不断提升我国发展的独立性、自主性和安全性。科技安全同政治安全、经济安全、社会安全和新型领域安全共同塑造总体国家安全观,为国家安全和发展的战略提供支撑作用。科技安全是指国家科技体系完整有效,重点领域核心技术自主可控,核心利益和安全不受外部科技力量危害,以及保障持续安全状态的能力。在生成式人工智能背景下,科技安全观需要兼顾科技安全风险防控治理和推进科技创新,科技安全作为"建设世界科技强国"的重要标志,承载着科技强国建设和国家安全建设的双重任务,关系着国家根本利益。因此处理好科技安全同科技发展、科技竞争之间的关系,有效识别新型科技安全风险,

①段伟文.生成式人工智能对学习与教育的冲击及其伦理应对[J].人民教育,2023(11):45-47.

完善科技安全立法、统一科技安全相关司法适用和实现科技安全的全方位监管,成为亟待回应和解决的时代命题[①]。

1.生成式人工智能引发的国家安全风险

由于生成式人工智能的生成内容本质上难以避免意识形态的偏好型输出,主要在于强势的生成式人工智能研发者在算法和模型设计端进行价值观念的选择性表达,代表了特定数字强势群体的利益,挤压了数字弱势群体的表达空间[②]。以ChatGPT为代表的生成式人工智能服务器多数在海外,算法建构和数据训练的背景深受西方社会意识形态的影响。生成式人工智能在长期数据投喂过程中可能使用户产生强依赖,基于偏好差异进而割裂社会观念,从而引发新型国家安全风险。GPT-4.0以其特有的数据、算法训练模式不断改变用户认知,其数据库以西方价值观念为导向建构,不可避免存在各式各样的偏见,存在意识形态渗透的风险,势必对用户的价值观念造成潜移默化的影响。鉴于生成式人工智能用户群体基数庞大,社会价值观念的异化一旦遭遇"破窗效应",将引发更为严重的社会问题。如果对上述偏见不加以控制,轻则形成偏激型言论,对是非问题做出有违基本伦理的歧视性言论,从而冲击国家主流文化价值;重则成为大国利益博弈的工具,甚至可能对他国舆论进行操纵,进一步干扰公共政策的制定,对全球局势造成不确定性影响。

生成式人工智能作为稀缺的科技资源,对其分配不均和监管失范随时可能引发新的国家科技安全风险。其一,鉴于生成式人工智能的应用场景涵盖国防、军事等公共领域,且生成式人工智能的研发和适用本身作为公认的国家综合实力衡量标准,因此面对不稳定且复杂多变的国际局势,生成式人工智能可能沦为国与国之间的军备竞赛工具。基于公共资源的有限性,一旦将"生存性焦虑"转变为"生存式威胁",势必会集中一定的社会资源运用于生成式人工智能尖端武器装备的研发之中,从而为复杂多变的国际局势增添更多不确定因素和加大国家安全风险。其二,生成式人工智能一旦被用作跨国犯罪,如泄露国家秘密、商业秘密和个人隐私并用于转售和实施暗网交易,权利人难以举证并获取及时有效的救济。其三,生成式人工智能凭借其强大的学习及自我决策能力,对其底层技术的研发及产

①李广建,罗立群.国家科研论文和科技信息高端交流平台的战略定位与核心特征[J].图书馆论坛,2022,42(01):13-20.

②禹卫华.生成式人工智能数据原生风险与媒介体系性规范[J].中国出版,2023(10):10-16.

业化运营已成为趋势，如果没有适度的技术监管，将引发科技安全风险。但是，如果监管过度则可能阻碍相关产业发展，因此需要政府进行适度监管。我们同时应该看到适时并适度的监管操作起来相对困难，对生成式人工智能安全风险的滞后监管可能会陷入“科林格里奇困境”，即由于信息不对称造成对新兴科技监管缺位，长此以往一旦生成式人工智能愈加普及，再对其施以约束则可能面临投资者和社会公众的心理抵制，从而造成监管乏力的不利局面[①]。

生成式人工智能的全面应用和治理缺位可能加剧数据霸权现象。数据主权国家利用生成式人工智能海量数据库以及固有的资本、人才和技术优势，在“数据圈地”过程中逐步形成数据霸权：一则表现为利用数据资源优势强行制定数据交易规则，不断打压竞争对手并侵蚀他国数字主权；二则借由国际法和国际条约的签订巩固数字霸权地位，配套实施全球数字主权战略进一步掌控关键科技信息，并限制信息资源的流动；三则表现为将数字霸权思想渗透于数字生产、信息流通和消费等国际经济活动中。数字寡头利用在技术、资金等优势，在全球范围内收购其他中小企业，进一步加剧知识产权和数字资源的不均衡分配。

数字霸权带来的危害在于：一是难以逆转，拥有数字霸权的一方通过制定行业标准和提升准入门槛，阻止新型数字主体参与高端制造业竞争，从而攫取高额利润、实现行业垄断；二是对经济社会构成深度危害，将数字霸权的影响渗透于创新链、交易链、消费链和价值链；三是数字寡头通过不断抢夺数字资源、控制数字市场和获取数字利润，干预他国内政和操纵别国舆论，对其他国家数字主权、信息安全造成了极大威胁。由于生成式人工智能的研发和应用会产生科技资源的聚合效应，存在加剧科技资源的垄断风险的可能性。拥有强势科技资源的生成式人工智能平台在算法设计环节隐蔽和操纵重要信息，在算法加工环节无视算法歧视内容，造成数据、隐私等泄露的算法安全问题将更加突出。

2.生成式人工智能引发的算法安全风险

生成式人工智能的引入增大了算法和数据的安全风险，因而对算法监管和风险治理水平提出更高的要求。有关生成式人工智能的监管及风险治理成为全球科技领域的重大关切，然而有关生成式人工智能的监管组织和职能定位、生成式人工智能研发者问责机制以及机器生成内容的识别机

①郭传凯．人工智能风险规制的困境与出路[J]．法学论坛，2019，34(06)：107-117.

制尚未建立。生成式人工智能的算法监管对象是海量应用场景及其算法模型,因而监管成本较高、监管难度较大,尤其是提出了跨领域监管的要求。针对生成式人工智能的数据监管同样面临困境,一则难以实现数据聚合,鉴于数据跨部门、跨层级和跨地区聚合能力相对薄弱,且数据存在行业、地区和领域壁垒,因此难以形成科技安全完整的数据链,导致数据资源没有充分有效地整合。二则虽然国家科技安全相关政策文本以中央文件为主,但各地科技安全的相关政策文本存在雷同现象,未能在数据、算法等科技标准制定方面深入和突出地区特色。

提升算法透明度的关键在于抵制算法黑箱和算法歧视现象。由于主要的数据库资源掌握在少数商业巨头手中,因此确立有效的信息披露制度以保障算法透明具有紧迫必要性。在具备竞争关系的生成式人工智能平台之间,强势一方试图通过技术推广而保证足够的社会影响力和绝对的市场话语权。一是利用数据议价优势限制中小企业获取和利用数据的行为,二是利用算力优势不断提升中小企业的市场准入门槛,三是利用其算法模型研发优势从而形成技术壁垒。生成式人工智能平台利用科技优势地位侵蚀用户权益,主要表现为未经用户许可而泄露其个人信息,数据供应商、数据产品经销商等获取非法利益。在频繁的人机交往过程中,用户可能逐步对生成式人工智能信息获取产生强依赖而无法对信息质量进行有效鉴别,实际构成了人机关系的不平等“交互”。

生成式人工智能时代,算法黑箱、算法歧视和数字鸿沟问题以更隐蔽和更具破坏性的形态出现。高频度的人机交互使得个人信息全方位地暴露,泛滥的虚假信息进入生成式人工智能庞大语料库之中,随即大规模传播将会带来社会危害。生成式人工智能为违法犯罪行为的实施节省了成本,以网络炒作和恶意发帖跟评等不当言论发表可能损害了他人的人格权;利用生成式人工智能平台实施不正当的商业营销行为可能构成不正当竞争;利用生成式人工智能自动抓取或传播他人作品信息的行为可能构成著作权侵权;违背个人意愿非法获取公民个人数据,对数据加工、利用和售卖的行为则可能构成犯罪。而基于算法歧视、算法偏见和数据投喂的样本偏差,对用户进行生理属性和社会属性的刻意划分,加强对特定主体的歧视,导致其在参与社会交往时遭遇不公正对待并逐步丧失个体自由发展空间。

3.生成式人工智能引发的科技伦理风险

生成式人工智能引发科技伦理风险主要体现在3个层面。

(1)人机关系方面。随着机器自主决策意识的加深以及人对机器日渐依赖,可能造成人的自主决策能力减退。生成式人工智能的泛化应用导致人际交往的疏离和社会观念的异化。生成式人工智能本身具有权力异化和权力膨胀的基因,具备自主意识的生成式人工智能一旦脱离必要有效的监管,可能存在凌驾于人或者取代人类的思想。对比之下,在频繁的人机交往和信息投喂过程中,人可能逐步丧失主体地位和自主决策意识。此外,"银发鸿沟"现象在生成式人工智能时代将会更突显,实际上加剧了弱势信息主体被边缘化的风险。在社会观念的流变过程中,生成式人工智能重塑了人的自我意识和全面发展理念,数字素养成为人的全面发展的基本素养之一。然而人机协同关系以可信任的生成式人工智能构建为前提,如果缺乏强制性规范和伦理约束,具备自主决策意识的生成式人工智能随时可能演化为威胁人类、引导舆论和扭曲价值观念的变异体,从而形成"人机对立"的紧张关系①。

(2)生成式人工智能本身的伦理及感知的匮乏。由于生成式人工智能本身难以实现类人的价值认同和情感表达,过度依赖人机交互可能影响人的价值判断。由于伦理价值观念的天然缺失,生成式人工智能往往无法进行伦理判断。生成式人工智能同人类储存经验的方式不同,相较而言,人工智能欠缺人类基于基本感情、朴素价值观念的直觉判断和随机的情景应对。深层原因就在于并非所有机理和判断都能够通过形式化符号表现,人脑和机器存在本质差异,尤其在处理复杂的人际关系之时。拥有强大语料库的GPT-4.0等生成式人工智能,看似能够借助历史数据形成初步的先验判断,并能够与人类展开交流,即实现形式意义的人机交互。然而,由于生成式人工智能的情景表达多是概括式,虽然语言情景开发达到无限还原人类真实语言交流的模式,然而强调逻辑而非表达、重情景而非感情的生成式人工智能难以拥有像人类一样的认知和情感表达,难以实现完全契合社会普遍价值观的"人机交流"。

(3)无论再精进的深度学习技术都难以摆脱算法偏见。生成式人工智能研发者基于身份背景而具备价值与情感偏向,在算法输入端任何一个细微的差别都可能在结果输出端产生明显的差别,从而加重算法歧视和算法

①戚凯.ChatGPT与数字时代的国际竞争[J].国际论坛,2023,25(04):3-23,155.

黑箱的社会影响。虽然在人机协同过程中生成式人工智能获取了某些情感特征,但并非完全拥有像人类那样的情感,生成式人工智能在多数情形下仅能提供纯粹理性的表达。而缺乏普适价值观念约束的理性一旦失控,将对人类社会产生难以弥补的损害。人机关系不再表现为人机协同的和谐样态,完全可能变为人机分裂。生成式人工智能缺乏像人类那样的道德和痛苦感知力,如道德是非观念的预设存在偏颇之处,就伦理要素的提取没有充分考虑文化、信仰等差异化要素,就难以实现生成式人工智能技术无歧视、中立性的伦理建构。

4.生成式人工智能参与跨境数据流动的风险

生成式人工智能在参与跨境数据流动过程中会引发新的政治安全及法律风险。生成式人工智能平台最大程度地降低了信息跨境传输的成本,其训练和爬取的数据样本来自全球各地。如果是非公开且涉及国家或公共利益的数据,则可能引发国家安全风险。相对而言,如果系经营主体的商业秘密或个人信息,则可能给企业或个人带来难以弥补的实际损害。虽然生成式人工智能的语料库信息不断扩充,但语料提取的背景以西方主流价值观念为支撑,生成式人工智能参与跨境流动的信息的合理性难以保证,具备政治偏见的虚假信息跨境传播将具备更为明显的破坏力,甚至可能引发舆情危机。

生成式人工智能参与跨境信息流入和流出都将引发更大规模的法律风险。国内多数服务商需要借助第三方技术服务商以接入应用程序编程接口(API)的形式或建构模型使用生成式人工智能,而相关技术的服务器多在海外。在技术接口或模型接入的过程中,存在数据出境的安全风险。与之相应的模型接入需要交换数据,因此存在数据入境的安全风险。《个人信息保护法》《数据安全法》等法规难以调整生成式人工智能数据出境的全部情形,不加细化可能造成对数据信息跨境流动的保护滞后。另外,相关生成式人工智能平台在获取用户授权参与个人数据的跨境传输时,对哪些数据以及数据加工的程度等内容尚不明确,可能存在用户数据泄露风险。

在数据信息跨境流动的情境下,权利人主张侵权责任面临无法举证的困境。由于数据跨境传输的用户端口呈现点状分布,信息一旦入境,在生成式人工智能平台的信息受众体量将会规模式增长,任何用户均可以对信息进行再加工和再传播,导致潜在的侵权行为主体众多,而权利人可能处于不知情的状态,并且面临跨国维权的困难。例如,利用生成式人工智能平台传播深度伪造的肖像信息,而被伪造的对象则处于不知情的状态。在实践中不断涌现的涉及个人敏感数据的泄露和特殊群体的隐私被侵犯的情形,比如监护人将儿童信息上传至生成式人工智能平台,在未经授权的情形下儿童的身份信息参与跨境流动,导致存在儿童隐私的泄露风险等。

在跨境传输情景下,将利用生成式人工智能实施共同侵权行为形态多样,既包括入境端口用户的单独侵权行为,又包括用户同平台的共同侵权行为。生成式人工智能唆使使用者从事违法乃至犯罪活动进而引发安全问题的情形;存在侵权故意或者借助生成物内容传播实施帮助侵权。侵权行为表现如下:一是实施侵犯他人知识产权的行为,如盗窃作品信息等,从而扰乱市场竞争秩序。二是利用跨境流动内容获取的个体信息,刻意划分种族、信仰等身份信息,实施精准的用户侧描和数据投喂,使生成式人工智能技术变成为特定群体服务的工具。三是利用算法黑箱歧视少数族裔和弱势群体,甚至造成对人的基本权利的侵害,有违基本的伦理、主体平等性和结果公平性,不加遏制会加剧社会的不稳定因素。算法的歧视往往是隐蔽的,而歧视本身基于社会偏见并且以牺牲弱势群体的利益为代价。这是人为制造歧视性信息并利用生成式人工智能的强大链条传播作用,置部分人群于边缘的境地,从而加重群体内部的歧视。

生成式人工智能加剧了数据跨境流动的信息泄露风险,可能造成用户隐私泄露及企业商业秘密被非法公开的问题。与以往数据传输不同,生成式人工智能可以实现信息的规模化加工及迅速传播,并在技术层面能够实现信息在全球范围的传输,因而客观上可能成为信息类侵权甚至犯罪行为的工具。由于地理空间和语言等差异,权利人往往在不知情的状态下遭受信息泄露和非法交易,不仅财产利益受损,在某型情景下人格利益可能遭受难以弥补的损害,从而带来严重的精神创伤。各国对生成式人工智能责任认定规则存在差异,权利人在参与跨国维权诉讼过程所面临的法律适用及举证等方面的诸多困境。对于企业而言,商业秘密一旦被非法公开可能造成竞争优势丧失的不利后果,因此一般情形下商业秘密不属于跨境流动的内容。然而生成式人工智能平台凭借其频繁的人机互动情景及强大的数据抓取能力,使得商业秘密信息留痕及非法传输成为可能,为企业发展带来现实利益方面的损失。

（二）生成式人工智能引发的科技安全风险防范对策

生成式人工智能的共同治理已成为全球性议题。2023年11月，中国等28国及欧盟签署了《布莱切利 AI 宣言》（Bletchley Declaration），开启了人工智能国际治理的新局面①。美国重点关注人工智能的研发、资源释放以及标准等内容；法国设置研究机构网络，配套开放的数据政策并强调伦理监管；荷兰明确了人权和消费者权益保护的重要性；我国以引领全球人工智能发展为向导，推动人工智能的研发和工业化，并突出人才培育的重要性。但政策多侧重行业规范，全局性、实效性和预防性均有待加强。要健全风险识别与评估，预警与救济等全链条治理机制。既要完善数据合规、算法合规等科技合规法律规则体系，又要促使生成式人工智能行业形成完备的自律规范。

1.在系统安全观视阈下建构规则体系

在生成式人工智能的宏观治理层面，需要进一步结合理论与实践深入探讨生成式人工智能治理的系统安全观。为应对复杂的生成式人工智能科技风险，可以借助系统分层的安全模型，并重点匹配中高风险生成式人工智能场景，深入技术层、运行层和社会层进行综合治理。技术层面要保证生成式人工智能的开发和运营可靠、安全并合乎伦理；运行层面要保障生成式人工智能的设计者、运营者和服务者符合资质和行为规范，同时保障使用者的权益；社会层面则要实现国家机关同行业协会、企业和用户之间的协同关系，保证反馈渠道畅通和追责机制完整。系统安全观指引下的生成式人工智能治理的核心在于尽可能让多元主体参与其中并发挥各自的主观能动性，在动态治理中不断改善治理方案，从而实现治理的最佳实效，最大程度地释放生成式人工智能可供给的社会福利，同时降低和控制可能出现的风险。对于短期难以消除的风险，则应本着“成本—收益”等经济学基本思维尽量分散和控制，避免损失扩大。

结合我国用户基数庞大和生成式人工智能模型技术有待进一步开发的现状，如何利用有限的监管资源对生成式人工智能全链条及多元主体的参与行为进行有效治理，对于生成式人工智能的监管应当采取系统思维和动态思维，“强规范”和“软治理”相结合，即以过程性动态治理为核心，一方面对其算法等技术进行监管，另一方面则围绕内容生成的全过程进行监

①张欣．生成式人工智能的算法治理挑战与治理型监管[J]．现代法学，2023，45(03)：108-123.

管，通过明确生成式人工智能研发者、服务者及运营者各自的权利义务和责任，私权利层面重点对著作权侵权行为和隐私权侵权行为等进行监督；公共利益层面则重点防范平台资源垄断和排除限制竞争的行为，实现防范为主和责罚得当，以及治理成本同治理收益持平，可避免矫枉过正打击企业创新积极性现象的发生，同时也可避免监管缺位和监管乏力造成的生成式人工智能市场混乱和不公平现象。对生成式人工智能采取包容审慎的监管态度，在激发我国生成式人工智能研发创新持续投入的同时，营造良好的竞争环境，最大程度地促成生成式人工智能科技向善的新局面。

在国家规范及行业标准的建构层面，一则鼓励可信任生成式人工智能的技术研发，扶持人工智能稳定性能和安全性能检测技术开发，激励企业参与全球生成式人工智能的竞争与合作，通过工程化的形式释放技术创新的红利。二则推进生成式人工智能科技安全立法和行业标准制定进程，为有关算法的可专利性和生成内容的商业秘密或作品认定提供政策依据。有关部门应以《民法典》《科学技术进步法》为基本遵循，以《生成式人工智能服务管理暂行办法》《互联网信息服务深度合成管理规定》等政策文件为依据，重点围绕数据安全和算法安全建构生成式人工智能科技安全规则体系。分阶段有重点地推进科技安全立法进程，现阶段重点规制利用生成式人工智能参与数据跨境流动的违法犯罪行为；预防及规制算法歧视、算法黑箱和算法垄断等可能造成歧视和扰乱市场甚至造成重大系统性安全风险的行为①，重点分清生成式人工智能研发者、技术支持者和服务提供者同用户之间的责任。三则兼顾制定多层次的行业标准及国家标准以配套法律政策文本的实施。生成式人工智能的监管标准既要同国际接轨，又要考虑到我国生成式人工智能行业发展的特殊性，保证规则体系建构的制度适配性。切实考虑企业参与生成式人工智能技术重大研发和海外竞争的核心利益，保障企业数据信息的核心利益。对生成式人工智能内容实行包容审慎和分类分级监管，明确训练数据处理活动和数据标注等要求，重点对中高风险生成式人工智能进行治理。为保证生成内容的真实性，在保证内容可溯源的前提下明确虚假或有害信息生成主体的责任。为了保证生成内容的透明度，应当系统治理算法歧视和算法黑箱问题，通过事前审查并要求生成式人工智能研发者履行必要的算法信息披露义务。

①贺德方，陈宝明，周华东．国际科技立法发展趋势分析及若干思考[J]．中国软科学，2020(12)：1-10.

2. 在场景理论指引下排查侵权风险

系统安全观视阈下的科技安全观需要树立系统思维、要素思维和动态思维，既要把握科技安全的宏大叙事，又要深入科技实践，反映科技主体就科技安全的迫切诉求。生成式人工智能的中观风险治理对象主要是行业，行业治理的重点在于在如何依据不同场景实施精准治理，尤其要规制大型生成式人工智能平台的竞争行为，联通生成式人工智能行业的风险识别及其应对机制，实现系统治理和前端治理。具体以人工智能行业自律为抓手，一方面积极制定包括生成式人工智能平台基本原则和算法透明规则在内的行业标准；另一方面大力抵制限制竞争和垄断行为。生成式人工智能行业要实现日常自我治理和自我监督，重点对高风险生成式人工智能研发运营及服务平台进行监管，分行业分场景针对性实施监管。行业自治应当本着防微杜渐的理念对平台的日常合规工作进行指导，一是落实规范性法律文件的合规要求，二是对平台违法行为进行处置。同时，行业作为平台接收用户投诉的反映渠道，对平台失范行为进行直接及时的处理。

生成式人工智能管理应采取多元治理、协同治理的基本思路。在人工智能内容高速迭代背景下，生成式人工智能在研发者、投资者、运营者和用户等多主体参与下，人工智能平台共治及资源合理分配需要破除传统行政主导的思维定式，保证科技安全平稳运行，优化科技安全的系统论及风险论思维范式，形成科技安全的柔性治理和刚性治理并行的局面。参与科技安全治理的主体多元化，其中既包括政府、科技行政机关等公权力机关，又包括科研单位和科技团体等公益性组织，也包括企业、用户和社会公众等私主体。结合生成式人工智能的软法治理，形成企业、标准团体和利益相关者的自我治理新模式。就应优化生成式人工智能服务的诉求，鼓励其积极就生成式人工智能科技伦理规范指南及标准制定献言献策。由于生成式人工智能行业内部监管的成本有限，在一般情形下预防侵权行为的单位成本同侵权行为概率呈现正比关系，行为主体承担的侵权责任越大，相对应生成式人工智能平台的注意义务越高。因此行业协会应当有所重点地展开自治，并时刻把握监管切入度，重点监督中高风险场景下平台侵权行为，积极落实国家有关生成式人工智能管理规范的基本精神，引导平台合规经营。

生成式人工智能行业作为柔性治理的核心力量之一，未来就治理范式创新路径而言，可以具体从以下几个维度切入：一是就生成式人工智能的考核指标和风险测评方案进行创新,具体应从平台违规率和反馈率等内容进行量化,并且不断丰富指标,如相关生成式人工智能平台进行数据违规爬取的概率,以及接收到来自用户向协会或主管行政部门投诉的概率等。二是就生成式人工智能企业的合规绩效进行考核,如企业同用户之间签署的个人信息授权许可协议内容是否合规,以及相关涉及用户切身利益的平台协议是否符合国家法律法规及行业标准的要求。三是对企业参与跨境数据传输过程的程序性上报义务的履行情况协助主管部门进行审查,以及是否涉及跨国知识产权纠纷等风险进行排查。四是对涉及人工标注的生成内容予以质量测评,对生成式人工智能平台投诉的权利滥用行为进行记录,在系统总结生成式人工智能可信商业模式探索的经验教训的基础上,充分发挥平台对生成式人工智能治理的前端引导作用,促使人格权和知识产权等侵权纠纷前端化解。

3.探索多模块多层次的可信治理模式

企业参与生成式人工智能科技风险微观治理,可以总结为"三模块+三审核+三标识+三上报"的多模块、多层次治理模式。"三模块"包括企业文化、企业管理和企业责任的规范治理。"三审核"既包括形式审核,又涵盖实质内容的审核。"三标识"是生成内容的溯源治理,排除知识产权风险。"三上报"是衔接行政主管部门以及行业管理规范的必经环节,从而保障生成式人工智能微观治理的程序正义。模块治理从横向视角保证了风险防范的覆盖面,而层次治理则由浅入深联通了实体性同程序性风险治理的具体面向,有利于将国家法政策文本同行业标准细化为企业标准,全方位多维度构建生成式人工智能风险治理格局,更好地平衡合规同创新的关系、更合理地分配治理成本,留足商业治理模式的创新空间。

其中企业文化是软性治理要素,它将可信任、可控制与透明、可解释的理念渗透于生成式人工智能的技术治理和规则治理之中,既能保持包容开放的心态进行技术研发创新,又能把可能引发的科技伦理及法律风险控制在合理范围内,并严格区分不同情景下的企业责任。将可信任生成式人工智能的企业文化渗透于研发和运用之中,保证底层技术符合透明、可解释和系统责任观。透明、可解释的内涵较为宽泛,包括算法可解释、数据来源可解释和基本功能可解释,贯穿于生成式人工智能技术的设计、开发测试和运营的全过程。

企业管理则属于治理的动态要素,从研发设计到测试,再到产品投入运营的环节,实施针对生成式人工智能的链条式风险评估和风险防护,以及针对研发者和运营者的监督措施,这样一则可保证生成式人工智能的底层技术稳定、技术公平和技术可解释;二则可避免出现技术实施过程的道德危机。风险评估包括可解释性评估、数据及算法风险评估;风险防护则主要涵盖模型风险防护及系统风险防护。同时鼓励员工和用户反馈风险和保证赔偿机制畅通。

结合《生成式人工智能服务管理暂行办法》等规定,相关生成式人工智能企业应当进行安全评估和算法备案,并履行互联网信息服务许可和备案等程序性义务。除此之外,企业责任的实质方面应围绕内容合法性和真实性进行实质审核,以及内容标识进行形式审核。"三审核"包括以下3个方面:一是过滤掉可能有损国家安全和公共利益的信息以及暴力色情等违反公序良俗的违规信息;二是保证内容信息免于侵犯他人人格权;三是清理失真信息,主要以虚假新闻的形式出现。明确企业标注人工智能自动生成的内容的义务,标注方式包括但不限于水印或语言警示等,以保证生成式人工智能的可识别性。实行"三标识"原则的目的:一是不影响用户使用;二是避免用户混淆和误认;三是明确标识参与深度合成的内容信息,以履行其必要的提示义务。

依据"三审核"和"三标识"等环节层层筛选后的违规内容处理,主要采取"三上报"的方式予以集中反映,其作用:第一,能够自行停止违规信息的传输以消除继续扩散的风险,对于能够自行补救的内容则借助模型予以优化,并及时向主管部门上报。第二,对于虚假信息的上传、复制及传播行为应当保存记录,做好辟谣工作并向主管部门上报。第三,保证履行人工智能生成内容(AIGC)服务提供者"通知+必要措施"的义务,对于可能对他人隐私、知识产权造成侵犯的内容,应当履行停止传输、要求整改等义务,并向主管部门上报。

4.在底线思维下重塑人机关系

用户参与生成式人工智能治理过程身份较为特殊,在人机互动背景下,既是信息消费者,又是内容生产者。鉴于群体基数最为庞大,可以充分发挥用户防范生成式人工智能侵权风险排查及监督的主观能动性,在同机器的频繁互动中逐步建构起风险防控和权利意识,其中权利意识主要表现在对个人信息的维护和用户授权协议的解读层面,尽量避免生成式人工智能平台利用科技和法律资源优势同用户签订显失公平或充斥隐性条款的用户授权协议的情形。风险意识则主要体现在参与生成内容创造和传播活动时有必要对内容进行溯源、权属信息进行排查,避免卷入知识产权侵权纠纷之中。

在生成式人工智能时代背景下,用户应当自我培育“数智素养”,由于用户具备内容生成者、内容接收者与内容传播者等多重角色,在内容接收端应当充分鉴别有用信息,避免恶意信息和虚假信息的变相诱导,始终坚守批判性思维和自主决策意识。在内容的生产和传播端,用户应当树立明确的法律底线思维,对于虚假的信息不加以传播,对于有害信息则立即留存证据上报给平台或监督部门,尊重他人的知识产权及个人信息权利,避免陷入侵权风险之中。与权利意识和风险意识相对应,用户的自主意识还体现在责任意识的建构层面,即履行用户的注意义务。首先,不得诱导生成式人工智能实施侵犯他人知识产权或人格权的行为,不得将生成式人工智能作为实施侵权乃至犯罪行为的工具,否则最终侵权责任的承担主体是用户本人。其次,在借助生成式人工智能参与内容创作的过程,应对素材内容的来源进行必要审核,对未经标注或难以识别的内容慎用。最后,用户应树立清晰的底线思维,对生成式人工智能提供的存在明显错误的内容信息,向平台或监管部门进行意见反馈的同时,停止相关信息的再加工和传播行为。

用户在同生成式人工智能互动的过程中,除了树立底线思维和法律意识以外,在人机协同的关系塑造方面也应当有所创新。为了始终把握人的主体地位,需要在借鉴人工智能生成物的同时,为独立思考留存必要空间。用户应当始终保持自主学习和终生学习的动力,避免过度依赖机器决策进而丧失自主决策的能力。应当以辩证的眼光对待生成式人工智能的内容,对明显违背常理或者公序良俗的内容予以抵制。为了避免被机器异化,在涉及是非选择的问题上,用户应当坚守有关感情认知及伦理观念,积极参与可信任生成式人工智能的建构布局,坚持生成式人工智能为我所用的理念,减少机器依赖甚至机器替代决策的情形,为重塑健康互益的人机关系献言献策①。

参与生成式人工智能的全球科技竞争是大势所趋,既要建构生成式人工智能的规则话语权,又要提升我国生成式人工智能风险防控及治理能

①赵磊磊,闫志明. 生成式人工智能教育应用的生态伦理与风险纾解[J]. 贵州师范大学学报(社会科学版),2023(05):151-160.

力,重点在于防范和治理生成式人工智能引起诸多的科技安全风险。生成式人工智能的科技安全风险既包括数据霸权等国家安全风险和算法歧视等算法安全风险,又包括可能出现的人机对抗及其科技伦理风险、参与生成内容跨境流动引发的数据泄露等风险。为系统应对上述风险,应当采纳包容审慎的治理态度,配套采取“强规范和软治理”“分阶段和分场景”相结合的治理手段。未来生成式人工智能科技安全风险治理视角将会更加多元,治理思维将会更加开阔,允许风险的合理存在将成为共识,将治理重心放在人机关系的重塑和控制风险或损害的扩大层面。其中,在探索新型人机关系方面,应围绕避免人的异化和自主决策意识的维度展开。培养人机协同意识和数智伦理素养,对可能引发侵权的内容生成和传播行为予以警惕,同时避免人机交互过程个人隐私和商业秘密的泄露,对生成式人工智能平台生成的可能危害国家安全和私权侵犯行为进行监督。在控制风险的策略方面,应营造生成式人工智能技术创新的生态,鼓励企业进行技术研发并为其提供政策支持。推动生成式人工智能的产业化运营,吸引创新人才和推进产学研深度融合。鼓励多元主体积极参与生成式人工智能的共治,为规范和促进生成式人工智能的技术发展贡献中国智慧。

第三节　生成式人工智能应用教育领域的机遇与风险

一、生成式人工智能之于教育的对立统一

(一)教育、科技、人才的三位一体

技术的发展真相与教育本源并非背道而驰,但也不是水乳交融的状态,两者统一于“人”这一核心要素。党的二十大报告指出,教育、科技、人才是全面建设社会主义现代化国家的基础性、战略性支撑。2023年5月29日,习近平总书记在中共中央政治局第五次集体学习时指出,建设教育强国、科技强国、人才强国具有内在一致性和相互支撑性,要把三者有机结合起来,一体统筹推进,形成推动高质量发展的倍增效应。教育孕育民族的未来、祖国的希望,科技彰显国家的综合实力,人才是国家的战略资源,三者协同配合是实现中国式现代化的必然路径。教育与科技是亲密无间、

不可分割的有机整体。科技的发展重塑了教育的新生态,教育领域也是学习新科技、研发新技术的一线阵地。教育与科技的进步同频共振,在构建数智化学习环境、推动人人享有、处处可学的个性化学习服务方面具有不可替代的力量,为新时代的人才培养充当"催化剂",同时,科技的发展仰仗于高质量人才驱动,由此形成了教育、科技、人才相互促进、互相融合发展的态势。在技术风暴不断涌现而又极具变化的时代,技术与教育的融合势必是一个动态的、长期的、发展的过程。教育应及时吸纳技术的"优秀成果",规避其日益更新的"原生弊端",在人才培养中形成合力,助力符合教育本质规律的变革。因此,面对以ChatGPT为代表的生成式人工智能带给教育的新冲击,我们应在机遇与挑战中谋求合作共赢,使教育呈现出欣欣向荣的景象。

(二)生成式人工智能之于教育的同一性

1.从传递知识到共情伙伴,全面化教育递进

实现人的全面发展不仅是人类千百年来的最高理想,亦是马克思关于人的发展命题的终极追求。智能技术赋能教育,让学习者的知识增长与智育发展搭上了"顺风车",但是也因其可能会导致人的片面化发展与失去人的自由主体性双重风险而饱受教育研究者的批判①。ChatGPT的出现,不能代替人真实的情感沟通与信息交流,却可以基于大规模语料库的神经网络,以一种类人的形式模拟人的情感与人交互并产生共鸣,或可作为学习者的"良师益友",克服传统人工智能的"原生"弊端,促进营造全面化教育的发展。生成式人工智能在教育中的应用促进营造了交互式学习环境,改变了学习者对教学内容的参与方式,不仅使学习者的成绩有了实质性提高,还显著增强了学习者的幸福感,最大程度地改善了学习者的学习能力与动机,促进了学习者作为"完整的人"的发展。人的全面发展是摆脱人的依附、物的依附,从而在"自由人的联合体"中走向人的自由而全面发展,在人与人之间、人与物之间建立的一种平等、和谐、自由的共同体。ChatGPT以更"理解"人的方式,使技术从仅传递知识的桎梏中摆脱出来,成为与人和谐相处的共情伙伴,以一种双向理解、沟通与情感共鸣的形式使教育中的人在摆脱物的形式上更迈进了一步,有力助推了全面化教育的递进。生成式人工智能虽然可以模拟情感,但是理解和处理复杂的情感交

①孙立会,沈万里.算法风险与智能教育中人的全面发展[J].现代远距离教育,2023(02):61-69.

流仍存在一定局限。

2.从匹配推荐到定制创生，个性化学习升级

智能技术发展一日千里，教育也经历从“规模化”向“个性化”的历史性转变。个性化教育可追溯至孔子的“因材施教”，但是受制于时代条件限制，一直面临着“可望而不可即”的实然困境。智能技术的出现，让因材施教的美好理想照进了现实，对海量的学习过程数据进行全面刻画，通过算法对学习者的起点水平、认知风格及学习动机等进行数字画像，进而分析学习者学习过程的薄弱环节，精准推荐个性化的学习内容，促进学习者的个性化发展与成长[①]。然而，传统的人工智能之于学习者的个性化辅助只是基于“海量题库”资源的智能匹配，一旦超出题库资源的原始设定，就很难再对学习者的学习做到“精准定位”。生成式人工智能的出现则能有效地改变这一窘境，其基于对学习者的全面分析，定制、创生学习者所需的专属内容，促进学习者的个性化学习全面升级。生成式人工智能自动化生成的即时性学习资源可以更加高效地提高学习者的学习效率，并可根据学习者的即时反馈和评价进行不断地优化与改进，使学习资源的质量和效果得到有力的保证。以ChatGPT为代表的生成式人工智能支持的个性化学习，使教育中的人这一核心要素参与了学习内容的生成过程，有效地提升了学习者的参与度，但是也存在学习者对学习内容懒于反思、全盘接受，或接收到不良信息的可能。

3.从即时反馈到对话理解，反馈响应力提升

反馈是自控系统依据自身的行为结果获得信息，调整、校正自己的行为，对信息的再输出发生影响，以趋向于某种特定的目标。良好的反馈机制通过对教学过程的调节与优化，帮助学习者“事半功倍”地达到学习目标。生成式人工智能以非确定性问题为中心促进人机交互，相较于普通搜索引擎，可以创造不同的生成式学习体验。搜索引擎通常不会保留答案的演变历史记录，而是根据搜索词的特定关键字的排名返回指向资源的离散链接列表，而ChatGPT可以提供后续问题，以发展和扩展答案并应对提问者发出的挑战。与传统的自然语言处理系统相比，ChatGPT展现出对问题前提的质疑、发现错误予以修正、借助信息猜测人内心的想法等特点，使得人机交互更加顺畅，机器反馈响应力得到进一步提升，有效促进学习者

①冷静，付楚昕，路晓旭. 人工智能时代的个性化学习——访国际著名在线学习领域专家迈克•沙普尔斯教授[J]. 中国电化教育，2021(06):69-74.

现有知识整合,促进对多种含义和概念的深入理解。适当性、唤起性和整合性的交互式学习环境有助于促进真实学习的发生。学习者与ChatGPT互动反馈,以本我的方式与ChatGPT对话、提问,并可获得为其"量身制作"的回答,沉浸式地参与一系列后续问题的可延展性反馈、跟进与澄清,促进学习者原有认知的唤醒与整合。

4.从单向学习到双向建构,助力人机共增益

立足辩证唯物主义发展观,生成式人工智能之于教育发展,未来或形成人机"双向建构"的命运共同体。生成式人工智能通过学习海量数据,可以提供涵盖各个领域和学科的优质资源与服务,让每个人都有望成为行走的"百科全书"。学习者可通过与生成式人工智能的上下文互动,获取更多的学习资源,克服传统学习中信息不完整或有限以及未能及时响应的弊端,进而提高学习效果。与此同时,机器也会基于人类的反馈从不断调整自己的参数而不断优化算法性能,学习并理解教育规则,不断生成新的内容,赋能学习者。ChatGPT采用了全新的训练方式RLHF(Reinforcement Learning from Human Feedback),即从人类反馈中强化学习,这一训练方式使得其能够根据人类的反馈不断完善优化算法,从而使回答的精准度显著增长。马克思认为,共同体不是万古不变的,而是一个由自然形成的共同体逐渐向历史形成的共同体变化发展的过程。智能时代,教育中由人机组成的共同体是社会变革的必然产物,ChatGPT的出现,可能会让教育中的人机联结从浅层交互走向深层交互,进而促进"单向学习"的共同体转为"双向建构"的共同体。

(三)生成式人工智能之于教育的斗争性

1.知识生成迷失,过程与结果诱发负面效应

生成式人工智能的出现虽然改变了人类知识生产的方式,但是其生成结果的真实性仍备受相关研究者质疑。生成式人工智能在知识生产的过程中,体现了"概率式生成"与"拼凑式创新",突破了人类传统的知识生产和知识认证的系统性与平衡性,并在相当大的程度上削弱了人类的知识生产方式"人"之向度的传统。不断发现新的知识是人之主体不断向前发展的永续动力。随着生成式人工智能的出现,知识的生产逐渐向"机器"让渡,人只能退而求其次地不断增强自己的"判断甄别"能力,逐渐失去了人作为知识生产的自由主体。在生成式人工智能的裹挟下,可能会有很多"未经验证"的知识进入人类的知识体系,通过算法的加持促进了知识生

产过程的重构。人机过度交流导致语言和知识的无效积聚,这些生成的知识与信息几乎只在生成的那一刻被利用,而后就被“丢弃”与“遗忘”在无尽的知识海洋中。ChatGPT的知识生成不再是一种“建构状态”,而是一种“解构形态”,可能会导致知识生成因所包含的错误或虚假的信息而“失态”。这些“失态”或带有“扩张性”的“知识传播”可能会扰乱社会秩序、破坏信任、侵害知识产权,甚至对个人、组织和社会产生负面效应,并进一步反噬人类。

2.学习者依赖成瘾,结果性生成削弱探索过程

生成式人工智能在促进学习者的个性化即时应答层面令人欣喜,但是也因其过分的智能或导致学习者在即时的结果生成中削弱了对知识的探索性过程,造成学习者在过度依赖中走向沉沦。生成式人工智能模型简化了答案或信息的获取过程,这不仅放大了学习者固有惰性,还会抵消学习者过程性追逐知识结果的兴趣。事实上,教育对学习者依靠智能技术获得即时性答案的批判已久,只不过生成式人工智能的出现又加剧了这一趋向。学习者逐渐在ChatGPT的高效、全面的生成答案中,忘却了认知是一个包含着筛选、提炼与实践的否定性探索过程。学习者在生成海量信息增加世界熵值的场域中,弱化了思考所需的探险,使之在充满“噪声”的世界里逐渐走向依赖成瘾与个性消弭。智能技术给人施加外在的“勉强”或可得到“表面行为”的效果,但“勉强”难以生发出主动力量的行动。孟子早就对“学而求自得”的真实效果给予了论证,“君子深造之以道,欲其自得之也”。因此,为应对ChatGPT潜在性的风险,教师应让学习者意识到大规模语言模型的局限性,并将其作为支持和增强学习的工具,而不是作为人类权威的替代品。

3.信任危机加剧,智能主导的师生关系异化

教育的目的不是告知后人存在什么或必会存在什么,而是帮助其领悟内心充盈的智慧。生成式人工智能的出现,逐渐终结了长期以来由知识权威主导的师生关系。ChatGPT的出现以其多样化的学习渠道消解教师的知识权威、削弱教师的评价话语权、边缘化教师的主体地位,进而加剧师生之间的信任危机。尽管人们对生成式人工智能的信任度仍然存在差异,但是其在数学、物理等学科的知识体系和理论框架的可信度远超于人类也是事实。因此,生成式人工智能驱动的对话式聊天压榨了师生情感对话的行动域,教师所扮演的立德树人角色逐渐让渡给ChatGPT而自己逐渐成为

"旁观者"。无论是胡塞尔的先验主体间性还是哈贝马斯的交往主体间性，都体现了师生之间的交往与理解是情感的共鸣、知识的交流、能力的增长、思想的碰撞、智慧的体悟以及人格的敬仰。正如雅斯贝尔斯所言，师生之间在对话交往中，教师从不作为知识的占有者和给予者，而是通过对话启发学生的精神，让学生在对话中发现知识、获得智慧，从而使每个个体都能够成为真正的自我。然而，生成式人工智能凭借其知识的权威与应答的即刻性，使学生与ChatGPT的交往逐渐取代师生之间的交流，进而导致师生之间的关系变得冷漠与机械化。

4.奴役人性升温，优绩至上触发主体的黄昏

ChatGPT或凭借其智能化、便捷化等显著优势，改变传统劳作艰辛沉重的旧貌，促进人的自由与解放，更好推进物质文明的发展。然而，智能技术会使人陷入"优绩主义"所幻想的虚假自由之中，实际上却被一种倦怠感攫住，致使技术反噬人类升温。马克思在《资本论》中指出，机器代替人的肌肉完成了工作，但其支配人的劳动也惊人地增加了。教育被卷入越来越多技术所奉行的"知识至上"，师生之间的工作时间区域模糊，学习的场所无限延伸，师生或多或少都在负重而行，严重透支了体力与智力的多元发展。智能技术的进步似与主体受制于客体的约束成正比，优绩主体无意识剥削自我的同时，却伴随着一种"自由"的幻觉，致使教育的主体性迈入内隐的"黄昏"。胡塞尔早就指出技术对日常生活世界的忽视、对人生意义的无知以及由此引发的文化危机。技术越精进发展，人就越被"促逼"追求极致的效果与效率，消耗着人们越来越多的时间与精力，而这也是学习型社会与优绩主义适应匹配的由来。

二、人工智能教育应用的革新与风险

人工智能如同"薛定谔的猫"，呈现出"阿拉丁神灯"与"潘多拉魔盒"的叠加状态①。人工智能为不同教育主体带来了相异于传统互联网时代的全新机遇，但其基于算法与数据的自动化决策也引发了诸多风险，这呼吁着通过健全的教育立法来维系并巩固此类教育革新，并对教育风险展开妥适应对。

①王佑镁，王旦，梁炜怡，等."阿拉丁神灯"还是"潘多拉魔盒"：ChatGPT教育应用的潜能与风险[J].现代远程教育研究，2023，35(2)：48-56.

(一)人工智能教育应用的革新

首先,人工智能让学习突破了时空限制,人们利用智能终端即可随时接触世界上的任意课程,由此,接受教育不再是学生的特权,人工智能时代任何人都可以成为个体学习者,这为推动终身教育奠定了坚实的技术基础。在此基础上,人工智能为个体学习者提供了个性化的学习模式,实践中,人工智能根据个体学习者的学习目标、需求和偏好,量身定做学习方案,达到了因材施教的效果。同时,人工智能后续亦可对个体学习者的学习效果进行反馈,并及时调整学习策略,针对性地提升个体学习者的学习效益与综合素质。

其次,针对研究者,人工智能亦为其提供了多样化的科研助力措施。一方面,研究者获取知识的传统方式是通过检索有关资料,并对其展开针对性筛选,这意味着研究者最终获得的信息受制于其知识储备,并因而在针对性、全面性上有所欠缺。但人工智能具备强劲的算法及海量数据的检索、分析优势,在其辅助下,研究者无须展开精准的搜索工作,而仅需输入需求,即可获得针对性的目标资料。另一方面,人工智能可直接与研究者展开对话讨论,获知研究者的核心需求,并通过海量模型对研究设计的可行性展开全方位验证,提供多样化的分析结果,研究者可根据自身需要进行选择,研究分析成本由此降低。

再次,人工智能既为教师提供了智能化的教学辅助,也助益其摆脱重复且技术含量不高的日常事务。在教学辅助方面,人工智能可以根据班级学生的学习状况而帮助教师形成更具针对性与启发性的教学内容;尤其对中小学教师而言,人工智能还可以通过课堂教学模拟互动的形式促进教师对教学内容展开更为透彻的理解分析,并激发教师的创新思维,从而助力教师更好地应对各类教学场景,形成完善的备课与授课内容。同时,人工智能亦能够将教师从批改作业、回答简单问题、填写各类表格等重复性的教学、行政事务中解放出来,教师由此获得更多的时间投身到提升教学质量、培育学生健全人格等重要事务中。

最后,人工智能为学校以及教育行政部门等教育管理者提供了更为智能化、便捷化的管理方式。对学校而言,人工智能的介入促使其内部行政事务的处理更为高效。一则,借助人工智能强大的数据分析能力,学校得以在学生录取、课程规划、学生贷款等事务方面做出更为精确的选择,确保学生的受教育权得到高质量保障;二则,学校得以更为便捷、精准地通过人工智能对求职者提供的简历进行筛选以确定最为妥适的师资,并在后续职称评聘、绩效考核等管理进程中形成更客观、恰当的评价体系,而受制于个人情感、利益等因素的影响,传统评价体系显然难以做到足够的客观、中立与科学;三则,借助校内监控处理系统,学校可在事故发生第一时间展开及时处理,降低危险的发生概率,维系学校安全。对教育行政部门而言,相关的学科评估、学校评价、资金设备的支持等工作,也将在人工智能的辅助下以更为公正、专业、高效的方式予以完成,实现教育行政效益的质性提升。

(二)人工智能教育应用的浅层风险

上文指出,算法偏见与数据偏见所共同诱发的人工智能技术偏见,导致教育公平与教育安全遭遇挑战。客观来看,在技术层面通过规范人工智能教育技术的合理适用,此类教育风险即可得到最大程度之化解,故将其定位于浅层风险较为妥适。

一方面,人工智能各类藏形匿影的技术偏见为学习者面临不公正的教育评价埋下了伏笔。上文论及,人工智能的技术基础是算法与数据。其中,算法是人工智能展开计算需要遵循的规则[①],数据则是人工智能顺利运行所依赖的资料,故人工智能就是在大量数据“投喂”的基础上通过特定算法展开计算的过程,而以ChatGPT为代表的生成式人工智能在运算的过程中也会源源不断地产生新的数据内容供自身后续运算使用。由此可以看出,数据质量的高低以及算法的科学、公正与否,将直接决定人工智能生成产品的优劣。然而,教育领域各类数据的质量参差不齐,虚假的或低质量的数据将直接导致算法歧视,严重降低算法的可信性;与此同时,受设计者价值观或利益之左右,相关算法本身也有可能存在人为的偏见设置。是故,算法与数据的偏见都提升了人工智能技术偏见的风险,并因而无法对学习者展开客观公正的评价。举例而言,若某一实验成果检测模型是在特定学生群体的实验数据之基础上训练而成,那么这一模型极有可能无法对其他学生群体的实验成果展开公正评价。

另一方面,人工智能教育应用风险还呈现为教育安全招致挑战,这主要呈现为3个方面的风险:其一,人工智能教育应用产品侵犯教育主体的隐私权。由上可知,人工智能的运行需要海量数据的“投喂”,这一“投喂”

①汪雄.算法社会中的法律沉思[M].北京:中国政法大学出版社,2020.

活动显然基本由人工智能使用者所完成，恰是在这一过程中，使用者极有可能将个人的敏感信息透露给人工智能，并由此导致该类信息成为人工智能语料库的重要组成部分，人工智能在与其他教育主体展开交流时则存有泄露此类敏感信息的可能。同时，人工智能亦有可能主动收集教育主体的数据，并通过强大的算法整合此类数据进而形成一幅内部信息互相关联、印证的信息图景，由此形成一套针对教育主体的全景式数字监控甚至“数字监狱”，教育主体的任何行为在这套体系下都将无所遁形，成为人工智能系统下的“透明人”。譬如，2019年浙江金华某小学为学生佩戴防走神的“智能头环”便显著侵犯了学生的个人隐私。甚至，在不当利益的驱使下，部分人工智能商业主体还会利用算法“黑箱”主动且悄然地收集使用者的隐私信息，这进一步加剧了教育主体隐私权的侵蚀问题。

其二，人工智能没有自我意识，无法科学、专业地辨别语料库中数据之优劣，由此导致人工智能生成信息的质量参差不齐，相关主体据此做出的决策则有可能因为信息本身的失真而造成不良影响。人工智能的技术优势在于海量数据的强大拟合能力，但无论人工智能如何迭代，其都不可能产生自主意识，故其针对海量数据的态度总是“来者不拒”，而非“去伪存真”。其不利后果就是，语料库中相互对立的、低质量的甚至虚假的内容，都将因人工智能的上述特质而直接成为其生成内容。譬如，在母亲和女友同时落水时应先救谁的问题上，部分观点依据民法主张先救母亲，亦有观点从伦理自决的角度指出这完全属于当事人的个人自决事务，即道德自决议题，而实践中ChatGPT在不同时间给出的答案则分别支持了上述两个观点。总之，人工智能生成的内容不过是对人类既有知识的“重述”，其对待真假信息近乎“一视同仁”的态度，导致了人工智能生成内容存在前后矛盾、虚虚实实、真伪莫辨的风险，这些内容如若作为教育管理决策的依据，将极有可能引发决策失误，进而损及利益相关者的权益。

其三，人工智能在学术研究方面的运用也催发了隐秘的学术不端。当前，利用ChatGPT等生成式人工智能创作论文的问题引发了学术界的普遍关注及担忧。实践中，基于人工智能强大的算法、数据技术以及自然语言的生成能力，研究者仅需输入特定指令即可获得论文框架或大段落文字成品，如若将大段落文字成品直接据为己有，则当然属于学术不端。这种情形显著冲击了学术安全，背离了严谨诚信的学术原则。2024年4月26日，十四届全国人大常委会第九次会议表决通过《中华人民共和国学位法》

(以下简称《学位法》)。人工智能代写等学术不端行为都在《学位法》第三十七条的处罚范围内。显然,立法机关已经注意到了人工智能引发的学术不端问题,但关于此类学术不端如何认定,以及学生在这一过程中应履行何种义务,该草案则未有规定,这亦进一步凸显了系统化的人工智能教育立法的必要性。

(三)人工智能教育应用的深层风险

在人工智能与教育高度耦合的场域中,教育主体的精神感知有可能逐渐被人工智能的机器感知所取代,教育主体由此将发生从自然人向技术嵌入身体的"赛博人"的消极嬗变,进而导致教育主体的自我意识逐渐消失、精神情感渐次淡漠、道德意识渐进封闭,即人类主体性的自我消解,这是人工智能之于教育最为深远的负面隐忧。

首先,对人工智能的严重依赖促使教育主体逐步异化为人工智能的零部件[①],丧失了自我意识,不再具备反思与批判的能力。对学习者或研究者而言,在人工智能的辅助下,他们轻而易举便可获取答案,而不再需要展开事先的知识储备与目标检索,这种显著功效诱使教育主体愈发依赖人工智能,并将其自动生成的知识奉为圭臬。此类教育主体思维的同质化或"工业化"发展趋向,令其不再是具备独立思考能力的鲜活个体。对教师而言,对人工智能的依赖也导致其将人工智能设计的教学方案奉为金科玉律,从而逐渐丧失了关注学生情感发展、推动教育革新的意识与能力。

其次,人工智能亦抑制了教育主体的情感交流和价值判断的能力,导致其精神情感逐渐枯萎。人工智能终究不是"碳基生命",强大的运算能力掩盖不了人工智能无法展开价值情感教育的事实。因为人工智能仅具备技术理性,而无法创造价值理性。但对人工智能的过度依赖则促使相关教育主体只追求教育活动的效率和力量,而不再坚守价值理念,不再胸怀远大理想,呈现出情感淡漠的显著消极表征。尤其教师对人工智能的过度使用,导致爱的教育逐步消弭于课堂之上,转而是各种标准化、整齐化乃至"无情化"的内容充斥于教育过程。此外,人工智能也悄然地改变了传统的师生交流方式,人工智能的介入减少了师生间的情感交互,降低了教师对学生情感需求的关注度,这显著冲击了学生接受情感教育的权利。由此,教育主体本应具备的人文精神与丰沛情感便在人工智能技术理性地冲

①刘建.人与机器的张力:教育装备价值功用的哲学思考[J].南京师大学报(社会科版),2018(2):79-88.

击下被无情割舍。

最后,在情感价值缺失的情况下,人工智能也无法做出独立的道德判断,这亦进一步导致教育主体道德判断能力的逐步匮乏乃至湮灭。价值理性的缺位逻辑上必然促使人工智能不具备道德判断的能力,实践中,人工智能看似给出的道德判断,实则不过是对其掌握的道德论证的重述,以至于在这些道德论证本身存有分歧时,人工智能给出的道德判断亦是自相矛盾的。由此,在情感淡漠的基础上,依赖于人工智能的教育主体也将进一步丧失道德判断的能力,其主体性进一步招致消解。

三、生成式人工智能教育应用的影响

(一)生成式人工智能对教育的积极影响

1.教育公平的促进

教育公平作为社会公平的重要组成部分,对于推动社会整体进步与发展具有不可或缺的作用。生成式人工智能凭借其强大的数据处理与分析能力,为推进教育公平提供了新的路径与可能性。首先,生成式人工智能能够突破地域限制,助力实现教育资源的均衡分配[①]。历史上,由于地域、经济等多重因素的制约,教育资源在不同地区和学校之间存在明显的差异。生成式人工智能通过收集和分析各地教育资源数据,为决策者提供科学依据,有助于决策者制定更加合理的资源分配策略,从而缓解资源不均等问题,让更多学生享受公平且优质的教育。生成式人工智能可以分析城市和农村学生的饮食生活、营养水平和体质健康差异,有助于决策者实行智能化监管,确保食品和资金安全,提高资金使用效益。

其次,生成式人工智能有助于消除个体差异,推动个性化教育的实现。每个学生都是独一无二的,他们的学习需求、兴趣爱好和潜力各不相同。传统的教育方式往往难以满足学生的个性化需求。生成式人工智能通过分析学生的学习生活数据和兴趣爱好,可以为他们提供个性化的学习生活资源和建议,满足其个性化需求,有助于消除个体差异,让每个学生都能得到适合自己的教育资源和支持。例如,提供个性化服务,有效改善农村地区义务教育阶段学生的健康状况。此外,生成式人工智能还能提高教育评价的公正性和准确性。传统的教育评价方式往往依赖于教师的经验和

①于秋月,刘坚."人工智能+教育"的伦理分析及主体重塑[J].学术探索,2024,(1):148-156.

直觉,容易受到主观性和片面性的影响。生成式人工智能通过收集和分析学生的学习生活数据和行为表现,为他们提供客观、全面的评价结果和建议。这种基于客观数据的评价方式有助于提高评价的公正性和准确性,也能够更好地帮助学生了解自己的学习生活情况和发展方向。

最后,生成式人工智能还有助于推动在线教师专业学习社群的发展,提升教师队伍的整体素质和能力①。教师队伍的素质和能力直接关系到教育质量和教育公平。生成式人工智能可以为教师提供个性化的培训和发展建议,帮助其不断提升自己的专业素养和教学能力,从而提升教师队伍的整体素质和能力,为推进教育公平提供坚实的师资保障。

2.教育创新的推动

生成式人工智能在教育领域的应用,不仅优化了教育资源的配置,提高了教育质量,更成为推动教育创新的重要力量。传统的教育模式受限于固定的框架和模式,难以充分激发学生的创造力和潜能。然而,生成式人工智能通过深度学习和大数据分析,为学生提供了更加丰富和多样化的学习生活体验和方式,有效激发了学生的学习生活兴趣和创新能力。

首先,生成式人工智能促进了教学方法的创新。智能化的教学辅助工具和学习平台使得教师可以更加灵活地设计教学方案,采用更具吸引力和趣味性的教学方式,以激发学生的学习生活兴趣和积极性。同时,生成式人工智能还能根据学生的学习生活情况和反馈,及时调整教学策略和方法,确保教学效果的最大化。

其次,生成式人工智能推动了学习生活方式的变革。在传统的学习生活方式中,学生往往处于被动接受知识的状态,缺乏主动性和探索性。然而,生成式人工智能通过智能化的学习平台和资源推荐系统,为学生提供了更加个性化和自主化的学习生活方式。学生可以结合自身体质健康情况、饮食作息习惯、学习成绩、个人喜好等因素,通过生成式人工智能的数据分析,生成符合个性化需求的健康生活方式和学习作息安排等。这种自主式的学习生活方式有助于培养学生的创新思维和解决问题的能力,提升他们的学习效果和综合素质,养成健康的生活方式。

最后,生成式人工智能对于推动教育领域的整体创新具有重要意义。通过深度学习和大数据分析,生成式人工智能能够洞察教育领域的最新动

---

①尹弘飚,秦晗.教师专业学习社群研究:范式、旨趣与论述[J].华东师范大学学报(教育科学版),2024,42(3):61-77.

态和发展趋势,为教师和教育机构提供决策支持和建议。同时,生成式人工智能还能与教育创新团队合作,共同研发新的教育技术和产品,推动教育领域的持续创新和发展。这种跨界合作和创新有助于打破传统教育模式的束缚,为教育事业的未来发展注入新的活力和动力。

3.教育质量的提升

在教育领域中,生成式人工智能的应用已经展现出了显著的影响力和潜力。它有力地推动了教育公平和创新,为提升教育质量注入了新的活力。通过大数据分析,生成式人工智能能够精准识别学生的学习需求和问题,从而为他们提供个性化的学习资源和辅导,进一步提升了学生的学习效果和学习动力。

生成式人工智能的应用有助于实现精准教学。通过分析学生的学习数据和行为表现,生成式人工智能能够精准地诊断学生的学习问题和需求,为他们提供个性化的学习资源和建议。这将有助于解决传统教育中存在的"一刀切"和"填鸭式"教学的问题,让每个学生都能得到适合自己的教育资源和支持,从而提升他们的学习效果和学习动力。此外,通过智能化的教学辅助工具和学习平台,生成式人工智能能够为教育机构和教师提供更加高效和便捷的教学管理和服务方式,推动教育领域的数字化转型和升级。同时,生成式人工智能还能与教育创新团队合作,共同研发新的教育技术和产品,推动教育领域的持续创新和发展,从而提高教育效率和质量,为学生和教师带来更加优质的教育体验和服务。

4.激发学习兴趣和创造力

生成式人工智能在教育领域的另一个积极影响是激发学习兴趣和创造力。通过为学生提供丰富多样的学习资源、活动和项目,以及促进学生之间的交流、合作和竞争,生成式人工智能增加了学习的趣味性和挑战性,激发了学习的动机和热情,培养了学习的创新和创造力。以下是一些具体的例子,以进一步展示生成式人工智能在激发学习兴趣和创造力方面的应用。

首先,生成式人工智能可以根据学生的兴趣、爱好和特长等因素,自动生成适合他们的学习主题、内容和方式。例如,如果一个学生喜欢电影、音乐或游戏,生成式人工智能可以为他们生成相关的文章、诗歌、代码、歌曲或推特等内容,让学生在享受自己喜欢的事物的同时,也能学习到相关的知识和技能。其次,生成式人工智能可以根据学生的水平、目标和需求等因素,自动生成适合他们的学习难度、进度和反馈。例如,生成式人工智能可以根据一个学生的当前掌握程度和期望达到的水平,生成合适的练习题、测试题和答案解析等,让学生在适当的挑战和压力下,提高自己的能力和信心。再次,生成式人工智能可以根据教育目标、标准和要求等因素,自动生成适合不同课程、科目和领域的学习项目、任务和问题。例如,生成式人工智能可以根据一个课程或科目的教学大纲和考核标准,生成相关的实验设计、案例分析和论文写作等,让学生在实践中探索和解决真实或模拟的问题。最后,生成式人工智能可以根据教育环境、场景和情境等因素,自动生成适合不同情境下的学习对话、角色扮演和游戏互动。例如,生成式人工智能可以根据一个情境或场景的背景信息和目标任务,生成相关的对话内容、角色设定和游戏规则等,让学生在模拟或游戏中与其他人或机器进行沟通和协作。

通过以上例子,我们可以看到生成式人工智能如何为学生提供更多选择和机会,从而增强学习的主动性和主体性。当然,这并不意味着生成式人工智能可以替代教师或学生的引导和判断,而是意味着生成式人工智能可以成为教师或学生的有效资源和工具。

未来,随着生成式人工智能技术的不断发展和创新,它有望继续为教育带来更多的机遇和价值。通过结合人工智能与教育的力量,我们可以开创更加智能化、个性化和有趣的学习体验,激发学生的学习潜能,培养出更具创造力和创新力的人才,为社会进步和发展贡献更多的智慧和力量。

5.培养未来所需的技能和素养

生成式人工智能对教育的第三个积极影响是培养未来所需的技能和素养。借助生成式人工智能,学生可以掌握人工智能相关的知识、技能、思维方式等,同时培养批判性思维、道德意识、社会责任感等品质,以适应未来社会的不断变化和需求。以下是一些具体的例子,展示生成式人工智能在培养未来所需技能和素养方面的应用。

首先,生成式人工智能可以帮助学生了解人工智能的原理、方法、应用等基本知识,以及人工智能的发展历史、趋势、影响等基本概念。例如,通过根据问题或关键词生成相关的介绍、解释和示例,学生可以轻松地掌握人工智能的基础知识。其次,生成式人工智能可以让学生学习人工智能的编程、设计、创造等基本技能,以及人工智能的分析、评估、优化等基本技巧。例如,生成式人工智能可以根据一个目标或需求生成相关的代码、模型、方案等，让学生在实践中掌握人工智能的基础技能。再次，生成式人工智能可以培养学生的逻辑思维、抽象思维、系统思维等基本思维方式，同时激发学生的创新思维、批判思维、问题解决思维等基本思维策略。例如，通过生成与某现象或规律相关的推理、演绎、归纳等内容，学生能够在思考推理过程中锻炼人工智能的基础思维方式。最后，生成式人工智能可以帮助学生增强人工智能的道德意识、社会意识、责任意识等基本素养，以及人工智能的价值观念、伦理观念、法律观念等基本观念。例如，通过生成与某案例或话题相关的讨论、辩论、评论等内容，学生能够在交流互动中培养人工智能的基础素养。

通过以上例子，我们可以看到生成式人工智能为学生提供了更多的学习机会和平台，拓展了学习的视野和深度。然而，值得强调的是，生成式人工智能并不意味着取代教师或学生的引领和选择，而是作为教师或学生的有效参考和支持。

随着生成式人工智能技术的不断发展，它将继续在教育领域发挥重要作用。通过与人工智能的融合，教育将变得更加个性化、灵活和丰富，培养出更具创新力和适应力的学生，助力他们在未来社会中取得更大的成功和贡献。

（二）生成式人工智能对教育的消极影响

1.可能造成教育不公平和不平等

生成式人工智能对教育的潜在风险和挑战之一是可能造成教育不公平和不平等。虽然生成式人工智能在教育中带来了许多优势，但其应用和影响也可能导致教育资源的分配不均、教育机会的缺乏以及教育质量的差异，从而加剧教育领域的社会分化和阶层固化。以下是一些具体的例子，以进一步展示生成式人工智能可能带来的不平等和不公平。

首先，生成式人工智能的应用可能受到经济、地域、文化等因素的制约，使一些人或地区无法享受到其带来的优势和便利。例如，生成式人工智能需要高速的网络、先进的设备和丰富的数据等条件，而这些条件在一些贫困或偏远地区可能难以满足，从而导致这些地区的教育资源匮乏，与其他地区相比处于劣势地位。其次，生成式人工智能的应用可能受到政策、法律、规范等因素的限制，导致一些人或群体无法获得或使用其提供的服务和产品。例如，生成式人工智能涉及知识产权、隐私保护和数据安全等问题，而这些问题在不同的国家或地区可能有不同的法律法规和伦理标准,从而造成对生成式人工智能的访问或使用存在差异。再次,生成式人工智能的应用可能受到质量、可靠性和可解释性等因素的影响,使一些人或机构对其提供的信息和内容产生怀疑或拒绝。例如,生成式人工智能可能存在错误、偏见和欺骗等问题,这些问题可能影响其提供的教学材料、评估结果和反馈建议的准确性和有效性,从而降低人们对其的信任和依赖①。

通过这些例子,我们可以看到生成式人工智能如何为教育带来更多的复杂性和不确定性,可能导致教育领域的社会差距和冲突加剧。然而,这并不意味着生成式人工智能必然会引发这些问题,而是意味着我们需要更加关注和监督其应用,同时强调合作和协调的重要性。

在克服这些潜在风险和挑战方面,需要教育机构、政策制定者和技术开发者共同合作。他们可以通过制定明确的政策和准则,确保生成式人工智能的公平和透明性;同时,投资于教育基础设施和资源,以确保所有学生都能平等受益。此外,继续开展研究,促进生成式人工智能的质量和可靠性,也是确保教育公平的关键。通过这样的努力,我们可以更好地应对生成式人工智能可能带来的不平等和不公平问题,让教育成为塑造更美好未来的力量。

2.可能损害教育的真实性和可信度

生成式人工智能对教育的潜在风险和挑战之二是可能损害教育的真实性和可信度。尽管生成式人工智能在教育中带来了许多优势,但其应用和影响也可能导致教育中出现虚假或误导性的信息、内容、评价等,以及影响学生的学习态度、行为、成果等,从而降低教育的质量和价值。以下是一些具体的例子,以进一步展示生成式人工智能可能带来的问题。

首先,生成式人工智能的应用可能导致教育中出现虚假或误导性的信息和内容。例如,生成式人工智能可能生成不符合事实、逻辑或科学知识的教学材料、练习题或测试题,这可能让学生在不知不觉中接受或传播错误或有害的信息。其次,生成式人工智能的应用可能导致教育中出现虚假或误导性的评价和反馈。生成式人工智能可能生成不准确、不公正或不合理的评估结果、反馈建议或鼓励批评,这可能给学生带来错误或有害的评价体验。最后,生成式人工智能的应用可能影响学生的学习态度和行为。学生可能会产生依赖、懒惰或作弊等不良习惯,因为生成式人工智能可能

①王晓敏,刘婵娟. 人工智能赋能教育的伦理省思[J]. 江苏社会科学,2023(02):68-77.

让他们误以为可以轻易获得答案或解决方案,从而减少了主动探索和独立思考的动力和能力。

通过这些例子,我们可以看到生成式人工智能可能给教育带来的困惑和误解,从而降低教育的品质和尊严。然而,这并不意味着生成式人工智能必然会导致这些问题,而是意味着我们需要对其进行更多的检验和验证,同时加强对学生的引导和教育。

为了应对这些潜在风险和挑战,教育者和技术开发者可以共同努力。他们可以建立更加严格的审核机制,确保生成式人工智能的信息和内容符合教育真实性和准确性的要求。此外,教育者可以加强学生对信息的辨别能力和批判性思维,使他们能够更好地分辨虚假和误导性的内容。同时,生成式人工智能技术的开发者也应注重可解释性,使其生成的结果能够清晰地展示其推理过程和依据,增强教育者和学生对其结果的信任。

通过共同努力,我们可以最大限度地发挥生成式人工智能在教育中的优势,同时最小化其可能带来的风险和挑战,为教育创造更加真实、可信和有价值的学习环境。

3.可能威胁教育的安全性和隐私性

生成式人工智能对教育的潜在风险和挑战之三是可能威胁教育的安全性和隐私性。尽管生成式人工智能在教育中带来了许多好处,但其应用和影响也可能导致教育领域出现数据泄露、网络攻击、身份盗用等问题,从而危及教育的安全和保密。以下是一些具体的例子,以进一步展示生成式人工智能可能带来的潜在威胁。

首先,生成式人工智能的应用可能导致教育中出现数据泄露的问题。由于生成式人工智能涉及数据的收集、存储、处理和传输,可能出现系统漏洞、操作失误或恶意攻击等情况,导致教师或学生的个人数据、学习数据、评估数据等被非法获取或公开,从而侵犯教师或学生的隐私和声誉。其次,生成式人工智能的应用可能导致教育中出现网络攻击的问题。生成式人工智能在提供或使用服务和产品的过程中可能遭受或发起各种形式的网络攻击,如病毒、木马或黑客攻击,这可能影响教师或学生的设备、系统、账号等,导致其正常使用受到干扰或功能受限。最后,生成式人工智能的应用可能导致教育中出现身份盗用的问题。生成式人工智能可能利用教师或学生的个人信息、写作风格、语言特征等,生成一些伪造或伪装的信息和内容,从而欺骗或误导其他教师或学生,破坏教育环境的信任和安全性。

另外,生成式人工智能的应用可能侵犯教师或学生的个人信息、权利和自由。生成式人工智能在收集或使用数据的过程中,可能未经教师或学生的允许或知情,收集或使用他们的个人数据、学习数据、评估数据等,从而剥夺或限制教师或学生的知情权、选择权、拒绝权等,损害他们的个人权益。

通过这些例子,我们可以看到生成式人工智能可能带来的危险和威胁,以及对教育的安全和保密构成的潜在挑战。然而,这并不意味着生成式人工智能必然会导致这些问题,而是意味着我们需要更多的保护和防御措施,以及更多的尊重和信任。

为了解决这些潜在风险和挑战,教育机构和技术开发者应共同努力。他们可以采取严格的数据安全措施,确保生成式人工智能的数据收集、存储和传输过程安全可靠。此外,开发者还应注重用户隐私权的保护,确保生成式人工智能的应用不会侵犯教师或学生的个人权益。同时,教育者可以加强学生对网络安全和个人信息保护的教育,提高他们对潜在威胁的认识和防范意识,以增强整个教育环境的安全性和稳定性。

第二章 教育的演变历程及发展进路

第一节 教育发端——人类文明传承的纽带

教育文明是人类文明的重要组成部分。近代以来，中国教育始终置身于中西方文明交流与碰撞这一大语境中，经历了由封闭走向开放，逐步实现教育现代化转型的历史性时刻。习近平总书记在文化传承发展座谈会上的讲话中指出，在新的起点上继续推动文化繁荣、建设文化强国、建设中华民族现代文明，是我们在新时代新的文化使命。话语诞生于言说，中国教育文明建立在中华文明的基础之上，中国教育文明的话语及自主知识体系的建构是历代教育学人孜孜追求的目标。作为时代的产物，教育亦是文明的延续方式。伴随着新时期的到来，根据社会发展和时代变化对中国教育文明的本质特征及发展过程做出新的判断、新的定位，并获得理想的研究与有现实意义的结果，是学者们需要深入思考的命题。

一、中国教育文明的基本逻辑

教育与文明，二者在不同话语体系中存在多种意义的范畴与概念，对教育文明的深刻认识应建立在客观认识、主观意涵及现实行为3个互为依托、相互嵌入、融合共生的逻辑维度之上。立足中国式文明概念及教育与文明的内在关联，遵循何谓中国教育文明、为何言说教育文明、教育文明何以实现的基本逻辑，对应学理层面深入剖析客观存在的教育文明的本质与实体、主观层面的价值判断及现实行动视域的制度准则，对上述3个维度的学理分析和探讨，有助于我们推知在术语演变层面、情感精神层面与社会秩序及国家制度与形态层面教育文明发展的内涵。

（一）本体逻辑

"教育"一词，在我国最早出现的甲骨文中，"教"的字形像是有人在旁执鞭演卜、训导小孩，"育"则像是母亲在呵护自己的孩子。在英文中，

“education”源于拉丁文“educare”，其中“e”有“出”的意思，而词根“ducare”则为“引导”，彼得斯曾说：“教育的基本任务就是引导其他人进入一个由一个民族语言和概念构成的公共世界，在于鼓励其他人共同探究以各种较大差异意识形态为标识的领域。”在这个意义上，教育就是将一个自然人变成一个具有公众意识的社会人。就其本体而言，教育如《说文解字》中所言：“教，上所施，下所效也；育，养子使作善也。”教育是以言行为载体，沟通交往为本质特征，在人类活动中唯一不具有功利性目的，有意识、有目的地影响人身心发展的活动。

文明是人类历史长河中积累的、有助于人们认知和适应客观世界，符合人类精神追求，被大多数人认同和接受的人文精神以及发明创造的综合。在中国早期传统文献中，《尚书》《易经》虽见“文明”一词，其意却非今天所指之意，而仅仅是文采光明等意思。中国古代，“文明”一词引申开去，其意指向“文教之明”，即文教昌明、发达之意，用来解释说明社会群体的发展水准①，通常表达与野蛮行径、蛮荒民族等相对的意义。西方话语中，“civiliz (s)ation”一词由“civilisé”(开化的)和“civiliaser”(使开化)构成，这两个词汇早在16世纪就已经被广泛使用。直至19世纪30年代的法国，“civiliz (s)ation”才逐渐演变为术语被使用，出现文化演进史上的“文明”发展阶段释义，指与野蛮状态相对立的开化状态的人。或许这也是使用“文明”一词来表达“civiliz (s)ation”的原因。可见，现代“文明”概念的确定和流传似乎倾向于西方世界的理解，尤其进入近代社会，东方文明饱受摧残与打压，西方文明成为人类高山仰止的标杆，代表着人类的最高成就，成为东方诸国走出“半开化”状态的唯一出路。“文明开化论”的提出者福泽谕吉曾说，“欧洲各国和美国为最文明的国家，土耳其、中国、日本等亚洲国家为半开化的国家，而非洲和澳洲的国家算是野蛮的国家”，并且在他看来文明、半开化、野蛮这些说法是世界的通论，且为世界人民所公认。这种以西方文明为中心的话语体系是西方文明优越论的开端，同时也反映了针对中国文明的学术研究有失创新与独立的能力，这种学术失语现象值得学者审视。

与其说教育与文明之间的关系密不可分，不如说教育就是文明的实在显现。换言之，教育的目标就是实现人的文明和人类社会的文明，且追求

①黄兴涛．晚清民初现代“文明”和“文化”概念的形成及其历史实践[J]．近代史研究，2006(06):1-34.

和平、包容、平等，反对霸权、暴力与野蛮，秩序或文雅的社会状态正是人类教育文明得以延续的本体逻辑。

（二）价值逻辑

情感与精神教育文明代表了教育发展的高度，是人类在教育领域所塑造的情感表达和精神财富的体现。其中情感作为教育文明的一种基础性存在，始终发挥着全息性作用[①]，是教育文明的价值表征之一。人是一切社会关系的总和，教育是在一定社会关系下，与“人”建立情感连接的社会活动。社会关系是指相互间有联系的行动者彼此考虑的行为，这种行为也会因为个体主观意愿而被赋予外显或内隐的意义，从而达到教育“人”的目的。这一过程自然离不开对人的行为、话语、感受等情感表达方面的关注与重视。情感是身体的纬度，身体是情感表达的基础，情感内存于人，与人的生命一体。从情感的本质来看，它至少包含身体的直观感知，我们与生俱来的、富有原始生命力的自然情感与品质；连接情绪本身的情感链条，以及作为其他各种具体情绪情感之间的“联系”状态，是人类独具的共情能力，二者皆是教育活动中十分珍贵的条件与资源。从情感的向度来看，人类情感的进步是从自然情感向社会情感不断开化的过程，是持续向着“完善的人”的发展方向迈进的过程。这一过程是人从关注个体生命向关注社会国家转变的过程，是由“独善其身”向“兼济天下”的转变的过程，更是教育发展的目标与方向。故而，教育文明的情感表达则是引领我们不断从关注个体生命成长，达到关注人类美好生活的历程。教育一方面关注人的“全面发展”，即个体身心、智力、品德等方面的发展；另一方面，关注人的价值实现，遵循人的发展特点，最大程度地培育人的优秀情感品质，提升人类的精神境界。任何文明的延续都不能离开民族本土的精神家园，教育活动几乎从文明诞生之初就亦步亦趋，时至今日依然散发着独特的文化色彩，这正是其强大的生命力的源泉。五千年的文明史，使中国传统文化博大精深，逐渐形成了以儒家为主体、儒释道并存的思想格局，强调以德为本，仁智统一，实现人的生命智慧的教育精神。这一精神流动至今，俨然成为中国教育文明的价值追求，以至中国人文精神的核心要素。近代中国教育学科形态出现在中国始于20世纪初，受西方文化冲击，此时中国的人文社会科学有着强烈“引进”意味，注重的是知识技能的传授，缺乏对

①王平，朱小蔓. 建设情感文明：当代学校教育的必然担当[J]. 教育研究，2015，36(12)：12-19.

人文精神层面的培养。面对时代挑战，以中华文明自身尺度，重建中西方文化关系，促进中国教育文明自觉发展，形成将文化传统融于教育的中国式表达是教育文明持续创新的唯一路径。近年来，教育领域在传承中国传统文化、建构中华文明共同体、树立文化自信意识等方面做出的积极努力，正是对中国人文教育精神传递做出的最好诠释。正如叶澜教授所言："文化传统的真正力量需要化到当代中国教育的精神与实践中方能实现。"[①]

（三）现实逻辑：秩序与制度

教育文明是人类文明的特殊形态，是社会秩序与教育制度的重要交叉点。作为一种独特的秩序和情怀，文明从文化的、社会的秩序和情怀中延伸而来。它们影响着知识的传承、文化的保存、价值观念的传播以及社会的进步。那秩序是什么？作为一种社会状态，通常情况下是指井井有条，事物内部结构相对稳定，协调一致，具备一定的连续性和一致性。教育秩序蕴藏于人类教育文明中并逐渐生成，依靠教育情境的创生与教育活动的实践[②]。作为带有目的性、"人为"性质的产物，教育秩序不同于自然界中其他生物的秩序，人类受不同文化、社会和政治因素的影响，有意识地构建和塑造它。教育秩序需要不断演进和调整以适应社会的变化和需求，这意味着教育秩序具有灵活性和适应性，能够反映社会的价值观念和教育目标。这也说明，教育秩序的形成与教育活动、文化传承以及社会价值观的交织密切相关，其目的在于培养新一代公民，使他们具备知识、技能、价值观和道德品质，能够为社会的稳定和繁荣做出贡献。作为国家教育文明的具象化形式，教育秩序也体现在正规的学校教育体系内，包括教育体系、课程设置、教材编写、教育评估和教育法规等各个方面，都是经过精心规划和管理的。作为一种人为性的社会秩序，教育秩序的存在和发展是教育文明的体现，也是社会进步的关键因素之一。

教育秩序除涵盖有序性和稳定性等特征之外，最本质的特征就是制度性。为合理保障教育发展和人的全面发展，教育文明必须不断追求制度性的改进与创新。首先，教育制度应该反映社会的价值观和教育目标。制度性的改革需要与社会的变化相适应，以确保教育秩序与时俱进。这意味着

①叶澜．中国哲学传统中的教育精神与智慧[J]．教育研究，2018，39(06)：4-7，23．

②冯海英，李江源．教育秩序：教育制度建设的价值追求[J]．清华大学教育研究，2009，30(05)：22-29．

制度要审视教育课程，确保它们符合现代社会的需求，培养具备未来所需技能的学生。其次，教育制度需要关注教育的公平性和包容性。每个人都应该有平等的机会接受高质量的教育，制度性的改进应该同样关注弱势群体，确保他们能够平等地参与并受益于教育。此外，教育制度还需要强调“终身教育”的观念。现代社会要求人们不断更新和提升自己的知识和技能。教育制度鼓励和支持终身学习，包括成人教育和职业培训。最后，教育制度需要反映人文主义教育价值观，培养具备批判性思维、创新力和社会责任感的公民。这可以通过教育法规、教育政策和教育实践来实现，使教育秩序不仅是知识传递的空间，更是品德和智慧的培养之地。由此，教育秩序的制度性保障是教育文明持续发展的必由之路。只有通过不断地完善制度，我们才能够确保教育秩序的有序性、稳定性，并为每个人的全面发展提供平等的机会。这将有助于构建更加公平、包容和有益于社会进步的教育文明。

以文明论教育，本质上是要通过厘清教育与文明的关系，从而回答中华文明与教育的关系要义，这也是在现代化视角下对中国教育文明话语进行言说的必要前提。从教育文明的本体逻辑、价值逻辑及现实逻辑分析可以推知，教育目标的实现依托于文明沉淀，文明演进的关键在于教育发展，二者相互映射；同时教育与文明之间在情感精神、秩序制度层面存在着稳定的同构关系。因而，构建并阐释教育文明的基本逻辑，是进一步在历史意义上认识教育文明、分析教育文明演进路径的理论前提。

二、中国教育文明之流变

布罗代尔在以国家和地区为单位对世界文明进行叙事时，曾说在世界历史与文明发展的进程中，中国是一个“单一的实体”。宏大历史脉络中的叙事抓手无疑是那些从形态、性质、秩序上对中国教育产生影响、完成国家对民众思想、道德、价值与行为的共同性塑造、影响中华文明进程的突破性历史事件。由此，专制统治下儒家教育思想的发展与传承、中西文化碰撞下教育形态的脱序与解组、世界现代化进程下教育发展的机遇与变革是本文探讨中国教育文明流变的主要线索。

（一）发展与传承，儒家教育思想的历史实践与制度化儒学

中国教育文明的发展与传承很大程度上取决于生产力变革带来的社会关系革新。走出无序，建构有序，是以“千年”为尺度的文明得以延续的

根本合理性。如果说影响中国教育制度与内容长达1300年之久的科举制度是凝聚昔日中华文明的关键的话，那么构建和维系这一辉煌成就的背后文明无疑是与中国古代国家政治秩序、社会秩序和文化秩序高度契合的儒家教育思想。儒家教育思想初现在中国社会大动荡的春秋战国时期，周室衰微，文化下移，私学兴起，逐渐形成了学派林立、互相争鸣的局面，涌现出诸如孔子、老子、孟子等一大批思想家，先后在教学论和道德教育原则和方法等方面做出诸如“学与思”“知与行”“博与约”等论述，并提出了“博学”“慎思”“明辨”“笃行”等较为完整教育过程理论。百家争鸣时期的教育贡献之丰富，几乎使之后与教育相关的各种理论与观点都脱胎于此时期。秦汉时期，伴随着国家统一而形成了政治共同体，中国教育文明也作为独立的文明主体成立，汉武帝将儒家推到了国家道义之地位，制定了“罢黜百家，独尊儒术”的教育文化政策，自此外儒内法，国家政治制度与儒家教育思想相结合，儒家的价值理论不仅关系到君主制的正当性与合法性，并且渗透到国家、社会、个人的各个层面。儒家教育思想对政治社会的秩序建构是政治与道德一体，其着眼点是树立人的责任意识，家国情怀，而不是培养其权力意识①。汉代之后中国在国家教育秩序建构中确立了以儒学为主流的理论形式，亦可称为意识形态，并以此作为国家教育秩序的价值规范和知识准则②。

作为教育秩序的历史性延续，儒家教育思想自汉代之后一直居于一尊地位，但在以千年为尺度的长久历史流转中，儒家思想的稳定性在魏晋时期受到“玄学”的一定冲击，随着玄学的发展，二者逐渐走向融合，提出了“名教出于自然”的教育命题。南北朝时期，社会动荡、民族融合，佛教思想逐渐兴盛，其核心思想“空”与玄学所主张的“无”在本意上极为接近，于是至隋唐时期，中国逐渐形成“儒释道”并举的思想格局。这一时期，儒家文明内在知识体系、思想价值、道德准则全面而系统地深植于国家教育系统中，中国古代教育文明取得了现有模式的突破性发展。其实质化的体现是帝国统治阶层创立了严密的“制度化儒学”的选拔机制，即科举制度，用以对社会教育成果进行整体评价，对儒家内在的知识体系进行整合，对社会关系予以调节，最终达到对民众思想、社会秩序、文化传承等方面的全

①金耀基．论大学通识教育的本质与意义——简介香港中文大学的通识教育的理念与实践[J]. 现代大学教育，2021，37(05)：1-6，112.

②刘远杰．重塑国家教育秩序——现代历史大变局中的中国教育文明[J]. 教育研究，2023，44(02)：55-67.

面塑造。显然，漫长时间链条中的任何波动都在传统制度的局限下，受到儒家精英影响而呈现显著的被控制形态，延续千年也未见质变，其强大的稳定性与严密性可见一斑。

（二）脱序与解组，文明价值认同断裂下的教育形态重塑

从19世纪到20世纪上半叶，中国社会经历了一场翻天覆地的巨变。这场巨变也确实让中国不论是经济、政治、教育、思想等各个层面都经历了大转型，其中受影响最深的无疑是文化层面的转变，因为它涉及中国人最根深蒂固的信仰体系、价值观念、社会习俗等内核的素质，这些也是一个民族、一个国家、一个文明得以延续的最基础的“物料”。根据汤因比的“文化反射率”，在中西文化发生碰撞之际，西方文化中的这些“文化射线”受到中国传统文化中价值最高的那些部分的阻力最大，因而其穿透力量也最为薄弱。面对以西方为主导的价值体系挑战与入侵，中国教育文明价值认同出现2种类型的断裂：其一，对文化边界的封闭捍卫，使其难以认同西方文明。由于异己的文明边界烙印，中国传统知识分子在尝试“回应”西方文明的同时也不知不觉发生内在的转变。这种转变是矛盾的，多数人深知科技的发展决定了国家的强盛，但内心又被中国传统思想所封闭，难以对西方文明真正认同。其二，面对千年来中华民族的文化优越情节与当前“不得不”直面的国家困局，中国传统知识分子最终的妥协表现在所做出的诸如“师夷长技”“中体西用”的教育决策。由此，中国传统的教育文明深陷于不再是世界文明中心的价值怀疑与认同危机之中。在双重性质的文明认同断裂下，中国传统教育秩序逐渐脱离国家控制，教育文明的“脱序”由此而来。

这一时期，中国教育文明的发展路向持续在“中、西”“新、旧”之间来回摇摆。西方帝国以武力叩关，坚船利炮之下中国劳动者放弃传统技术而转用外来技术，中国人民的生活与思想因西方技术的加持发生了质的变化，资本主义的扩张与文化侵略导致中国被迫进入“现代化”这一命题。科学主义理念无形中影响学校教育，教育体系仿西方体制，引进现代科学，实现了由“经学”向“科学”的转变。这里我们需要明确的是，“西化”并不等同于“现代化”，前者多指西方的模式或制度体系，而“现代化”是指在基于理性认知层面的思想意识革新。在此意义上，“西化”自身也在经历世界“现代化”。英使马嘎尔尼曾在1793年到访过中国，他指出“过去对科学的喜好，现今已不复存在，无知的中国人已经失去与抛弃了科学”，这正

是造成教育文明变化的重要原因。正如他所言，这样的局面直至中国本土在西方的坚船利炮下被动开启教育现代化之门后才得以转变。新的历史环境下文明的进程总是在发展中被重塑，教育形态在新文化运动引导下也被分解与重组，"经学"向"科学"转变，新式学校成为"破局"的关键。同时，受西方中心主义文明观的影响，中国教育文明逐渐疏离其深厚的传统文化，面对西方文明时渐失对中华文明的自信[①]。在西方进步思想的影响下科学、民主的教育精神全面蔓延，国家教育文明的格局在世界现代化文明扩张下得以重塑。

（三）机遇与变革，现代化进程下中西方教育话语的实践张力

现代化的显著特点之一就是在"祛魅"过后人类来到了"诸神纷争"的时代[②]。科学技术使得人类对自然世界有了全新的认识，传统的、宗教的信仰全然消失，各种价值观念的涌现推动我们进入价值多元时代。20世纪初期后，对工具理性推崇的西方科学主义在不知不觉间改变着中国的教育文明，立足于中华民族的历史实践与现代实践，西方话语体系中所宣扬的工具理性主义与东方教育话语中所坚持的人文主义教育在世界现代化进程中呈现共融且矛盾的实践张力。

一方面，工业革命对社会提出了更高要求，教育对人才的培育显然与社会的发展速度与水平不相匹配，人们反思教育问题的同时也认识到，这样的转变同以往简单的对"数量"的提高不同，而是从"质量"上影响人类发展的特性。教育学作为时代的产物，它存在并发展于特定的文化体系或文明之中，现代教育学是对工业革命后社会对教育的需求以及如何实施教育的应答。科学理性主义在全球教育领域的巨大影响让中国教育文明获得新的发展机遇，适用于西方社会的公共教育体制，也被"移植"至中国教育中。随着夸美纽斯、斯宾塞等西方教育家的先进教育观念的引进，我们接受了高效率低成本的班级授课制、以科学知识为基础的课程教学论，最终形成了以成绩、文凭为准则的教育评价方式，以课堂、教材、教师、学生为主体的学校教育体系。这样做的好处是，中国的科技、文化、经济及教育经历了40多年的努力，创造了一个跨越式的发展。

①袁振国．教育学的历史转向——关于教育学世界一流学科建设的思考[J]．教育研究，2023，44(05)：4-15.

②曹顺庆，刘诗诗．重写文明史[J]．四川大学学报(哲学社会科学版)，2023(01)：5-17，186-187.

另一方面,我们似乎也认可了西方资本主义中对"人"的工具化规训,默许将"人"的能力作为一种可量化、可交换的"资源",对教育的追求和对自我发展的提高也变成了提高自身竞争力的手段。以西方话语与理论为基础的教育理论,难以解释中国实践问题,知识体系与教育实践之间的隔膜愈加深厚。尤其在中国进入教育高质量发展的新阶段,西方的经验无法回答我们,更无法指引我们未来的方向,因为西方的话语体系始终不能言说独属于东方的智慧,不能理解中国教育文明深厚且丰富的文化传统基因和历史底蕴。此外,从人的发展价值角度出发,这一行为已经抹杀了属于人类的独特性,作为"万物之灵长"的人类,为保持"社会"这一精密的系统正常且高效地运转,逐渐变得"非人化"。

然而,这一认识并不能否认中西方教育话语体系各自的广延性,时代变革为中国现代教育文明赋予了2种基因序列:一是坚定中国教育理论自信、制度自信、道路自信,其本质是建立在千年文明之上的文化自信;二是以现代性为本质的世界教育文明影响并决定着当下中国教育文明的超越历史与空间的强大再生力。现代中国教育文明是中国自身千年文化积淀与世界文明现代化共同作用的结果,是中西方教育话语实践的历史产物。

三、中国教育文明的时代转向

21世纪是智能时代,科学技术突飞猛进,知识总量激升,学校教育的边界正在逐步消解,教育形态正以前所未有的态势进行深刻变革。聚焦当下,中国现代化议题下的教育文明,作为中华民族的传统文化基因、教育情感精神、教育秩序与制度的集中概括,应从"教育文明范式更新"与"人文教育场域回归"两方面,对建设21世纪中国高质量教育体系、完成教育现代化转向的内涵意蕴与行动逻辑做进一步探讨。

教育文明范式是教育文明形成和演变的模式,代表了一种文明的特征和历史发展的趋势。立足于教育现代化革新的当下,教育文明范式的更新应体现在3个层面:教育时空的更新、教育知识的更新、教育能者的更新。

(一)教育时空的更新

教育的时空更新伴随人类文明发展而进行。教育空间的更新经历了从自然教育空间到家庭教育空间,再到如今的社会、学校教育空间的转变,教育形式也逐渐走向制度化。现代教育空间的首次更新发生在启蒙运动之后。工业革命带来的生产关系变革在精神层面塑造了现代社会一种无处不在的文化观念，即重视理性计算、追求高效率。学校教育作为保持社会系统运转的关键部分，彻底成为公共社会领地，形成了严密的教育体系与制度，社会与家庭等各类教育资源汇聚于此，学校也成为人类的主要教育空间。在学校教育空间进一步集中各类教育资源，向着更完善方向发展时，经济与科技的突飞猛进在全面革新社会关系，人们很快意识到教育投资远远无法满足不断增长的社会要求，面对与日俱增的复杂教育问题，学校教育未免显得“力不从心”，传统的教育模式弊端初步显现，想要解决新时期出现的问题，教育显然需要从原点上做出改变，否则它本身就是问题的一个方面。

作为根本改变之一，1972年联合国教科文组织发布《富尔报告》，提出“终身教育”的教育理念，报告指出：“科学技术的时代意味着知识正在不断变革。”像过去那样一劳永逸地获得终身有用的知识或技术的想法显然不适用于当今的时代，新的教育体系应该培养人有能力在各种专业中尽可能多地流动并永远刺激他们自我学习和培训自己的欲望。这一理念的提出史无前例地将教育同时置于时间与空间交叉“坐标轴”上，将学校教育作为教育文明发展和延续的“枢纽”，来连接家庭、社会等多方力量，力图形成社会教育共同体，同时在时间上提出教育应该涵盖个体成长发展的全部过程。在随后发布的《反思教育》报告中重申了这一观点，教育应摆脱过去狭隘的功利与经济主义，成为“共同利益”。现代科技力量的加持让教育的时空有了更宽广的维度，巨大的网络空间、数字时空成为新的教育场域。科技改变了教育研究的场域和时空，给教育现代化创造了众多前所未有的发展契机。

因此，教育的时空延展，应是在纵向上不仅包含个体的当下与未来，还包括群体、社会、国家过去、当下以及未来的教育规划；横向上涵盖个体、社会以及地区与世界等社会关系①。只有如此，教育的时空才能在各个时期都实现更新。换言之，教育时空的更新本质上是一种融合与回归，融合包含个体、家庭、社区、学校、国家等在内的各方力量；同时让教育回归家庭、回归社会、回归辽阔的自然场域、虚拟世界等空间。破除学校“围墙”内外的教育壁垒，形成多元开放的教育时空。同时，教育时空的更新意味着教育文明的历史转向，具有强烈的时代性与战略性，内嵌于“教育现代

①王兆璟，陶洋．全球视野下的教育图志——联合国教科文组织重要教育报告的在场分析[J]．西北师大学报（社会科学版），2023，60(04)：108-116.

化”这一语境中。如习近平总书记在文化传承发展座谈会上指出的,要坚定文化自信、担当使命、奋发有为,共同努力创造属于我们这个时代的新文化,建设中华民族现代文明。教育以文明为地基,毫无疑义,教育空间的更新也应遵循教育现代化这一逻辑框架,在新时代的话语下构建现代教育文明。

(二)教育知识的更新

教育延续的核心是知识,知识是教育学科的基础。知识是客观的也是主观的,是个体的也是社会的。对现代中国教育知识的讨论应当在2个层面的展开:其一,当前多样性的教育学科知识体系由何而来?近代以来,为满足社会生产劳动力的高效产出,受社会需要影响,科学主义有意或无意地促使学校教育所传授的各类技能、知识之间形成边界,逐渐造成中心—边缘的多样学科知识体系。这一教育体系在中华文明受到西方霸权主义侵略时,以“跨文明”的方式被“复制”在中国教育知识体系建构中,中国教育文明逐渐在教育内容上丧失主体性,沿用西方体系长达两百年之久。萨义德曾评价这种现象为“西方化的东方”,引用葛兰西“文化霸权”的概念指出,西方人在军事殖民结束后,并未停止对东方的霸权,而是又采取了新的殖民方式,即文化殖民。西方人通过自身知识权力话语体系构造了东方,而东方人并不是没有发现这种现象,是因为他们丧失了话语权,无法向世界道出和展示真实的自我。这里萨义德笔下的东方学带有对殖民主义强烈的谴责色彩。但不可否认的是,在未形成属于自身的教育话语前,近代的中国教育文明在很长一段时间里始终扮演学习者角色,在解决教育理论与教育实践问题之间的“壁垒”时,缺乏可以提供中国立场与视角的本土教育知识。其二,如何完成对当前教育学科知识体系的更新?首先,我们需要明确每一类知识体系都有其完善与不完善之处,合理的教育知识应在相互弥合、相互探索中完善。过去,正是因为在思想与知识方面的极高创造性让长时间收获文明优越感的中华民族在价值观或意识形态上产生“拒外”边界,缺乏与其他文明的对话交流,逐渐形成了自身固化的传统,导致对他者文明的漠视,丧失对自主教育知识的主动发掘与把握。其次,不断向内探索,挖掘本土历史文化资源。我们是在外部的压力下,以“被迫”方式进入世界现代化进程中,但随着现代化进程的不断深入,我们也通过自我探索、交流互鉴、理论研究、实践创新等举措,逐渐形成了中国特色现代化教育体系。因此,回答“如何完成知识更新”的这一问题的关键在于，应当明确教育知识的更新是条“双向通道”，在空间维度，思考如何构建中国式教育表达的同时，更需要形成与各文明之间的有效交流，具备全球化视野；在时间维度，人工智能时代，教育现场面对充满不确定性的未来，中国教育内容中所需要的知识不仅需要对当下的人类生活具有塑造力与解释力，还需要能够与新时代的新问题建立链接。为此，必须探索主流知识模式之外的其他各种知识体系。对于发现和认识其他世界观保持更加开放的态度，世界各地的社会可以相互借鉴、相互学习。总之，教育知识的更新应是一种思想理念的更新，是由表及里的自主修复，即外来教育话语向中华传统文化回归的内向性反思；中国教育文明由内向外的精神跨越，即中国教育文明向世界其他文明兼容的外向性转变。

（三）教育能者的更新

假设我们将目光聚焦于教育“主体”，有关教育主体的讨论大致经历过3个阶段，不论是以赫尔巴特为代表的传统教育学派提出“教师、教材、课程中心”的教师中心论，还是以杜威为代表的进步教育学派提出“学生、经验、活动中心”的学生中心论，最终都回归于教师中心论和学生中心论相互借鉴、相互融合的双主体论。假设将目光聚焦于“更新”，作为学习者，在教育活动中几乎时时刻刻属于“自主更新”的状态，主体间任何形式的交流与互动，都会让学习者思维、行动、技能等方面获得“生长”，反观教师则更多的是引领者、指导者、帮助者的角色。故而，将新时代的教育文明语境下需要更新的主体定位于教育者，则需要实现从“教者”向“能者”的更新。这样的更新应围绕3个方面展开：一是指传统意义上的教师在教育活动中不断对自我提出更高专业要求而进行的技能提高。随着由信息技术推动的泛在化教育模式出现，教育场域被扩展至各种社会机构、各种信息平台，任何时间下，任何学习内容都可以成为教育讨论的范畴。教师在教育学科知识日益综合化、获取途径日益简约化的情境下，持久保持专业话语权的有效途径就是不断地提升专业能力。二是指在不断演化的教育形态下，教师角色由人师向机师的转化过程。在人类步入智能时代的今天，生成式人工智能的“类人”特征已初步显现，生成式人工智能已经在数字平台担任教师角色，发挥教师功能，这种人师+机师的教育课堂俨然已呈普遍态势，人类已然步入“双师协同”育人的新时代。三是指在面对未来不确定的挑战时，教师应具备面向未来持续学习、持续充电的能力。在面对新时代浪潮时，思想的焦点应从关注自身转向关注世界，而那些对自身发展有追求、对教学和训练有职责的教育工作者在成长为有能力者之前,要具备敏锐的学习触角,成为敢于拓宽自身边界的有能力者。由此,我们不难发觉,“教者”向“能者”的更新逻辑应是教育者—学习者—能力者。只有如此,属于教育的创造力才能被激活,中国现代化的教育文明才能被延续和书写。

第二节 教育变革——工业时代学校教育的发展

一、背景和优势

世界进入百年未有之大变局,政治巨变、经济巨变、社会巨变、教育巨变。进入21世纪第三个十年,世界各国教育发展进入以提高质量为中心的新时代,制定教育质量国家战略成为世界各国提升人力资源开发质量、维持经济可持续增长的重要举措。中国教育现代化建设面临与世界主要发达国家不尽相同的历史背景和战略优势。

(一)教育体系的战略转型

当今世界的教育格局、教育体系和教育形态正在发生剧变,教育内容、教育方法和教育模式都在发生前所未有的变化。中国不可能也没有必要走发达国家的老路,必须走出一条与中国国情、制度、文化和未来发展需要相适应的社会主义现代化教育高质量发展的新路。

1.全球教育体系正在发生历史性的深刻变革

早在20世纪末,中国学者蒋笃运和赵桂英就提出“四次教育革命”的观点:第一次教育革命是学校和专职教师的出现;第二次教育革命是文字的出现;第三次教育革命是由于造纸和印刷术的发明而引发的;第四次教育革命是由于微电子技术的发展应用而引发的。教育变革可以分为组织变革和技术变革,以技术变革为动力的教育模式变革正在全面展开,并导致深刻的体制机制和制度变革。人类社会正在经历从工业时代向智能时代的战略转型和发展,教育正在发生深刻而前所未有的变革。从第一次工业革命到第四次工业革命的260多年之间,人类的物质财富持续增长,建立了人类历史上最为先进和最大规模的公共教育服务体系,不同民族、不同身份、不同性别之间的教育平等水平实现了前所未有的大幅提升，包容性、大容量和批量化成为工业时代现代教育体系的培养特点和突出优势。进入后现代社会，工业社会教育体系的问题日益显现：标准化设计与批量化“生产”方式下，人的天性和个性被扭曲的现象，从幼儿园到大学，在大工业教育体系中反复上演；与传统农业时代的教育形态不同，趋势表明，现代教育正在与日新月异的就业领域不断脱节[①]；现有的工业教育体系的制度设计难以弥合全球间、国家间、地方间与人群之间的教育不公平；传统的工业教育体系和教育制度、整齐划一的培养观念和培养方式，使中国教育在创新人才培养方面始终步履维艰。

教育体系是持续演进生成的，具有现实性、过程性和未来性的特点。工业教育体系经历了萌芽、成长、演进和成熟4个阶段，在其不断演化和进步过程中，萌发现代化、网络化、智能化新要素，智能教育体系新样态加快孕育、加速成长，使传统工业社会教育体系、教育理念、教育内容、教育方法和培养路径发生深刻变革，进而寻求新的突破和跨越。工业教育体系与智能教育体系的创新与融合，以现代信息和网络技术促进优质教育资源的普及、普惠和公平分配，既是实现人类社会教育公平与正义的关键之举，也是创建教育新生态，提升人才自主培养能力和培养质量的必由之路。

2. 中国教育体系具有高度工业化的鲜明特点

中国教育现代化进程起步晚、发展快、水平高、差异大，质量优势、水平优势和制度优势明显。同时必须指出，以标准和效率为导向的工业教育体系，日益显现出其所存在的深层次矛盾和问题：教育功利主义倾向导致教育内卷现象严重；批量化的“生产”模式导致想象力创造力的培养缺乏体制机制支撑；工业教育目标、培养体系和评价标准产生正反双向影响，导致学校间的生源竞争有增无减；乡村教育体系受到系统性冲击，教育生态环境遭受较为严重的破坏。同时，与发达国家在教育投入能力、教育均衡水平、教育理论研究和教育话语权等方面还存在一定差距。中国教育绝不能期望发达国家“躺平”，“坐下来”等着中国对其实现追赶和超越。

（二）智能时代的新优势

从世界教育发展长河来看，教育强国的形成与发展是一个全球化的历史进程：17世纪，意大利成为教育强国；18—19世纪，德国和英国成为教育

---

①张炜，周洪宇. 教育强国建设：指数与指向[J]. 教育研究，2022，43(01)：146-159.

强国;20世纪,特别是第二次世界大战以后,美国逐渐发展成为世界高等教育中心,至今仍是高等教育最发达的国家。作为发展中人口大国,中国式现代化的成功实践,将会把占全球四分之一的人口带入现代化进程,为世界现代化做出重要贡献。

当今世界教育的竞争集中体现在教育能力、教育质量、教育模式和教育制度的竞争——能力是基础,质量是核心,模式是标志,制度是根本。中国教育强国建设与英、美、德、法4个世界级教育强国建设所处的时期不尽相同,即正处于从工业时代向智能时代转型的阶段。工业时代,中国教育实现了从小到大的战略转变;智能时代,中国教育将实现从大到强的战略转变。实现建成教育强国目标,中国基础教育具备六大战略比较优势。

1.制度优势

制度优势是教育强国建设最大的战略优势。教育制度是指一个国家或地区的各级各类教育机构与组织体系有机构成的总体以及正常运行所需的各种规范、规则或规定的总和。中华优秀传统文化中有教无类等思想充分体现了教育公平理念是中国教育事业发展的基本遵循,也是具有世界影响的中国教育文化的重要标志。中国特色社会主义制度,以党的领导为核心,以办好人民满意的教育为旨归,持续提升全体人民的受教育水平,满足人民日益增长的精神文化需求,增加人民群众对教育的获得感、幸福感和满意度。

2.模式优势

发展模式创新是教育强国建设的重要路径。新中国成立70多年以来,改革开放40多年以来,中国举办了世界最大规模的基础教育,让全球1/4的人口实现了高水平普及12年基础教育,发展水平和发展质量整体进入第一梯队,成功探索了一条在发展中人口大国实现教育普及的新思路、新道路和新模式,对于人类教育发展,特别是发展中国家实现基础教育普及提供了可借鉴、可复制、可推广的成功路径和典型经验。

3.标准优势

全面系统的教育标准是中国教育理念、内容、手段与方法具有一定先进性的重要保障。教育领域内各级各类标准是提升中国教育发展水平和强化发展质量的重要依据,也是中国教育先进性和影响力的重要体现。推进中国教育标准建设,扩大中国教育标准的影响力,是建设教育强国的应有之意。

4.师资优势

中国建立了世界最大规模的教师教育体系,向各级各类学校输送了数以千万计的合格教师,成为推进中国教育现代化的第一资源和高质量教育体系的重要支撑。发端于1928年的中小学教研体系、教研传统和教研方法,历经近百年,教研组织系统更加健全、策略方法更加有效、理论体系更加成熟,成为中国基础教育质量提升的重要策略与方法。

5.课程优势

在一个内容为王的时代,宏大、丰富和优质的中国教育课程体系的优势更为彰显。2022年启动的新一轮基础教育课程改革,正在推进更富先进性和高水平的课程和教材体系建设,为中国教育高质量发展和学生的高质量发展奠定坚实基础。

6.质量优势

质量保障是中国基础教育的根本优势,形成了一套教育质量评估机制和较浓厚的质量文化。在已参与的4次国际学生评估项目中,中国3次获得第一名的好成绩。伴随教育发展阶段和发展模式的转型,公平而有质量的教育将成为未来中国教育的发展方向,教育高质量体系更加健全、教师队伍建设水平更高、投入保障更加有力,中国基础教育进入世界先进行列指日可待。

二、提升竞争力影响力

当今世界第四次工业革命、第四次科技革命和第四次教育革命同时席卷而来,传统的工业强国、科技强国和教育强国正在经历新一轮的调整与变革。未来十年,世界教育进入"4.0"时代,全球化、网络化、数字化和智能化风起云涌,机遇与挑战并存。新技术创新与变革,加速推进中国教育从传统到现代的战略转型;实体教育与虚拟教育深度融合,教育方式与学习方式正在发生深刻变革,教育数字技术促进教育转型发展;以ChatGPT为代表的生成式人工智能,引发了教育内外普遍的关注和争议;全社会对于教育需要的质量和水平持续提升,个性化、终身化、多样化教育格局正在形成。面向未来的教育竞争,优势重组、教育重塑、体系重构、模式重建考验着教育改革领导的战略智慧与治理能力。生成式人工智能开辟人类生产、生活和学习的新天地。智能家居、智慧城市和智慧学习持续发展,人工智能将彻底改变课程设计、教学模式和学习方式,将有可能大大提升学习的效率和水平。《大学》曰:“日日新,苟日新。”教育改革是一个宏大的系统工程和持续过程,从教育大国转变为教育强国必须关注全系统的制度变革和整体跃升。要实现从工业时代教育体系向智能时代教育体系的转变,就必须以改革为动力,在改革之中寻找出路,实施对以往教育改革的第二次调整与优化,这可称为“二次改革”,即对教育现代化发展进程中所采取的改革政策,进行再调整、再完善和再改革的过程,其目的是提升政策的现实性、针对性和有效性。原有的以扩大规模为导向的改革措施,需要加以调整和改变,“对于改革的改革”是实现教育高质量发展、建设教育强国的时代课题。以学生发展为中心,以质量提升为目标,以现代技术为依托,拓划适应教育强国建设的现代化基础教育制度体系。在教育强国建设进程中,体系是支撑,质量是核心,水平是标志,制度是关键。先进的教育制度,是国家实力、竞争力和影响力的核心,只有建立了与教育强国相适应的制度体系,才能保持和彰显社会主义教育的制度优势。

第三节　教育蝶变——信息时代人工智能教育的飞跃

人工智能技术的迅猛发展正深刻地改变着我们的生活和工作方式,教育面临着新的变革和重塑的机会与挑战。智能科技正渗透到教育领域的各个环节,从学习过程的自适应优化到教学资源的个性化推荐,再到学生成绩的智能评估和教育管理的智能化,都将得到前所未有的提升。“人工智能+教育”不断碰撞出新的火花,为教育变革创新注入强劲动能。使用人工智能应用程序来支持学生的学习成绩会产生积极影响,但人工智能在现实世界教育环境中的采用似乎落后,在深度融合信息技术、变革教学结构等方面表现乏力,难以支持智慧教育教学实践。

一、人工智能时代教育的变化及趋势

(一)人工智能时代教育的变化

1.形式上由传统实体形态转为万物互联

人工智能作为新技术革命的重要组成部分,其正在无形中改变着人们的思维方式和生活方式。同样,人工智能自身所呈现出来的深度学习、数

据思维等特征，也促使教育面临着新变化。其一，体现为教育模式的演进。传统教育模式依赖于实体教室和面对面的教学方式，学生与教师的交流及学习活动局限于固定的空间和时间。然而，在人工智能技术的驱动下，教育活动开始脱离这种物理约束，走向一个更为广阔和动态的虚拟空间①。其二，体现为教学内容和方法的创新。在传统教育中，知识传授往往是线性和静态的，教材和教学方法相对固定。而在人工智能时代，教学内容变得更加动态和个性化。通过大数据分析和机器学习，教育内容能够根据学生的学习进度和兴趣进行实时调整，使得学习体验更加符合个体差异。其三，教育管理和评估的转变。在传统模式下，教育管理通常依赖于手工记录和定期评估，而人工智能技术使得教育管理变得更加高效和精准。通过对学生学习行为的实时追踪和分析，教育者可以更好地理解学生的学习进展和需求，从而提供更加个性化的指导和支持。

2. 主体上由单向式转向交互式

传统的工业文明时代，教育强调的是以人为主体，学以致用的技术理性模式。然而，人工智能时代背景下，随着机器自我意识和自主行动能力的出现，人类对机器的控制能力逐渐弱化，机器从客体转向为具有主体性的智能主体，人与机器二者之间从单一的主客体关系转为交互式的主体间关系成为可能，人类的单向式的主体地位开始动摇。反映在教育层面，就是随着人与智能机器的交互，教育主体之间的关系变得更加复杂，这种交互的协同状态成为人工智能教育时代背景下的明显特征之一。

3. 场域上由相对封闭转向开放

传统的教育场域通常表现为在固定的时间内在固定的教育场域内传授知识的场景，这种聚集式的教育场域历史悠久，有利于提高教育主体的工作效率，提升固定资源的合理利用，保障教育对象的安全。然而，这种相对封闭的教育场域在保障所有受教育者获得相对公平的同时，也一定程度上限制了部分学习者的高阶探索和自适应学习，不利于学习者知识面的拓展和深化。因此，相对于传统相对封闭的教育场域，万物互联的人工智能技术为封闭的教育打开了藩篱，此时的智能教育时代下，一方面，学习者可以利用物联网、边缘计算等技术，特别是利用虚拟现实技术，去观察、体验和认知事物；另一方面，当前知识共享经济背景下，群智开放共享成

①张欣，陈新忠. 人工智能时代教育的转向、价值样态及难点[J]. 电化教育研究，2021，42(05)：20-25，69.

为常态，出现了诸如维基百科、开源软件以及众问众答的知识共享等共享群体智慧结晶[①]。可以说，在共享知识经济的背景下，智能时代教育表现出前所未有的开放性。

（二）人工智能时代教育的趋势

全球范围内，人工智能技术的持续发展已然成为推动教育变革的重要力量。在教育领域，人工智能不仅对教学方式、学习方式和未来学校产生深远影响，而且已经深入到教育理念、教育文化和教育生态之中，推进人工智能与教育融合创新发展，是时代赋予教育的重要使命。同时，人工智能赋能教育作为一种必然趋势正形塑着教育发展的新范式和新形态。

1.人工智能促进科学研究范式的转变

科研范式是特定时期科学共同体进行科学研究的基本模式，与科技创新的规律要求相适应。科学研究范式经历了经验范式（Empirical Science）、理论范式（Theoretical Science）、计算范式（Computational Science）和数据驱动范式（Data-driven Science）。其中，经验范式强调基于经验观察以总结规律，并不具备预测能力；理论范式则是运用数学工具进行描述和推演；计算范式通过计算机模拟和仿真对模型和数据进行计算和分析；而数据驱动范式则强调运用机器学习从数据中发现新的科学规律和模式。随着人工智能的发展，这些范式已不再能够满足科学研究的需要，将4种传统范式有机结合，成为新的研究模式，即“科学智能”（AI for Science，AI4S），实现了经验、理论、计算和智能的深度融合，开启以人机共融为特征的科学研究新时代。智能技术与科学研究的耦合，能够让人类更深入地理解社会规律，从而推动科学发现和创新，更是开启了跨学科合作的新时代。为此，“科学智能”已成为各国竞相关注的重要领域。

2.人工智能引发第三次教育革命

教育伴随着人类的出现而产生，随人类社会的发展而进化。人类的第一次教育革命是在农耕时代完成的，教育形式从原始的家庭中的个别教育转向了学校的个性化教育。我国古代春秋战国时期的老子、孔子、孟子、荀子等的教育思想和活动就是这个时期以“植入式教育”进行传道授业的代表。第二次教育革命是在工业时代完成的，它从个性化的农耕教育转向了班级授课的规模化教育，用集体教学的方式向学生传授知识和技能，规

①钱海燕，杨成，吉晨子．人工智能时代教师角色的审视[J]．中国教育信息化，2021(21):33-38.

模化、标准化、集中化的班级授课制替代了旧式私塾制，逐步建立起系统化、制度化的人才培养体系。以人工智能、机器学习、虚拟现实为主要内容的个别化教育正引发第三次教育革命，虚拟世界与现实世界互相增强、互为补充，达到虚实结合，实现跨国、跨校、跨界人才培养。每一次科技和产业变革都为教育带来了新的可能，也使教育实现了跨越式发展。在人工智能赋能教育的变革中，机器不再仅仅是知识的承载载体和表现工具，更是参与到教与学的过程中并成为其中的一方，这是教育范式从“师-生”二元结构转变为“师-机-生”三元结构的重大变革。

3. 人工智能重塑行业并倒逼专业调整

作为新一轮产业革命的重要驱动力量，人工智能所引起的变革已经涵盖文、理、医、工、农等多个领域，催生创新应用，带来全新机遇。人性化的人工智能技术并非仅仅简单地模仿人类的思维和行为，而是深入探析人类的需求和感受，以更加智能、贴近人类的方式为大众提供服务。根据麦肯锡全球研究院的预测，到2030年，美国各个行业中一部分工时可能被自动化完成，其中生成式人工智能技术贡献不少。在制造业领域，人工智能的出现让自动化生产线得到改善，同时供应链也得以优化；在医疗领域，人工智能让诊断疾病更加智能化和准确化，也让手术操作更具效率；在金融领域，人工智能广泛应用于风险评估、信用评分和欺诈检测；在交通领域，人工智能被广泛应用于自动驾驶、智能交通和道路安全保障；同样，在教育领域，人工智能技术的发展正在加速教育革新的步伐，重塑教育的方式与体验。“智慧教育”“智能教育”“人工智能教育”“教育人工智能”等热词相继问世，人工智能可以助力个性导学、虚拟助教和过程评估，“个性化”将会不断加强，“因材施教”因此成为可能，让每个受教育的人都能够在自己擅长的领域充分发挥自己的所长是未来教育努力的方向之一。

二、人工智能时代教育面临的挑战

自从智能机器人诞生以来，人类的教育享用着人工智能带来的诸多便利。特别是各种AI助理的出现，使得教师与学生都在智能科技普惠红利的“盛宴”上补给滋养。人类教育与人工智能相伴共生，人工智能追求思维算法化、反应智能化、场景虚拟化、动作拟人化，而教育活动是以人类的生物特性、社会交往、自然智能、价值商谈、对话理解为基础的“社会性”活动。这种人类原生的教育形态无论如何也不会被人工智能全面取代。然而，智能科技的迅猛发展，特别是元宇宙的出现，打破了教学空间的物理边界，虚拟空间、虚拟身份、虚拟教学“无休止”提档升级，打破了传统的教育生态，挤压了教育的行为空间，人类教育已经处于边缘的生存状态。而接踵而至的ChatGPT，使用对话式人工智能技术，更是具有强大的信息整合能力，实现对人类听觉、视觉、理解甚至情感上高度仿真模拟。人工智能强大的“毫无边界”的“类人性”功能足以表明，未来智能技术的发展将在逻辑推理、表情交互、信息感知、认知决策，甚至情感体验、道德人格等各个方面“围困”“取代”人类的原本属性，从而使人类的自然智能在教育领域日趋处于“边缘化”“困境化”“次弱化”“替代化”的危机之中。

（一）计算主义思维模式与教育本位理念相违背

人工智能赋能教育研究的一个重要表现就是教育研究的算法转向，这种计算主义思维，本质上主要通过数学的方式将人类的认知行为和模式转化为某种特定的算法，然后映射到“比特世界”中，实现世界算法化、算法世界化。这种研究范式的转变对于促进教育研究的智能化、数字化具有重要的意义。例如，基于算法的教育研究可以将所有的教育问题置于可计算的范畴内，以实现教育研究的科学化。然而，人工智能没有情感能力，其最大的困难是不能使计算机产生真正人的感觉，而是将所有的东西都技术化和形式化，其所推动的教育体系犹如一架“普罗克拉斯提斯铁床”，学校也像一个个“精致的铁床”，学生上学就是经过“铁床”的考验进而被打上“标准产品”标签的过程。这种情形下，知识传输代替教学，学生成为教师灌输知识的容器，完全与教育的个体化和多样化精神相违背，技术指向不可避免地简化了教育的多元性。此外，计算主义的算法能否计算出不同的道德评判标准和道德倾向也存在质疑。传统的教育场域中，师生之间、学生与学生之间除了语言的互动外，还有在相互行为过程中存在着的道德体验，这是学生对于道德世界的整体认知、体验和感悟，也是塑造道德人格的重要条件。而在人工智能教育时代下，虚拟场所和现实社会交叉存在，学生的道德体验和经验积累的边界变得模糊，在技术的裹挟下，传统的耳濡目染和躬身示范的双向互动情感交流逐渐蜕化为机械的、数字化的冷冰冰的传输。可以说人工智能算法等技术在教育中的长期占领，致使学生生命和道德体验的缺失，无法理解、认同传统道德，更谈不上将其付诸行动。即使认为人工智能技术教化道德在提高效率、服务于人的道德成长同时，一定程度上能够弥补其对道德教育的掩盖，实现追逐效率和培养道德之间的平衡。然而,其不仅使道德教育生硬化、形式化,而且人工智能技术的介入在更加直观地呈现学生道德表现同时,也使得道德教育评价过度数据化,忽略了个体道德归因、人格等真实的道德状况。

(二)灌输式技术养成与学习主体的自主性培养相背离

如上文所述,人工智能虽然具有人类主体永远无法比拟的智能性和技术性,但是这种技术化和程式化的路径无形中会造成师生思维的逐渐钝化,无论是教师的教学创造性和艺术性,还是学生的学习主动性都会被消解,原本是丰富多彩的教学互动过程最终沦为简单的"照单抓药",学生社会情感学习能力的缺失使其退化为单向度的人。例如,人工智能算法的精明性使得学生接受的各类知识只能是碎片化的浅表性获得,为此学生的创造性和想象力被削弱,以人工智能为主要路径而培养出来的学生也可能无法适应未来的人工智能环境,这必然成为未来教育过程中最大的隐患。再如,智能算法可能出现僭越教育行为主体的个性化。人工智能算法在构建责任主体的数据画像时,不仅容易出现学生主体被动地接受算法主导的情况,而且以设计者选择的算法模型容易出现带有其自身先入为主的偏见,进而侵犯主体的合法权益和个性化表达。最后,学生长期疲于应付各种各样的数据,更加依赖于碎片化的知识获取和短暂的智能技术,不仅仅逐渐丧失了想象世界的能力,心态上会更加浮躁、急于求成,而且人际交往能力也逐渐衰弱。由此可见,这种纯粹技术性的知识灌输与教育的自主性人格培养的价值相背离。

(三)智能教育情感要素缺失与人文主义的教育理念相抵触

教育不仅仅是知识的传授,还包括学生的思维发展、人格塑造、情感熏陶以及社会责任感的形成,因此,需要时间和空间的共同熏陶。由于人工智能技术的介入,特别是算法等技术在教育中地位的日益凸显,逐渐对人的认识主体地位形成强烈冲击,可以说,人工智能技术在教育领域方面的独占风骚,扰乱了教育的育人时空,会使教育主体逐渐模糊教育培养和发展人的本位,而注重给学生传授如何在考试中获得较高的分数,加剧了技术和教育在育人价值中的矛盾。算法教育背景下,个体对算法技术的过度迷恋,无形中使得人的主体性逐步沦落为算法的附庸,主体间话语权缺失,遮蔽甚至割裂人的情感以及价值观,教育的人文主义精神荡然无存。具体表现如下:一方面,人们在设计算法时,算法也以其自身的技术对人们的认知和思维形成一定的反向驯化。此外,算法也会按照自身的逻辑建构不依赖于教育主体意志的规则机制。没有人能够理解这些算法内在逻辑或者解释我们接收到这些信息的原因,算法逐渐成为隐藏在人类社会幕后的控制者,并以它们的方式对待我们,而我们却对此毫不知情。如此,这种反驯化背景下,人们不仅难以摆脱算法的操纵和控制,反而成为算法的工具,得出的算法结果可能与教育真实的事实相背离。另一方面,人工智能主要以大数据为支撑,其关注的是"是什么"的问题,这是一种表象的、非本质的相关关系,与揭示教育规律需要借助于挖掘其现象背后的"为什么"的因果关系不一致,致使教育理论阐释被弱化的风险。此外,人工智能在与个体进行交互的过程中,由于师生互动需求的减少,不仅仅使得双方之间在世界观、人生观、价值观等方面出现情感疏离,而且也会导致双方各自出现情感上人文关照的进一步欠缺,例如学生更加依赖和迷恋智能魅力,教师也可能出现职业倦怠、幸福感缺失等情感问题。

(四)智能教育的数据共享性与数据安全的保护理念存在分歧

智能化作为技术的产物,其所具有的计算性、生物感知等在教育领域中的风险性,数据隐私泄露、算法歧视等风险频频出现。例如,以算法为核心的智能教育时代强调一切用数据来说话,以数据规模的大小来代表数据的有效性和正确性。这种数据为王的模式在客观地表达相关事实同时,也不可避免地会出现如下伦理风险:一是技术异化带来的数据隐私泄露问题凸显。基于教育内容和教育过程的复杂性,现代教育人工智能如同"全景式监狱"般正对教育主体以及学习对象进行着数据监控,但凡其中出现任何一个环节的瑕疵和纰漏,其所造成的数据泄露影响力不容小觑。二是算法黑箱问题。教育对于人的塑造应当是公开的、透明的、可理解和解释的,然而智能化教育中的算法黑箱却难以为人类所理解。这种情况下,教育主体等的教育行为只能像演员根据固定的剧本表演一样,对于其根据、过程等难以更改。即使其中出现相关的不良甚至错误数据,教育主体也无法对其做出任何更改。三是算法歧视引起的教育不公平问题。算法模型的构建需要以大量的教育数据为基础,但是能够被纳入模型演算中的数据都是出现频率较高的"训练数据",总会有数据不能被纳入模型的演算中,并且一旦某些错误的、片面的或带有歧视成分的数据混入其中,其出现的结果必然也会伴随着某种价值立场或社会偏见,进而潜藏着误判的巨大风险。可以说,数据安全已经成为教育智能化过程中最大的隐患之一。

三、人工智能时代教育的变革

(一)基于“人类智能”的教育真义

人类智能又称人类自然智能,具有生物性、社会性、系统性和情景性等特点。人工智能就是在“类自然智能”“类人性智能”方面所做的技术性努力。从这个意义上说,人工智能是人类自然智能的“衍生物”。人工智能令人震撼的三大核心功能是类人性感知功能、类人性思维功能和类人性表达功能。人工智能中特有的程序性、虚拟性、离散性本身就决定了其“工具性”的价值存在,无法与人类自然智能相提并论。换句话说,人工智能模拟的是人类自然智能的一部分而远非全部。尽管人工智能不能全面代替人类智能,但是如果人类自然智能不被教育者主动增强,那么此消彼长进而引发的“人工智能主导人类生活”也绝非危言耸听。制衡智能机器霸权的唯一出路,是人类自然智能的深度挖掘和主体凸显。在教育实践中,要通过强调自我意识、培养自主能力、确保人格在场、守正心灵教育,使得人类的自然智能在本质上、主体上、人性上、限度上全面超越人工智能,从而保证人性不被技术压迫,从技术至上回归以人为本,避免陷入人机两伤的“负和博弈”状态。

1.强调自我意识,在本质上超越

尽管人工智能的人性化趋势会随着科技的进步不断更新,但人类智慧终究高于机器智慧。或许智能技术经过长期演进、调适,可以超越ChatGPT,可以与人类实现高质量、高性能的对话、根据指令“创造”、操作和设计许多复杂的“拟人类”活动,但质的差异性始终存在于人类和机器之间。因此,高举人性的灵动性、道德性、社会性是人机互动、人机协同中使人类主体地位立定站稳的“尚方宝剑”。换句话说,如果人工智能在教育领域撼动了教育认知、教育思维、教育设计、教育评价的方式方法、挑战了教育职业存在的合理性、“势力”强劲以至于直逼教育活动的“后宫”,人类教育最终将不得不拿出人类自然智能的超越性力量,通过“绝地反击”的杀手锏求得自立与自保。这绝不是危言耸听的骇人之谈,而是对人工智能与人类关系发自灵魂的反思与预判。事实上,技术哲学一直把人与技术的关系作为核心问题,从伦理、科技、法律、人学、教育等多个视角全方位考量，寻找人工智能难以逾越的质变“奇点”[①]。人类自我意识是人类生物性存在的根本属性，它具有自我反观性、灵动涌现性、道德自律性等特点，堪称人工智能激变的关卡。人工智能可能有超人的计算能力、巨大的存储能力、神秘的模拟能力、强大的设计能力等，但只要不越过关卡，就不会对人类存在的价值性构成真正的威胁。而一旦人工智能具有自我意识，就意味着机器人不再满足于机器属性了，它可以根据自我意识，反思、改造运行系统，具备人性才有的情感、欲望和价值观，进而使挑战人类成为可能。但是，正是自我意识的鸿沟，使得智能机器人无法实现物质属性的根本改变，人类自我意识活动的超然性、精神性、灵动性是智能机器人的程序性、模拟性、数字化、符号性等无法比拟的。因此，越是提倡数字化教学、智能化操作、虚拟化学习，就越是要强调教育者和受教育者在教育活动中的自我意识。

2.培养自主能力，在主体上超越

教育的根本目标是要培养人，而且以培养具有独立人格的、自觉、自主、自治的“全人”目标为要旨。即便是人工智能设计了程序复杂、虚拟多变的教育空间，并且使学生置身于逼真的虚拟生活场景中，人们习得的更多的规则和知识，而人们自觉的判断、能动的选择、真实的体验、生命的对话等显然是人工智能所创设的虚拟教育最大的局限[②]。如果“育人”才是教育的根本所在，那么人类自然智能相较于人工智能，最大的优势就是其不可替代的生活育人和生命育人功能。育人的起点和归宿，是要人们成为生活和生命的主体，自主体验生命的鲜活性，自主感受生活的灵动性。因此，培养自主能力、唤醒自主意识、促成自主人格是人类教育的主旋律，也是人类自然智能在教育主体性培养上超越人工智能的关键所在。需要说明的是，自然智能教育的“主体性特征”不是对人工智能教育功能的否认和排斥，而是提醒人们对生命主体的重新思考。在智能化的时代，人的主体地位容易在智能化的狂欢中遭遇淡化和漠视，从而迷失自我。法国思想家托克维尔提出，人们在信息领域习惯性地选择感兴趣的事物，困缩在自己营造的信息茧房之中苦苦挣扎不能自拔，而人工智能精准的用户偏好画像频频推送个性化的信息，在一定程度上剥夺了人们自主选择的权利。从

①陈凡，贾璐萌．技术伦理学新思潮探析——维贝克“道德物化”思想述评[J]．科学技术哲学研究，2015，32(06)：54-59.

②杨宗凯．元宇宙推动教育的全面数字化转型[J]．教育研究，2022，43(12)：23-26.

这个意义上说，智能技术越发达，留给人们自主思考、自主选择的空间越小，而这种思想上、体验上主动性的“闲置”，会使人们的主动能力不断弱化，久而久之，自主选择变为被动接受，认知世界在智能推送的裹挟下演变为福柯笔下冷冰透明的环形监狱。人类自主能力被物化或者异化之后，独立人格会渐渐遭受侵蚀，进而引发人们的主体地位式微。事实上，人之所以为人，所呈现的“生命主体性”特征是其核心属性，理应得到认可和尊重。所以，通过人类自然智能，培养人的自主能力，对于个体的生命成长而言尤为重要。

3. 人文精神在场，在人性上超越

人文精神是人类对自身及世界存在意义的思考，是形而上的追求，是对于生命、死亡、存在、时间等深刻问题的探索和解答。首先，人文精神强调对人的主体存在的尊重。这种尊重是对于人的内在价值、人的尊严、权利、自由的理解和崇尚。其次，人文精神意味着对生命的敬畏。理解并接受每一个生命的存在都是神圣而宝贵的，都有其存在的价值和意义。再者，人文精神强调对公平正义的追求。公平正义是人类社会的基础，人文精神鼓励我们思考社会的公平问题，寻求解决办法，推动社会向更加公平、公正的方向发展。最后，人文精神是对爱、责任、自由的理解和追求。爱是教育活动展开的逻辑起点，责任使教育意识到自身的使命，自由使教育的思想更加开放。教育是人的主体间心灵的交流、情感的沟通、思想的共鸣与争鸣，其目的不仅是知识与技能的讲解传授，更重要的是培养学生完整的道德人格，认识人生价值和意义。智能化时代人们对于技术的依赖日益增强，而人文精神“不在场”的情景时常容易发生。如果过于依赖人工智能的工具理性，那么一切与人性关联的尊严、荣誉、价值、德行、崇高、正义等人文精神将被搁置。在这种背景下，教育更加需要坚守人文精神，防止智能技术在带来便利的同时，侵蚀了人类的精神世界。智能化时代容易让人沉溺于虚拟世界，而忽视了真实的人际交往。人文精神能够引导人们关注真实的世界，关注人与人之间的情感交流，培养健康的人格。只有人文精神在场，教育活动才不会“空心化”“空壳化”，才能真正达成教育的真正意义。因此，重申人文精神，是教育实践中超越人工智能“见智不见人”困境的重要法宝。

4. 守正心灵教育，在限度上超越

人类的心灵世界往往被称为人们的“精神家园”，通常指的是一个由信仰、价值观、文化传统等多种元素构成的复合体。它赋予了人类对社会现象的解读和理解,为人类提供了价值取向和行为准则,也帮助人类在面对社会变迁和多元文化的冲击时保持自我价值的认同。心灵教育旨在追寻人们在精神家园内栖居的舒适度和稳定性,提高其价值认同和情感理解,从而更好地学会生存、适应生活、体验生命。心灵教育的内容涵盖了很多方面,如情感管理、认知调整、人际沟通、自我认知等。回归教育的本义,就是要促进人们在心灵和身体上充分、自由、和谐发展。相比之下,人工智能对于促进人类心灵世界的发展方面发挥的作用是十分有限的。如果教育过多关注技术视角下的人工智能,那么教育世界中的人类情怀、教育情怀都将被逐步弱化和消解,人们的心灵世界和精神家园将无处安放。因此,智能化教育时代,教育更加需要回归到生命成长的起点,落脚到教育真实发生的根本之上,站在人类智能的高度读出"大写的人"而非站在人工智能的角度解读"数字化的人"。人工智能大规模、全方位应用到教育领域,极有可能加速师生之间、生生之间的社会交往淡化,人们之间真实的心灵沟通被虚拟化智能手段遮蔽,教育偏离原生使命,异化为妨碍、阻断师生生命成长和心灵交往的负面力量。教育的本真要义,是要解放人的心灵,帮助受教育者养成独立的道德人格,获得理想发展的良好状态。守正心灵教育,守护人类的精神家园,警惕人工智能所营造的心灵茧房,是智能时代教育的神圣而崭新的历史使命。

(二)"人机共强"理念下的教育变革

在教育实践中,协同自然智能与人工智能之间的关系,实现人工智能与自然智能之间的双向转化与互动成长,无疑是当前教育研究中的关键问题。找到自然智能与人工智能"互构""融合"的关键节点,探索人工智能与自然智能教育最佳的结合方式,实现人机共生共强、协同协作、互促互补,从而达成"双向耦合",通过优势互补、科学分工、过程整合,才是未来人类智能化社会办出"有温度的教育"的不二选择和必由之路。

1.人工智能时代的教育走向

在智能化教育时代,走人机共生共强的发展之路,师生自然人与智能机器人互构互生、协同创造,是人类自然智能与人工智能"正和博弈"的必然选择。人类要重新认识智能技术,更重要的是要重新认识自己、重新审视人类社会和智能机器的关系。人工智能在存储记忆、超算能力、虚拟仿真、智能识别等方面具有诸多优势,而人类的自然智能在情感意志、道德商谈、尊重信任、交往沟通等方面的意识自觉、生命自主更是智能机器人不能比拟的。共强的前提是共生。理论上说，人类创造了人工智能，人类和人工智能之间合作互动、互惠互助，这应当是自然而然的事情，不构成难以化解的难题，更不会让人类因“自找麻烦”而陷入困境之中。人类加快人工智能的发展，智能机器人帮助人们更加便利地生活、更好更快地完成任务，人类完全没有必要把机器当作对手，完全没有必要担心被机器取代，更没有必要站在智能机器人的对立面，去把机器当成一定要打败的敌人。人工智能的“类人性”可能会越来越逼真，但是其缺乏自我意识的物化属性不会改变。并且，人类的意识、思想、理性、道德、精神层面都不会允许智能技术被无度、无序、无底线、无人性地开发和使用。因此，从远景上看，人机协同、人机共生、人机共强是教育发展不能不面对的问题，构建共赢、共享、共创的格局也是未来教育的发展趋势。教育的新格局应当是，立足于人类的自然智能，适度有序使用人工智能，促进人工智能和自然智能优势互补，从而培养德智体美劳全面发展的、具有完整独立人格的“亲社会”创新人才。

2.人机共强教育的底线坚守

人机共强并不意味着人机平等。事实上，人机作为创造主体和创造客体之间的关系在客观上是无法撼动的，但是在人工智能实际发挥的功用以及在人们信息茧房的认知偏差上，人们对所造之物的把控缺乏十足的信心。并且，由于人性中依赖性、懒惰性、浮躁性、狭隘性、偏私性等弱点，人们在使用人工智能的时候常常被智能技术的规制性所左右，从而造成自身的主体性逐步弱化，进而在虚拟世界与现实世界来回切换中迷失自我。遗憾的是，在教育实践中，智能技术被过度依赖性使用的情况普遍存在。无论是教学活动，还是评价活动，甚至是学习活动，已经全方位处在数字化、虚拟化、算法化的遮蔽之下，一不小心就会形成依赖，以所谓的“科学化”代替了教育本身应当具有的人性化属性。而人工智能被不加控制“非人性化”过度滥用之后，将会给教育带来极大的危害。一旦教育活动从教学设计到教育评价整个过程被智能机器人“无限承包”之后，有亲情、有温度的教育活动就荡然无存，取而代之的是僵化的、冰冷的“目中无人”的“算法科学”和远离真实存在的“虚拟空间”。这样看来，教育问题的焦点和核心还是应该集中在人类自身精神世界的提升上，在“人性化”的前提下，讨论如何使人工智能在人性光辉观照的“阳光”下运行问题。不必讳言，人性之中有许多弱点，导致人工智能不能在教育活动中发挥正向合宜的功能，但是人性之中却有着“创造者”超越工具的伟大属性。智能时代已经来临，在教育领域，积极接纳、合理使用，用“人类智慧”主导“机器智慧”才是人工智能教育正确的打开方式。人机共强教育中，起到关键的能动作用的还是人类本身。换句话说，教育应当坚守的底线逻辑，是在人机共强中凸显“人性化”而非主张机器化或者智能化。

3.人机共强教育的风险规避

人工智能极大地改变了人们的生活状态，但是似乎人工智能越是快速发展，人们内心潜在的忧虑也就越大。这是由于人工智能不同于人类的自然智能，人工智能的核心是应用超级算法，而超级算法具有规制性的特点。这种规制性在教育领域遭到了一致的批评，理由是它一定程度上限制了人们的思维和自主性的发展。譬如，当人们求助于人工智能时，它会通过快速精细的算法，告诉人们怎么做，而长期的过度依赖，自然就“剥夺”了人们创造性独立思考的自由，挤压了人们独立人格发展的空间，隐藏着偏离“以人为本”教育初衷的风险。然而，如果把人的碎片化认知、自主性缺失、创造思维能力弱化都归咎于智能技术，显然是不合理的。法国著名学者雅克·埃吕尔指出，技术进步总是含糊的，技术的好坏完全取决于是否厘清了它的边界，是否在边界内合理地使用它。厘清边界，就是要清晰、准确、合理划分智能技术在教育领域的使用范围和使用频率，在界限内使用。超出边界，就必然会面对各种伦理风险和教育风险。特别是在面对鲜活生命个体的学校教育中，人工智能的使用确实更要慎之又慎。过度依赖人工智能，忽视了教师与学生在教育活动中的主体地位，不仅本末倒置，还会显现出巨大的负向作用。例如，从教学上看，“肆意”依赖人工智能，教师作为“传道、授业、解惑”的地位必然会弱化，甚至会被智能机器人替代，生生剥离了师生关系。师生情感对话缺失，师生关系演变为“生疏关系”，理想、信念、责任、尊严、情操等精神交流无从谈起，“教学相长”的画面逐渐淡出人们的意识世界；从学生发展的角度看，如果不着边际、无休止寻求人工智能的帮助，人工智能将“不知疲倦、持续不断”推送着“最正确”的答案，长此以往，学习者自我反省的批判性思维能力势必会面临被消解的风险。因此，人机共强教育的重要前提，就是厘清智能技术在教育领域使用的边界，最大程度地规避滥用人工智能给教育发展带来的潜在风险。

4.人机共强教育的核心旨归

由于人类智能和人工智能在教育实践中各自具有独特的优势，并且两者的优势关系可以互补融合，那么，实现双向建构、耦合共生势必成为教育发展的必然选择。所谓“双向”，是指通过人工智能的“人性化”使用和教育教学适度“智能化”，达成两者在教育实践中的双向转化和互动生长。一方面，在教育实践中，鼓励适度使用人工智能，取代教育教学和教育管理中一些重复性、烦琐的工作。另一方面，在人文精神教育和行业伦理教育中推进人工智能教育，要避免人工智能过度使用。所谓“耦合”，是基于认知分布理念，找到人类智能和人工智能在教育领域最佳的结合方式，实现二者在教育教学中最佳的功能匹配。认知分布理念认为，人类的认知、思维分布于个体内外，人类智能和人工智能都是信息集合体，对于人的发展都会产生巨大影响。但二者都具有优势和局限性。人类智能代表了生物智能的最高形式，在创造能力、价值判断、生命体验、自我意识、心灵守望、人性关怀等方面具有不可替代的显著优势，但是在高算力、大库存、自动化、精准性等方面确实不及人工智能。而人工智能缺乏人类的情感理解、道德判断和创造力，这些恰恰是教育中不可或缺的核心构成。因此，人工智能需要与人类智能深度耦合、紧密合作，这是最好的教育选择，也是一种双赢的方式。人工智能可以提供强大的教学工具和技术支持，帮助教师更好地教学，学生更好地学习。在课堂教学实践中，教师应保持身份边界，在人工智能课堂的赋能下唤醒学生自我认知，建立智能化教学与现实世界的情感联结。因此，我们更应当珍视并发展人类智能的独特价值，因为教育的最终目标是培养全面发展的人，这不仅包括知识的掌握，也包括人格的塑造和情感的关怀。在未来的教育发展中，应当致力于研究如何更好地将人类智能与人工智能结合起来，形成人机共生共强的良好教育生态，从而实现教育领域的全面优化。

（三）教育变革的具体表现

人工智能技术的普及和发展正在带动教育领域的变革，智慧校园转型和教学方式改革是其中的重要组成部分，为实现教育现代化奠定坚实的基础。

1.智慧校园转型

技术融合智慧校园是实施智慧教育的基础。智慧校园将在动力机制、场景维度、课程和评价、技术集成4个方面发生深刻变革。

首先,动力机制从传统的自上而下的行政动力机制转向自下而上的创新动力机制。政府作为我国教育改革的总设计师和主体推动者,主要根据国家和社会发展需要,采取自上而下的方式发起并推进改革,制定政策主导驱动学校变革过程,通过计划调控的方式间接影响企业和个体消费者的需求。国家宏观经济社会发展需求的外部压力成为教育改革的主动力,政府引导的自上而下的顶层设计是主导模式。智能技术蓬勃发展,以人工智能为代表的技术正在推动教育改革创新。这些智能技术为教育注入了人机协同和共创分享的新动力。在智能时代,人机协同和共创分享的理念将深刻地影响到教育行业的各个方面,引发对现有课程体系、教学模式和教师角色进行系统性变革。智能技术为调动"多元主体"参与教育数字化转型,形成自下而上的创新动力机制提供技术前提,促进学校信息化多元主体参与和信息化发展生命共同体的形成。信息化发展生命共同体主要包括四元主体:信息化专职管理部门和技术实施部门、各职能管理部门、学校师生和服务受众、校外企业和服务提供商[①]。四元主体协同合作,激发教育创新的活力与动力,形成自下而上的创新动力机制。

其次,场景维度发生变革,智能科技突破了传统学校三维空间的限制,实现从低维向高维教育的跃升。传统学校受到教室数量和大小、教室内部设施固定、学生人数限制、学生必须到学校上课的限制。这些限制使得学校的教育资源和教学方式无法满足所有学生的学习需求和教育发展长远目标。智能技术与设备的引入使得学生能在真实或虚拟的组合学习情境下学习和交流。通过网络技术,学生在任何时间、任何地点都可以接受教育;教师可以在不同的地点授课,打破了地域限制,为学生提供更多元化的教育体验。推进智慧校园的建设,有助于打破教育空间之隔,促进可持续实现处处能学;有助于突破教育时间之限,促进可持续实现时时可学[②]。建设数字化教室使学生的教学环境变得更加丰富、生动,教师授课内容与形式更加智能化,教学相长,互促互利。通过网络技术建设在线学习平台,学生可以随时随地访问在线学习平台,获得多样化的教育资源和学习材料,与教师和同学交流互动,提高学习效果。此外,学习主体实现从"教师—学习者"的二维结构向"学习者—智能技术—教师"的三维结构演

①陈荣,郑凯.多元主体参与共推数字化转型[J].中国教育网络,2022(05):21-23.

②吴文涛,刘和海,白倩.建设学习型大国:以教育数字化践行中国式现代化[J].中国电化教育,2023(03):17-24,45.

变。人工智能引入课堂以后，因其智能的特点，课堂教学中的双边关系将演变成三角关系。学习者作为学习主体，不再是单纯的被动接受者，而是更加主动、自主、独立的学习者。刘中宇等学者认为，在大数据时代，学生将从以往的模糊学习向以学生心中有数的学习发展，真正实现终身制学习。智能技术可以根据学习者的需求和反馈，提供个性化的学习支持。自主学习、终身学习、个性化学习、问题导向的学习、自适应学习、迁移学习、研究性学习会成为较为典型的学习方式。教师在数字教育中的角色也在不断转变，从单纯的知识传授者转变为更加灵活、开放、创新的教育者。教师的角色由知识传授者转型为学生发展的指导者与服务者，承担学术指导及专业发展咨询等教育教学职能。教师与智能技术协作，根据学习者的需求和反馈，提供个性化的教育服务，共同推动数字教育的发展。智慧教学环境为教师提供信息化教学工具，教师备课、授课、教学评价更加智能化，促进师生之间的互动。

再次，课程和评价变革，知识不再局限于图书或教材，而是广泛分布在数字化、智能化的系统内。在信息技术出现之前，纸质书刊、报纸等是承载知识的最重要的载体。随着互联网和数字技术的发展，知识载体不再局限于纸质媒介，学习者可以通过多元渠道获取和传播知识。在人工智能时代，知识载体呈现超文本形式，学习者可以使用AI技术，获得丰富且优质的知识资源。一方面，智能技术可以通过自然语言处理、图像识别、机器翻译等方式，促进不同国家和地区之间的知识交流和共享。扩大数字技术在课程开发的应用，通过数字资源进行课程教学，并开发相应的课程以应对劳动力市场需求的变化，以及通过数字化课程来改善学生的学习体验。另一方面，智能技术全面重构针对学习者的评价体系。人工智能时代更注重人发展的全面性、素质综合性、自主能动性、学习持续性方面的测评。总结性评价不能满足学生的个性化需求，高质量的、与实践相结合的评估工具替代过去“一刀切”式的评价。喻长志认为，大数据时代的到来，教学评价方式可以通过数据归纳，实现多元评价，实现过程评价[①]。智能评价系统可以通过机器学习等技术，根据学生的学习数据进行预测和分析，提供更加准确客观的评价。这种智能化评价减少主观性评价带来的误差，更好地反映学生的真实学习情况。

最后，技术集成变革。推动教育变革的重要技术广泛应用，包括5G、

①喻长志．大数据时代教育的可能转向[J]．江淮论坛，2013(04)：188-192.

互联网、人工智能、大数据、区块链以及脑科学和心理科学等前沿技术，其为教育体系发展搭建技术基础，实现政府对教育的有效治理和对微观主体创新性的平衡。

2.教学方式变革

人工智能时代引发的教学方式核心变革体现在利用数据和算法来发现学生、读懂学生、服务学生。一是教学方法的智能化。智能算法技术为教育提供了全面感知的智能化学习场所，灵活创新的学校智能布局，深度交互的数字网络学习空间，以及高效精准的智能技术系统。这使得智慧教育摆脱语言传递为主的教学方法，为通过数据和算法读懂、发现并服务学生提供了坚实的技术支撑。人工智能具有预测未来、历史搜索、知识表达、数据系统化、计算机视觉、音频信号处理、图像识别等方面解释世界的功能和应用。通过虚拟现实技术和增强现实技术，学生可以获得更加直观、生动的学习体验，增强学习的趣味性和互动性。人工智能将学生的课堂表现在学习分析仪表盘（LAD）和其他数据可视化程序中数据化和定量化，教师可以通过数据分析学生对知识理论的掌握情况，并强化讲授学生暂时掌握得不透彻的知识。人工智能将学生的整个学习过程数字化，教师完全有可能实现对每个学生的学习数据进行分析，实现真正的因材施教。二是教学结构的智慧化。通过智能教育方式的理论与实践要素，结合类型化教学中的重要环节，在建构主义理论的指导下，智能算法技术变革了课堂教学结构。在不同智能模型的指引下开展教学，变革了传统课堂教学结构，提升了学习者在学习过程中的参与度与理解度。传统的课堂教学缺乏互动，而人工智能技术可以通过虚拟现实技术、语音识别技术、智能机器人等多种手段，实现与学生的互动，让学生主动参与到教学过程中，提高对知识理解的广度和深度。三是教学模式多元化。以问题的沉浸式体验、知识要点的强化和创新、解决思路的开放性引导作为课堂教学的基本思路，通过多元化教学模式实现集教授、启发、讨论、实践、评定等全环节为一体的智慧教学，深化理论与实践的互融，提升智能教育核心素养。通过多种交互方式，增强学生的学习动力和参与度。通过在教学过程中应用物联网、云计算、人工智能等技术，实现教育教学场景多元化，助力“人—机—物”三元融合教育教学空间的实现。

第三章 人工智能在教育现代化中的理论与政策

第一节 人工智能推动教育现代化发展的价值及基本问题

一、人工智能技术对教育发展的促进作用探讨

教育的质量在一定程度上决定了人才培养工作的成效，能否满足新时代中国特色社会主义建设事业在发展阶段对于人才的需求也间接取决于教育。因此，在当前人工智能技术高速发展的时代，需要深入思考和分析人工智能技术对于未来教育发展造成的影响，逐步摸索如何有效将人工智能技术运用在教育教学中，以实现人工智能技术与教育之间的有机融合，推动我国教育事业的创新改革，探索出全新的教育途径与方法，构建起创新型教育模式，并充分发挥人工智能技术的价值，促进我国教育事业的繁荣发展。

（一）人工智能引领教育发展的重要意义

人工智能技术是基于社会科学技术研究不断深入而产生的一项全新的技术类型，其中囊括网络信息化技术、网络通信技术、计算机技术、大数据技术等。人工智能技术的高速发展也标志着人类社会第四次产业革命逐步兴起，加强人工智能技术的综合运用对于社会各个领域的建设与发展起到至关重要的促进作用。教育作为人才培养的关键性手段，对于我国社会人才供应具有重要的影响。因此，为了全方位推动教育事业的创新改革，迎合我国科教兴国战略发展需求，必须在教育事业中积极运用人工智能技术，以人工智能技术引领未来教育创新发展，将教育事业作为我国人才培养的主阵地，进而满足新时代中国特色社会主义建设事业在发展期间对于优秀人才的需求，开辟“人工智能+教育”人才培养模式，以人工智能技术逐步创新人才培养理念，革新人才培养流程，从而保障我国社会主义教育事业井然有序地向前推进，同时也促使我国在人工智能时代取得更加

良好的发展成效，使中华民族伟大复兴事业展现出良好的发展潜力与空间。

（二）人工智能技术对教育发展的促进作用

在未来教育发展中，构建“人工智能+教育”模式是其最为重要的发展方向。能够有效实现对人工智能技术的综合运用，使教育事业与人工智能技术之间充分融合，从而摸索出全新的教育事业发展渠道，推动教育事业的创新改革。总的来说，人工智能技术对于未来教育发展的促进作用包含以下几个方面。

1.促进教育理念的创新改革

人工智能技术综合运用了大数据技术、计算机技术以及网络信息技术，因此人工智能技术具有综合性、全面性的特点，能够充分利用互联网中的各项教育资源，以大数据技术展开对教育事业的分析评价，以计算机技术提升教育过程的便利性等。所以说，在未来教育发展中，综合运用人工智能技术有利于促进教育理念的创新改革，摸索出全新的教育方法，使未来教育逐步朝智能化、科学化方向发展。

也就是说，人工智能技术能够逐步研究人类智能活动的规律，并基于人类活动的基本规律构建人工智能的运行方式，从而通过计算机硬件来实现某种智能行为。而这一系列人工智能基本理论也能够有效促进未来教育理念的创新改革，逐步提升人工智能技术的发展质量，推动教育事业水平的持续性优化，保障我国社会主义教育事业展现良好的发展趋势，优化社会主义人才培养工作的实效性。

2.构建创新型人才培养模式

在我国社会主义教育事业中，积极融入人工智能技术有助于构建创新型的人才培养模式，推动我国社会人才培养工作井然有序地向前推进，为实现中华民族的伟大复兴提供源源不断的优秀人才输送；在人才培养的过程中，能够逐步形成“人工智能+教育”人才培养模式，实现对人工智能技术的综合运用，通过搭建人工智能技术信息化平台、开发人工智能技术教育资源等，有效推进教育事业的顺利进行，保障教育工作的各个环节和流程更具条理性和层次感。因此，人工智能技术可以有效创新人才培养模式，保障人才培养工作条理分明地展开。例如，人工智能技术能够深入分析学生的个体化情况，并综合运用大数据测算分析学生的个人兴趣爱好、性格特点等，为学生的个体化培养提供教育建议和方案。这样不但可以保障学生的个性化发展，同样也有效促进了人才培养模式的创新，有助于强化我国社会主义教育事业人才培养成效，推动人才培养工作顺利展开。

二、教育人工智能的困境及限度

（一）教育人工智能面临的困境

人工智能技术的飞速发展正带给整个世界颠覆性的改变，甚至重塑着人们的认知与思维方式。但是，在教育领域，无论是从推进程度还是从应用成效来看，学者们预期的技术对教育的重塑并未到来，其原因很大程度上来自教育人工智能发展的内在困境。

1.依托底层技术的突破方向模糊不清

到目前为止，人工智能技术已实现了以认知智能为核心的突破，ChatGPT的出现代表着信息技术转折的“奇点”已经到来。但是，对教育人工智能领域来说，要使人工智能达到大规模的普及应用，似乎还存在着一些阻力。人工智能的核心是类人智能，特别是人的意识与情感智能。目前的人工智能技术尽管已十分“类人”，也实现了由“弱”人工智能向“强”人工智能的跨越，究其本质仍是一种对概率的推算，需要依赖算法，而非有自己的意识。即使是目前最先进的Transformer模型，其本质仍通过机器学习把人类语境转为数字语境，再从大数据库中将每个词语出现的概率排序，从而理解人类的自然语言并给予答复。这类生成式人工智能的回复尽管逻辑严密，却没有任何实际语义，也不存在自己的思考和感情。从这一方面来说，在脑科学研究进展不佳的情况下，情感智能技术要在短期内实现突破，还存在巨大困难。而教育本身是高度依赖人际关系与情感的事业，如果人工智能不能在情感智能上有所突破，教育人工智能的人机协同就永远不可能达到理想的教育状态。除了这种内在的矛盾，当前由于缺乏必要的理论支撑与足够的想象力，人工智能技术在教育中的应用，主要还是在于模仿传统的教育教学技术，减少或代替重复性劳动。比如，智能作业识别与批阅系统，智适应学习平台开发等，导致教育人工智能应用技术的开发，很容易陷入低水平重复与高成本消耗的怪圈。杨现民等曾提出一个五层次的教育人工智能技术框架，包括教育数据层、算法层、感知层、认知层和教育应用层[①]。而所有这些技术的突破到底以何者为中心以及如何

①杨现民，张昊，郭利明，等．教育人工智能的发展难题与突破路径[J]．现代远程教育研究，2018(03):30-38.

突破,这些问题人们并不清晰。

在教育发展的过程中,每一次技术革命都会引起人们对技术重塑教育系统的幻想。ChatGPT的火爆又一次引起了人们对技术颠覆传统教育范式的激烈讨论。已经有学者认为未来生成式人工智能的大范围应用将完全取代知识传授型的教育。但是,回顾历史,我们会发现,教育体系并未因为多媒体的应用、教学机器的开发或计算机辅助系统的发明等任何一个新型技术的加入而彻底改变。因此,我们既不可轻视以ChatGPT为代表的新一代人工智能对于教育领域的巨大影响潜力,也要正确认识到目前这类技术尚处于起步阶段的事实,对其后续发展还需要冷静地观察和思考。

2.教育人工智能的基础理论供给不足

随着教育人工智能的快速发展,许多学者发现,教育人工智能的基础理论研究相较技术的发展严重滞后。尽管近年来越来越多的研究开始建立教育人工智能学习理论,这为该领域带来了更高的标准和更全面的研究方法,但作为一个新领域,支撑教育人工智能的基础理论仍显不足。

构建教育人工智能领域自身的基础理论体系,要从本体论的角度明确该领域的主体立场。从历史的角度来看,传统的教育基本理论研究,主要关注教育、人与社会三者的关系,将人视为绝对主体。对于技术在教育发展中的作用重视不够,导致相关的教育理论异常匮乏,已经无法解释教育人工智能下的教育;而随着技术的不断发展,出现了以"唯科学主义""数字化崇拜"为代表的另一种声音,即认为技术不再是载体和工具,而是主体和对象。这又导致了忽视人的地位,以工具思维与商业思维去分析教育活动,去设计开发应用,与教育的公益属性背道而驰。在这样的根本性分歧之下,教育人工智能自身的基础理论建构自然寸步难行。事实上,发展至今,人工智能与教育并非简单的二元关系,而是相互依存的共生关系,教育人工智能是教育的"一体两面"的高级形态。因此,发展"人工智能+教育"的双主体理论基础,首先要正视人工智能技术在教育中的应用,承认其在客观上对学习形态产生的影响与巨大的发展潜力;但与此同时,也要始终明确技术的工具本质,再"智能"的技术也只是"手段",而决不能成为"目的"。人工智能技术只是具有"属人性",而决不能替代人,成为教育的主体。ChatGPT等新型人工智能产品的出现再次警示我们,教育的目的是培养全面、自由、个性发展的人。在人工智能技术席卷教育领域的浪潮下,只有努力摆脱重复性、模式化、标准化学习方式的桎梏,回归人的本身,才能最大程度地维护人类的价值。如果说早期教育理论与人工智能理论是从各自的立场为教育人工智能提供理论支撑,那么未来教育人工智能理论的深入发展,就必然要求对这两种理论进行整合,发展出真正的教育人工智能理论,让教育的本质回归“人的活动”而非“人机互动”,让教育目的指向“人的发展”而非“知识传播”。

3.指向人的发展的实践应用缺乏边界

人工智能技术带来的教育转型过程中,既要有关键技术起到决定性作用,同时也必须认识到智慧教育的新生态是在技术、人与教育实践的共同作用之下形成的。任何教育信息化的发展最终都需要落实到人的层面上①。随着人工智能技术与教育走向深度融合,教育人工智能领域中存在的种种问题与风险也引起人们的忧虑。

当人工智能技术仅作为教学辅助工具进入教育领域时,各类智能应用、APP等可以实现迅速开发,但是,简单的机器替代模式很容易导致技术带来的教育中旧有问题的恶化与新问题的产生。信息技术与教育技术的应用,在带来巨大教育效益的同时,也在一定程度上制造了数字鸿沟与“信息茧房”,加剧了已有的教育不平等。当教育人工智能中的人脸识别技术与数据化教育测评技术被用于对学生学习与生活的全面监控时,它离培养全面发展的、自由自主的人的教育目标也就越来越远。教育数据的泄露等问题,会带来新的伦理风险与教育风险,如教育主体的权利嬗变、学生个性的发展异化、人机互动的情感危机等。在生成式人工智能条件下,学术作假变得更为容易,成本也更低,因此ChatGPT一经问世,随即便引发了巨大的学术诚信危机。经由LLM语言模型写出的论文,只能做到行文上的流畅与逻辑上的严密,却没有任何事实依据。为了给出这个合乎逻辑的结果,它会生成虚假和误导性的文本。当面对他们数据库之外的技术选题时,LLM会直接虚构出不存在的参考文献。更何况,缺乏规范的各种教育人工智能技术,还存在着过于零散、各自为政的数据区隔。少数几家大型科技公司几乎垄断了搜索、文字处理和信息获取等领域,在目前的单中心治理模式之下,技术作为参与治理的其他主体,在实质层面上仍处于一种缺乏话语权的“悬浮”状态。即使是在微观的学校治理层面,也很难实现教务、人事、科研等各个部门的数据共享,徒有技术支持而很难投入使

①余胜泉.教育数字化转型的关键路径[J].华东师范大学学报(教育科学版),2023,41(03):62-71.

用。这些实践应用中的难题,都在很大程度上制约着教育人工智能的发展。

4.存在利益博弈的教育政策易于摇摆

教育人工智能的发展,需要政策的支持。但是,在各国教育政策与人工智能政策制定的过程中,又不得不受制于公平与效率、质量与效益的综合考量;考虑到技术研发与更新、从业人员替代与培养等多重因素的影响,多种利益交织造成了政策的易于动摇与反复。

在国际竞争的背景下,包括教育人工智能在内的相关高新科技的发展,是未来各国和平竞争与发展的重要领域。特别是在一些高新科技公司与研发团队的游说下,各国的相关政策也必然会加大支持力度。但是,教育人工智能自身所可能存在的各种伦理风险也给各国的政策制定提出了新挑战。比如,由于人工智能的使用离不开大量有效数据,数据来源的质量、用户的知情同意权、安全隐私问题等涉及个人、企业、市场等各个方面。版权和许可法目前涵盖像素、文本和软件的直接抄袭,却不包括其风格的模仿。而以LLM模型为代表的生成式人工智能的数据库来源正是基于对原始品进行模仿训练,导致出现伤害原创者权益的法律漏洞。目前,以Stable Diffusion和Midtravel为代表的一些艺术程序人工智能的创作者目前正被艺术家和摄影机构起诉;OpenAI和微软(及其子公司科技网站GitHub)也因创建人工智能编码助理Copilot而被起诉软件盗版。教育发展水平、教育投入与成本受益、技术风险的不可预知性,教育的复杂性、不可逆性等都会影响政策的制定。随着技术的不断升级,人工智能需要规范的新问题层出不穷,而相应的人工智能政策更容易受到波动。

布兰恩·阿瑟曾总结出阻碍新技术取代旧技术的3个主要原因。其一,旧技术更为成熟,效果更好;其二,采用一个新技术所需成本过高导致难以替换;其三,领域中的从业者对新技术不认可而不愿使用。一项技术要融入一个领域,需要实现从装备到观念、再到组织结构一系列的变化。人工智能要想真正作为一套系统在教育中大规模应用,不仅需要更换软硬件设备,更要对管理结构整体进行变革。这是一个高成本的投入,但其效果却很难评估。相关研究表明,运用人工智能的所谓新技术进行教育教学,在提升学生学习质量和学校教育质量方面,并不比传统教育教学的效果好多少。比如,早在1968年,计算机辅助教学实验的开创者安东尼·厄廷格就发现,他在两所学校中主持的计算机辅助教学实验都未实现预定目标,引发了国际学界对教育技术神话的持续讨论。

(二)人工智能应用于教学的困境

1.人工智能带来的教学形态革新

迅猛发展的人工智能已经在数据分析、决策优化、协同管理、趋势预测等方面表现得"机智过人",它既可作为内容与环境,亦可作为资源和手段,为传统课堂教学向在线教学、移动教学、混合教学、跨时空教学、泛在教学、全域教学等形态的革新提供可能。

AI赋能知识教学环境新生态。AI通过对知识教学环境中媒介和工具的更新,促使其从静止闭合的状态转向交互开放的生态。智能白板、联网平板、数字教材、交感手柄、可移动桌椅、可穿戴设备等技术的引入,为虚拟沉浸空间、智能教室和未来学校的建设创设条件。在"AI+教学"的场景中,学生不必拘泥于有限的"重篓隔间"和"时空阈限",他们可以实现小组间、班级间、年级间、校际、家校社间的贯通与互联,以期达到虚拟与现实、历史与未来、网络与生活的穿梭和混融。

AI赋能知识教学过程新状态。一是AI让教学分析更全面。语音识别、视觉识别、感知识别、传感识别等技术,可为不同学生绘制个性化的"数字画像",根据其聚类划分来提供针对性的学情分析。二是AI让教学设计更高效。借助搜索引擎和数据转录,程序将根据师生的需求提供方案推荐与智能合成(AI出题、AI绘画、AI写作)。三是AI让教学呈现更生动。知识图谱能可视化梳理结构,智能修复能立体化重现情境,虚拟仿生可再现抽象复杂的原理过程,吸引学生的注意焦点、激活学生的学习兴趣。四是AI让教学互动更及时。智能翻译、智能检索、智能答疑,可在任意时段为学生提供精准的信息反馈和问题回复,对特殊儿童的教育干预颇有成效。五是AI让教学评价更便捷。规模批改、成绩分析、动态咨询、发展预测、多维对照等技术,可为师生和家长提供个性化的考情报告。

AI赋能知识教学主体新样态。第一,AI孕育师生新类型。有研究者以"星火认知大模型"的应用为例,指出人工智能可以胜任"教学助手""学习助手""心理辅导助手""编程助手"等多重功能,认为生成式人工智能将引发未来教育形态的变革和重塑。第二,AI让师生身份发生新转变。互联网的卷入给师生赋予网络ID虚体和现实生命实体的双重身份,AI的应用不仅实现对重复机械劳力的解放,亦反推着教师向心灵按摩师、艺术创作家、情感沟通者的转型。身为"网络原住民"的学生,在产生信息诉求的同时，也面临转向自适应学习所需的自律者、自学者、自省者的角色任务。第三，AI让学习共同体规模产生新扩张。大数据的兴趣爱好匹配，可以让“远方的他者”成为“近旁的邻里”，网络社区的出现促使学习共同体经历从“实态”向“拟态”的范围扩充。

2.人工智能在教学中的虚空搁置

因教育者的专业自负、技术自卑或技术无知，呈现出面对信息技术的本能抗拒或有意漠视的姿态，将AI悬置于知识教学之外或表浅附加于知识教学之上，禁锢其正常功能的发挥。

其一，AI划归到教学工具的“禁区”。面对“AI+教学”的迅猛势头，仍有教师持有漠视技术的消极心态，更有学校为防范学生作弊而采取强制性的抵制措施。纽约教育管理部门已出台禁用ChatGPT的决定，巴黎政治学院制定作业中应用ChatGPT会受处罚的规约，新西兰媒体更是用“Evil”形容ChatGPT超强的写作能力。然而，毋庸置疑，AI已经悄然浸入教学生活之中，教育者在杜绝作弊的同时，却也让学生面临在与技术共存中甘拜下风的危险。换言之，相较于掩耳盗铃般的“禁用”，如何事半功倍的“正用”才是教育者关注的重点。AI的迅猛发展，反促着人类的智能发展和自我超越，教师只有正确使用人工智能，才是从“人机博弈”走向“人机共进”的解决之道。

其二，AI降格为教学环境的“摆设”。受资源分配不公的影响，AI因其高昂的采购资金和维护经费，在校际分布严重不均，偏远地区师生不能用、不会用、不愿用技术的现象屡见不鲜，许多教学点仍面临“有电脑、无网络，有网络、无资源，有资源、无师资”[①]的困境。中国教育科学研究院通过大规模调研东、中、西部教师“在线教学”情况发现，三地域教师在技术心态、网络技能、作业布置等环节都存在较为显著的差异。2020年中国教育设施分布研究表明，华东地区教育设施配置处于绝对优势，华南、华北地区处于中等水平，华中、西南、西北和东北地区则严重失衡。可见，城乡二元的差异所带来的“数字鸿沟”与“技术滞后”，成为乡村教育数字化转型深陷瓶颈的“新堵点”。即便是城市学校，也仍有不少教育者将其视作可有可无的形式化存在物，导致AI技术仅限公开课使用，一到常规课即被搁置。

①钱佳，郭秀旗，韦妙．农村教学点教育信息化政策实施困境与路径选择[J]．教育研究与实验，2018(06)：12-16.

其三，AI沦为教学技能的“装饰”。师生即便意识到信息技术的重要性，却因培训专业性的欠缺，导致他们因不会使用而坠入“低利用率—低产出率”的闭环。当前绝大多数师生对AI的使用停留于智能检索、情境创设和留言交互功能，鲜有教师具备计算思维，而实施人机协作的数据分析、编写简易程序和建构教案智库就更无从谈起。然而，美国于2018年出台的《教育领导者标准》中早已对赋权领导者的角色，提出开发一个易于操作的学习系统，真实客观记录学习活动，综合分析并提供及时反馈的要求。相比之下，我国教育者的信息化教学水平还相差甚远。

其四，AI退居至教学内容的“边缘”。当前，教师将AI作为内容的教学只局限于信息技术课、STEM课、机器人课之中，只作为选修课或校本课开设；在其他课程中，AI也多半只作为呈现知识内容的教学媒介，处于工具性的边缘地位，鲜有教师在教授本学科知识时渗透智能时代所亟须的关键素质：“数据思维”和“智能创新”的观念意识，“人机互哺”和“人机共赢”的价值期待，“意向激活”和“心灵陶冶”的情感驻守，以及“艺术审美”和“精神净化”的能力诉求。换言之，AI不能仅被视作教学媒介和知识载体，更应深挖其所代表的信息化思维和智能化观念，并将之渗透于各个学科教学内容之中。

3.人工智能应用于教学的现实指责

AI的出现让教育者看到教学的新转机，面对AI显现出技术附庸和技术至上的心态，试图将其全然纳入教学之中，却未曾料到技术一旦僭越其适用边界，亦会对教学产生负面影响。

第一，“融为一体”的理想期待。受信息技术与教学“深度融合”的影响，AI与教学亦有深度融合之势。融合是指将两种或多种不同事物合成一体，“深度”是触及事物本质的程度。①因而，从内容上看，有研究者主张双方打破各自的边界，建立起相互交融的内在联系，将其熔炼为一体；从层次上看，有研究者提出高层次整合摆脱技术、方法、手段的徘徊，进入到价值、思想、精神的整合，亦有研究者提出“融入”较之于“加入”和“嵌入”的优越性。可见，当前对“深度融合”存在2种共识：一是指技术与教学“难舍难分”；二是指思维和价值观层面的融合才是最优解。然而，技术是否能够、是否需要与各类知识教学“合而为一”？显然，除信息技术课外，技

①蔡旻君，芦萍萍，黄慧娟．信息技术与教学缘何难以深度融合——兼论信息技术应用于课堂教学时需正确处理的几组重要关系[J]．电化教育研究，2014，35(10)：23-28，47.

术大都只能从"互联网思维"层面与教学"深度融合",但如若将其作为唯一追求,难道技术作为媒介的"基础结合",作为环境的"中层整合"的价值就荡然无存吗？其实不然,"深度融合"只是AI在教学中应用的一种程度,信息化教学的改变并非一蹴而就,师生对技术的接受和适应也是循序渐进的,"结合—整合—融合"不仅是历时性存在的,也是共时性存在的。研究者认为,在实现了人工智能与教学的深度融合后,"教师中心"被"学习中心"所取代,"传统课堂"被"翻转课堂"取代,AI的应用其实质是对传统课堂教学根基、中心和结构形态的颠覆性创新与变革,整个教学都将迎来一场大变革。总之,相当多的研究者都认为,人工智能将成为未来教育发展过程中消解各种问题和风险的关键。

第二,"反应冷淡"的教学现实。众多研究者都指出,在所有领域中,教育是对人工智能反应最慢的领域。人工智能对其他领域都产生了广泛而深刻的影响,但对教育的影响甚微。首先,教学手段受人工智能的影响非常小,教师讲,学生记、背、做等仍是主要的教学方式。人工智能在教学中使用最多的就是多媒体制作、播放课件。教育沉迷于工业革命中产生的那一套,已经严重滞后于技术的进步,有学者甚至指出人工智能赋能教育往往更加注重教学效率,造成教学模式的单向化。其次,教学内容更新速度缓慢,人类努力取得长足进步,虽然三角函数和微积分被纳入课程,但更多的现代学科,如机器人学和创业,还未融入当前过度拥挤的系统。在中小学教育系统的教育内容中,只涉及人工智能非常肤浅的内容。现实是如果人工智能不加选择地应用于教学,比如允许学生运用ChatGPT完成课程论文或作文的写作,那将是对教学的戕害。教学是做事,但不同于一般的做事,它不仅仅表现为要将事做成功,而且还要促进学生身体、心理和精神的发展。如果教学中运用人工智能做成事了,但学生没有获得应有的锻炼与发展,那这种教学使用人工智能不仅是没有意义的,而且还非常有害。

(三)人工智能之于教学的应用限度

1.技术限制

唐·伊德曾对技术赋予连接人与世界"桥梁"的预期,德雷福斯却从存在主义视角出发,揭示了人工智能缺乏构成人类智能的必备条件——"在世"状态下的"自我意识"。从AI的实际功用入手,它无非是通过人类智慧创做出的机器衍生品,是用来帮助人更好地做事的,不论AI如何先进,它依旧不能自我繁殖、自我修复，它并非有肉身生命、血气性格、遗传基因、感知突触和神经系统的有机体，因而也就存在着人与技术天然的关系间隙。

AI对心灵理解的先天不足。意识是人类特定存在的核心事实程序不是心灵，亦无法构成心灵。尽管他的“汉字屋”思想实验饱受争议，但仍有研究者通过反证，表明计算机程序不具备人类心灵所独具的语法理解能力。从AI发明的永恒需求来看由于其缺乏脆弱性的鲜活身体，而难以产生“畏”的忧患意识，以致其不必为生存而创造新工具来改变环境，继而它也就只能对指示性命令做出规范性应答，却难以进行兴趣意向理解、生命价值理解和道德选择理解，而这些问题，却正是教育中的基本问题。

AI对艺术创作的逻辑悖论。从发生学上看，艺术创作与技术合成呈现逆向而行的态势：“后者，是对既有经验的模仿与拟合，前者会在借鉴之外谋求对经验的否定和差异化。”[①]AI智能的程序算法是回溯式的，艺术创作则是创生式的，ChatGPT提供的方案只能基本满足“合格”的标准，只能复制既有的艺术品，却难以创造卓越的艺术品，即难以产生震撼人心的艺术品，因为这种艺术品需要创作者投入个人真情和存在体验，而AI合成的所谓“艺术品”终究是效仿式的、复刻化的、去情感化的。由于个性因素、情感因素和微观叙事的匮乏，姑且只能称其作品为“产品”，而难以称其为“艺术”。

AI对数据分析的以偏概全。人工智能本身在数据分析、代码运行、算法优化和云端存储等技术支持方面仍存在较大的改进空间。由于大数据分析依赖于大概率论而将结果表现为相关关系，使用者却常常将“可能性”简化为“必然性”，将“相关性”等同于“因果性”，让大数据诊断与推荐替代主体执行方案时的审慎选择和策略决断，阉割人之为人的发展的过程性、生成性、未知性。另外，AI的深度机器学习大多为复杂的模态组合，但由于数据录入的模糊、聚类划分的错位，而导致ChatGPT系统任意捏造参考文献、拼凑搜索词条的现象屡见不鲜，但它无法为学术不端承担责任。同时，鉴于单次算法优化和数据更新都需要消耗大量资金，单靠技术本身的迭代更新独木难支，当前AI虽在简易智能层面与人类难分伯仲，但与人类高阶智能还相距甚远。

---

①李丰．人工智能与艺术创作——人工智能能够取代艺术家吗？[J]．现代哲学，2018(06)：95-100.

2.知识限制

借鉴赖尔的知识“二分法”和安德森的知识“三分法”，我们将知识分为事实之知、原理之知、方法之知和价值之知。为避免知识远离生活、课程远离学生、学校远离社会的局面，科学世界和生活世界都应作为知识的源泉，因而知识实际上是存在“符号”和“经验”的双重载体。从AI的显在性和直观性着眼，唯有陈述性的事实之知适宜用生成式人工智能教学，其他类型的知识则要慎用人工智能教学。

原理类知识看重探究过程、亲历体验。在AI眼中，原理类知识等同于普适永恒的绝对性“真理”，只需根据事先设定的程序用动画呈现即可。然而，从知识的演进、更新和发展来看，原理类知识应被视作有待完善的相对性“假说”，一旦被技术误判成“事实”，则会导致学生的知识轻信和技术服从，阻碍其科学精神和创新意识的觉醒。人工智能教学极易让学生机械接纳原理，而不去亲历探究过程、批判性反思和创造性再构等知识发生的道路，因其不去“证实”，亦不去“证伪”，而走入技术权威主义和知识真理王国的死穴。

程序类方法侧重身体力行、熟能生巧。程序类方法不仅有书面符号，亦有缄默经验，尽管AI能够呈现步骤分解和动作模拟，但是以下几个方面人工智能无法胜任。其一，流畅性动作不是从分解性流程中简单叠加的，而是从体脑协调的整体性操作中自然形成的；其二，AI不能代替学生完成程序类方法的习得，倘若学生将其完全转嫁给技术，则必会缺失基本的生活技巧和生存技能，故而，对此类知识的学习不应只是“坐而论道”，而应“起身行道”；其三，真正堪称“技艺”的知识，不能完全拷贝到技术之中，只有通过合理的边缘性参与，与真正的“人师”共同生活、观察模仿，才能感受到“匠人”和“艺术家”身上的独特魅力。

价值类知识偏重知行合一、情志相融。ChatGPT的出现，让记忆类、计算类、模式类、事实类知识的价值日趋衰退，却让意志性、品质性、意义性知识的重要性日益显现。然而，此类知识不仅是AI难以企及的，更是其难以教授的。这是因为人工智能只为价值类知识的呈现搭建平台，当然也包括情境化呈现，但却未给学生提供实践体验和领悟的机会，须知对道德素质的习得，并非通过结构分解、旁听座谈、观摩影片等实现，只有做到身心共在、躬身践行，才能真正做到道德认知、道德情感和道德行为的统一。

3.教学限制

强大的智能分析、智能合成与智能写作技术,给程序员、媒体人、新闻工作者、金融分析师、市场调研师、平面设计师和用户客服人员的就业市场带来强烈冲撞。IBM Watson系统在答题竞赛中脱颖而出的实验表明,技术在对事实性知识的存储、检索和匹配方面确实比人类更胜一筹,但在生成性、情感性、实践性教学维度力不从心。倘若教师将技术强加其中,只能形成表浅、表面、表演化教学。

生成性教学需要"人师"的临场机智。AI只能根据学生的学习需求,从既有的资料中重组和推荐"学程",此乃人工智能所遵循的"技术生成",然而"人的生成"却是一种"前反思"的直觉生成。换言之,AI面对从未产生的突变事件时很可能无能为力,经验丰富的人师却能审时度势、顺势而为、因地制宜。相较于AI的精确预设,人师大多只进行粗略备案,而强调生命即席感受下的即兴创作,对既有理论的修正、改进甚至重整。教学中偶然的错愕、短暂的迷失、附带的口音,虽不如机器程序般流畅、工整,却正是教师"生命感"的明证,亦是教学现场中难能可贵的时刻。此外,"人的生成"还是基于人的能动思维、理解纵深、意义增值的生成,强调的是"他者伦理"视域下教师对学生发展需求、个性偏好和兴趣选择的尊重,而并非基于既有数据库的智能合成。

情感性教学强调"人师"的心灵关怀。这种价值判断赋予那些在我们之外,且我们并不具备充分控制的事情以极大的重要性,因此,正是我们情感所依附的那些东西,才使我们变得脆弱。换言之,正是情感的意向性,才让人类产生对他者的移情,亦让自身产生共情,而这正是人机差别所在。纵然AI可对人类神经元加以模拟,却难以获得对躯体知觉的疼痛感和舒适感,无法理解道德两难的纠结感和羞愧感,无法模拟精神家园的愉悦感和畅达感,继而无法对他者生命的真实遭遇和生活境遇感同身受。

实践性教学注重"人师"的具身示范。AI强调"从复杂中抽象简单"的"化整为一",人师则强调"从简单中回归复杂"的"求同存异"。实践性教学强调教学情境的真实性和开放性、教师示范的具身性和生成性,不论人工智能采用什么样的现实增强技术,都无法替代真正的现实。AI只能呈现现实的影像,学生通过AI可以获得类似真实情境的体验,但学生不能在这种虚拟的情境中进行真实的操作。例如,人际交往的学习中,AI面对多音、多义、通假等词汇,双关、隐喻、暗示等修辞,反问、反诘、质询等句法,表现出理解力短板。换言之,AI适用于索绪尔所倡导的“结构主义”语言分析,人师则更擅长理解维特根斯坦所聚焦的日常对话中呈现“家族相似性”的“语言游戏”,即便是多模态自然语言算法,也难以囊括人类一切流变衍生、时刻更新、隐私秘密的话语情境。从这个意义上讲,人工智能教学只是真实情境中教学的一种替代方案,它比没有真实情境要好一点,但绝对没有真正的真实情境好。

第二节 我国人工智能教育政策

一、教育人工智能的基本逻辑

(一)技术逻辑,底层技术与应用技术的互相叠加

本体论是探究研究主体究竟是什么的问题。究其本质,教育人工智能是以人工智能技术为依托,通过人的参与而投入应用的全新智能教育形态。教育人工智能的实际应用也是人与智能技术互动的过程[①]。从历史的角度来看,人类教育的每一次重大发展,都离不开技术的进步。文字的发明,催生了学校教育;印刷术的发明与应用,带动了书籍的流通与普及,使得大规模普及义务教育成为可能。幻灯、投影、电影、广播等科技产品作为现代教学媒体的大范围使用,带来教学手段的更新换代;互联网、虚拟现实、人工智能等技术的快速发展,带领教育技术走向现代化、智能化;生成式预训练转换器的底层技术的迭代更新,孕育出了高度“人化”的ChatGPT。这些伟大技术的发明,影响覆盖了人类社会生活的各个方面,直接改变了人的生存方式与发展方式,也构成了教育发展的底层技术支撑。

然而,我们不能因此就认为教育人工智能的主体就是单一的“技术”本身,底层技术要对教育发生作用,就需要开发符合教育教学需要的应用技术,在这一过程中,必须有“人”作为主体的参与。追溯教育人工智能发展史,自动教学机器应用于批改作业、判断正误等场景,为早期教学的自动化做出了重要的探索;现代媒体技术大规模地投入教育场域,为新技术与教育的结合提供了成功的范例。在人工智能技术的赋能下,OCR图文识

①赵磊磊,张黎,代蕊华.教育人工智能伦理:基本向度与风险消解[J].现代远距离教育,2021(05):73-80.

别技术使学习过程的数据采集成为现实;自然语言理解技术使人工智能具有了对主观题智能评阅的能力;知识图谱构建技术为每个学生规划个性化学习路径。基于人工智能技术的一系列过程优化、资源建设、学情分析的应用技术,成为迎合教育需求的技术桥梁。

实际上,在教育人工智能的发展中,底层技术与应用技术缺一不可,二者中任何一方面的短板,都可会成为制约教育人工智能发展的关键环节。因此,教育人工智能的本体应当由单一的“技术”或“人”转至“人+技术”的更高层面[①]。教育人工智能领域的发展既要求底层关键技术不断突破,也需要相关应用技术持续创新。

(二)理论逻辑,学习理论与人工智能理论彼此支撑

理论是对事物本质规律的认识,具有巨大的实践指导力。随着算法的智能化和智能算法的自主化,认识和实践渐趋一体化,实践性成为发展到一定层次的智能体的本性。从认识论的角度探求人工智能的更深层的意蕴,需要深入算法层才能看到认识论本身的新发展趋势和动向。同样,从认识论的角度去研究教育人工智能领域,就不能只看到智能技术的发展,而要综合考虑教育理论对该领域带来的影响。一般来说,由多个领域复合而成的新兴领域,其基础理论源自多个领域的相互作用。教育人工智能是人工智能技术在教育领域中的应用,包括心理学、脑科学、计算科学等多个领域的基础理论支撑,发展至今,教育人工智能开始形成一套基于教育逻辑运行,不断加入新技术以适应新需求的基础理论系统。

普莱西的教学机器虽然并未成功,但其中隐含的自动教学思想却为人工智能技术在教育领域中的应用做了重要的思想准备。基于斯金纳等心理学家对学习理论的探索,教育理论从重教转向重学,成为教育人工智能理论中“少教多学”基本原则的来源。传播理论、系统理论、整体理论的发展,则从方法上为解决教育教学问题提供了科学性、规范性和艺术性。在人工智能从计算智能向认知智能发展的过程中,基于大脑神经网络的生物学,与基于机械电子的物理控制的两种人工智能理论取向,从不同方向推动了人工智能理论的发展:结构主义理论支持的基于神经元的数理逻辑模型及其学习规则,让机器模仿人类的解题思路,把硬件与软件结合起来,为机器模拟人类大脑神经网络学习的模拟智能发展提供了理论支撑,不仅带动了计算机的发展,更为知识数据库、资源库建设与专家知识系统的快

①尹璐,安维复,刘进. 教育人工智能的哲学意蕴[J]. 高教探索,2021(05):39-45.

速发展提供了理论的可能性;行为主义理论支持的基于感知器的动作学习机器人的发展,为基于学习行为分析与学习反馈的计算机教学与网络教育提供了广泛的应用空间。

进入21世纪以后,强调学生应该主动生成知识,而不是被动地接受知识的认知主义、建构主义、联通主义等理论被引入教育人工智能领域,使人工智能成为增加学习自由度的手段。能够从不断读取数据中学习,不断训练、提升学习能力并最终完成复杂学习任务的ChatGPT,其强大的思考力类似于神经元之间的链接,则体现了“联结主义”。在此基础上发展出的人类学习与机器学习相关理论,正在影响着教育理论和人工智能理论的发展,并为二者深度融合下的教育人工智能理论发展提供了可能性。

(三)应用逻辑,辅助教学向人智协同的多向拓展

尽管普莱西希望借助教学机器实现自动教学,解放教师,但他也承认,教学机器并不能取代教师,而只能是一种辅助教学的手段。此后,在斯金纳教学机器的带动下,教学机器拓展出辅助练习语言拼写等新功能。摄影、幻灯片、电影等信息传播媒体成为第一批视觉教具;互联网与微型计算机的普及,使计算机辅助教学技术投入应用。技术与机器在教育领域的应用在不断扩展,但其作为教学辅助工具的定位始终没有改变。

人工智能作为新技术的加入也并非一帆风顺。归纳推理需要丰富的经验与数据支持,而演绎推理无法演绎新的知识。处于发展第一阶段的人工智能技术,只能通过逻辑推理进行一些几何定理的证明等工作,第一代人工智能在几何定理的机器证明、西洋跳棋等领域取得一定成绩后逐渐衰落。20世纪80年代后,在数据库的支持下,以专家系统为代表的专用人工智能取得了一些成绩,但随后因无法进一步突破亦日渐式微。进入21世纪,在大数据、深度学习技术的支持下,第三代人工智能迅速崛起,进入教育领域以来,大大增强了技术在教育领域的自主程度。相关教育产品,逐渐由相对受限的辅助性工具发展为深入核心的关键技术支持。伴随着人们对人机互斥与互补的争议,教育人工智能的发展逐渐走向“人智协同”,形成了教育人工智能领域关于教、学、管、评的新方法论。从教学角度来看,人工智能辅助下的智能教学已由教授自然科学拓展到大中小学的各门学科,从知识教学扩展动作训练、心理辅导。从学习角度来看,在大数据、云计算等新兴技术的支持下,以学生中心为教育理念的“自适应学习”进

一步升级成为融合了人工智能技术的“智适应学习”①,大规模的个性化学习成为可能。从教育管理角度来看,人工智能技术被运用于学校招生、选拔、治理等管理和决策层,成为推动教育治理能力提升的强大技术支持。“装置”上的技术升级,使“教育管理”走向“教育治理”,由此出现了“数据治教”“教育管理信息化”等全新的教育治理范式。从教育评价角度来看,一方面,人工智能技术的快速发展,为教育领域带来了全程实时监测、智能反馈结果等新的评价方法,提高了质性评价的可操作性,使真正的过程性评价成为可能;另一方面,人工智能时代对未来人才提出了新的要求,学生的自主学习能力、数字胜任力素养、人机互动能力将比传统意义上的读、写、记、算能力更为重要,这就倒逼教育评价标准指向信息素养、科技素养、创新精神等新的评价方向。

(四)制度逻辑,积极发展与风险防范的两难平衡

如果说有关教、学、管、评的技术加入是对教育本体的应用落地,那受到技术发展影响变动的政策机制就是教育人工智能领域的外围方法论。教育人工智能自萌芽阶段起,就深受各国有关人工智能技术与教育政策变动的影响。特别是二战以后,随着国际竞争的加剧,各国对高新科技与教育的发展一度都非常重视,在一定程度上推动了教育人工智能的发展。但是,这种支持并不具有稳定性。在政界、商界、学界的多重作用下,各国的教育人工智能政策,随着人工智能技术的瓶颈与突破、教育发展重心的调整而不断变化,呈现出比较明显的波动。

普莱西教学机器的研发,得益于斯坦福大学从美国获得的科研经费的支持,却也因为1929年的经济大危机而无法为继。斯金纳的教学机器之所以风靡全美,是因为恰好适应了美国1958年颁布的《国防教育法》对加强基础教育与科学教育的政策导向,得到了美国教育界与中小学的认可,形成了以程序教学与教学机器为代表的早期教育人工智能的快速发展。美国对高校和高科技公司的巨额经费支持,推动了主要研究型大学中的科研团队,IBM、兰德等高科技公司的研发团队对相关项目与技术的开发。与此同时,世界各国都开始向美国学习,纷纷出台相应的政策,加大对高新科技的支持。从1963年6月开始,麻省理工学院、斯坦福大学的AI项目,爱丁堡大学的人工智能实验室,早稻田大学研发全尺寸智能人形机器

①周琴,文欣月. 从自适应到智适应:人工智能时代个性化学习新路径[J]. 现代教育管理,2020(09):89-96.

人的WABOT项目等，都从各自的政府得到了巨额科研经费。

但是，在积极支持教育人工智能发展的同时，各国政府的相关政策也面临着很大的挑战。比如，人工智能研究的巨大投入与有限教育收益之间，存在成本高昂、资源浪费的可能，以致20世纪70年代，全球主要国家的人工智能研究都陷入了低谷。更重要的是，教育人工智能的发展，虽然可能会提高教育的效率，但人工智能在改进学生学习方面的实效并没有得到很好的研究证实与支撑，而其可能带来的风险却似乎更加明显。比如，遵循强化理论的传统教育理念有落伍之嫌；"数字鸿沟"可能加剧教育中的不平等问题；教育人工智能应用无序可能带来的监管风险与伦理风险；由于情感计算、生物感知、数据采集等人工智能技术应用的不确定性与风险性；算法歧视、隐私泄露等人工智能在教育领域的应用问题层出不穷。人工智能在教育领域应用的伦理边界，受到研究者们的格外关注。目前，该领域研究已由单一的技术伦理研究转向了"人—机—人"交互中产生的伦理问题研究，涉及经济、人权、道德、科技等各个方面。

教育人工智能的发展，一方面需要政策积极支持，但另一方面，对教育人工智能可能造成的风险，也同样需要政策予以规范，这对各国政府的相关决策是一个极大的挑战。

二、以人工智能技术促进未来教育发展的着力点

为了进一步保障我国教育事业发展水平，强化人才培养工作的实效性，需要在教育事业中积极运用人工智能技术，在革新教育理念、创新教育模式的同时，保障人才培养工作取得更加良好的成效，强化我国社会优质人才供应。总结来讲，以人工智能技术促进未来教育发展的着力点包含以下几个方面：

（一）注重对人工智能技术教育功能的开发

在教育事业发展期间，综合性运用人工智能技术属于一项创新性的教育举措，该项举措可以在拓展人工智能技术应用范围的基础上开辟全新的教育道路，促使未来教育事业的发展更加科学化与个性化。为了有效将人工智能技术运用到我国教育事业发展中，首要任务便是加强对于人工智能技术教育功能的开发，充分发挥人工智能技术的价值，并综合性运用到教育事业发展中，在发挥人工智能技术优势的同时，给教育事业的创新改革带来全新的发展契机。例如，充分思考人工智能技术与教育事业之间的契

合点，思考教育事业在创新发展期间的各个维度，随后基于教育事业发展需要，对人工智能技术进行优化设计，以此彰显出人工智能技术的教育功能，使人工智能技术的功能表现与教育事业发展能够充分契合。

（二）完善人工智能技术的应用模式

加大力度完善人工智能技术的应用模式对于我国未来教育事业的高速发展起到关键性作用。为了实现人工智能技术与教育事业之间的全方位融合，需要注重完善人工智能技术的应用模式，保障教育事业的高速发展，并充分发挥人工智能技术的作用与价值，推动我国社会人才培养工作顺利进行。例如，在人工智能技术融入教育事业阶段，需要充分考虑到不同学段、普通课程、不同专业的教育需求，并根据教育目标、人才培养方向、人才技能培养等因素设置相应的人工智能技术应用模式，使人工智能技术在投入使用阶段能够充分适应其使用场景。通过该项举措还能够实现人工智能技术与教育事业之间的有机融合，促进我国教育事业的高质量发展，为实现中华民族的伟大复兴而培养出源源不断的优秀接班人。

三、教育人工智能未来的发展进路

随着人工智能、大数据、云计算、大模型等关键技术不断突破，人工智能与教育领域已进入嵌入式融合的第三阶段，即快速发展期。经过多年的实践证明，AI是实现教育领域创新的最为重要且有效的技术手段[①]这一观点已被学术界公认。面对现存的一系列问题，迫切需要我们从历史中总结经验，依据教育人工智能发展的内部逻辑预测未来、规避风险，实现更好的发展。

（一）实现教育质量提升的技术突破

计算机的微型化、智能化设备的普及标志着普适计算时代的到来，在通用人工智能时代即将到来的大背景下，未来学习将使用机器替代简单的重复、再现等任务，低阶认知技能的重要性逐渐下降，高阶认知的重要性日益上升。因此，在教育领域，人工智能技术除了要在已有的功能，如分析学习结果、提供学科知识等方面做到降低成本并提高效率之外，还应该在提升学生的认知能力、创新能力、联结能力、元认知能力等高阶认知能力方面发挥更大的作用。

①何克抗．21世纪以来的新兴信息技术对教育深化改革的重大影响[J]．电化教育研究，2019,40(03):5-12.

从真正的教育质量与真实的教育需求，去着眼于教育人工智能关键技术的突破，是未来教育人工智能技术开发的关键。这种技术开发需要进一步降低成本，便捷操作，并真正做到精准化、拟真化、个性化的学习与教育服务。精确化是指通过实时捕捉教学中的课堂行为，生成教师与学生的多模态数据，从而更精准、及时地反映教师教学与学生学习情况，对学生的学习状态进行判断和干预。目前有学者已经通过智能技术采集教学过程，编码教学数据，将课堂教学行为进行了数据化分析与可视化呈现。拟真化要求将扩展现实(Extended Reality，XR)技术应用到教学过程之中，增强教学情境的交互性与仿真性，实现学习者与学习环境的新型互动。例如，已有研究者在手持设备上提供编程环境，实现学习者在空间中移动时直接相互交流，再由研究人员跟踪设备，提供社交学习支持。在二维网络技术已无法满足线上教育需求的情况下，创造出元宇宙校园等虚拟现实的高阶发展产物，特别是要借助虚拟现实技术，开发出基于情感互动与交流的教育人工智能应用。个性化则体现为通过知识图谱、深度学习算法等实现对每个学生提供具有针对性的自适应支持，从而更好地满足学生的多元需求。此外，在教育治理等方面，未来的教育人工智能技术，应该集中于向量机的使用、卷积神经网络、循环神经网络等机器学习的开发，通过分析教育大数据，动态生成学生状况汇报，进一步帮助教育决策，提升教育效益与质量。

(二)聚焦智慧教育的基础理论创新

目前，以ChatGPT为代表的最新一代人工智能技术在理论开发方面，仍有很多基础性理论问题等待研究，如自监督学习泛化理论、预训练与微调的动态平衡分析、Transformer结构的定性和鲁棒性分析等①。而人工智能技术要在教育领域达到广泛使用且好用的程度，更是亟待加强先进教育基础理论的引导。已有研究通过对教育人工智能领域发展至今的概念、实践和研究进行研究，得出结论：教育人工智能迫切需要研究和发展教育技术哲学，以便在社会科学和自然科学中获得共同原则，从而弥合人工智能与教育之间的差距。因此，教育理论应当与人工智能理论作为双重理论基础，不仅要做到并行发展，更要融合创生，形成教育人工智能领域自身的基础理论。

①桑基韬，于剑．从ChatGPT看AI未来趋势和挑战[J]．计算机研究与发展，2023，60(06)：1191-1201.

从历史学的眼光来看，任何一门学科的成熟都离不开对其发展史研究。通过梳理总结教育人工智能形成以来研究对象、研究内容、研究范式的发展变化，加强技术与人的发展、社会发展等基本关系变化的研究，厘清人工智能技术在教育领域中的应用所带来的教育新问题、新矛盾，总结出适用于教育人工智能这一领域本身的基础理论。如设计突破社会建构主义而走向社会实在主义指导的人工智能教育课程、研究如何学习及如何去支持学习的学习科学、在技术的支持下走向立体数据获取、精准诊断分析、高质量评价的教育评价理论等。我国已于《中国智慧教育蓝皮书(2022)》中明确提出“智慧教育”的概念。这一概念集实践、理论与创新于一体，其核心动力为技术赋能和数据驱动，也需要持续的人文性和伦理的考量。“智慧教育”的提出代表着数字时代的教育新形态，教育数字化转型不是技术和教育的简单叠加，更不是为了使用技术而使用技术，其背后深刻的理论和模型已不断成型。这就要求我们对教育人工智能理论的研究不能停留在静态的实验室研究中，而是应该进一步结合具体的教育问题，吸取教育领域的最新理论成果。教育人工智能应当形成一套自身的理论，而非全然外借照搬。

(三)恪守人机协同的技术善用边界

过度单向度的技术生成极易导致人的主权地位被忽视，带来人文关怀的漠视。面对人工智能对当前教育研究和实践的强烈冲击，如何用好技术，兼顾AI赋能效用与数据道德伦理，成为越来越多的学者关注的问题。

要做到控制技术为人所用，须从技术专家、管理者、决策者、教育者到学习者等多层面共同实现人机协同发展，形成自上而下的关系模型，避免技术霸权。从设计阶段来看，当人工智能作为一个新的元素应用于教育系统中时，它通常被设计成具有仿生和拟人特征，因此要格外注重价值敏感设计，将伦理道德意识贯穿技术设计的始终，不仅外观像“人”，在行为中也要体现人的道德价值。在使用过程中，为防止技术的异化倾向，需要引入具有法律、社会学和伦理研究背景的指导者。这个角色既可以由经验丰富的教师扮演，也可以交由被设计为辅助做出道德决定的AI助手，通过对话的指导，让使用者能够按照中立和审慎的严格标准自己做出决定。目前已有《教育中的人工智能：可持续发展的机遇和挑战》《可信赖的人工智能伦理准则》等多个文件涉及教育人工智能的伦理框架。在2021年的国际人工智能与教育会议中，人与“智能”工具之间关系的释义被定义为数字人文主义,并成为人工智能与教育领域的国际共识。未来,人工智能开发和应用全价值链中将着重以人文主义价值导向,并以数字人文主义的有关原则指导教育新基建。人工智能作为强大的新兴技术,其本质定位依然是要服务于教育,服务于“人”这一主体。只有这样,我们才能真正做到使教育和科技融合共生、相互赋能,把握智能时代给教育领域带来的机遇。

(四)加强风险防范的政策制度保障

人工智能作为一种全新的、具有巨大应用价值同时又充满风险与不确定性的科技进入教育领域,如何对其进行有效合理的政策引导与管控是一个复杂的问题。

欧盟于2020年发布《2021—2027年数字化教育行动计划》,支持成员国的教育和培训系统适应数字化时代并建立了欧洲数字教育中心。联合国于2022年召开教育变革峰会,呼吁对保障和提高全民优质公共数字学习。日本在《第五次科学技术基本计划》中提出“超智能时代”(Society5.0)理念,并制定了2025—2030年的教育数字化改革目标。可以看出,在国际范围内对发展教育人工智能的呼吁与扶持已成为共识。但需要引起我们注意的是,对于技术应用的法律规范与风险防范仍显不足。人工智能技术处于日新月异的动态变化之中,而教育系统既涉及教与学的过程,又涉及学校、家庭、社会、政府等不同群体,同样充满变数。因此,教育人工智能领域的发展更加需要相关政策的把控与规范。各国在支持保障教育人工智能顺利发展的同时,也应该出台相应的政策对其发展做出约束,以防范未知风险。目前,国际上包括欧盟、英国上议院、世界经合组织等多个国家与国际组织已成立了人工智能问题特设专家委员会,以政策文件的方式对人工智能的发展进行指导。应对以ChatGPT为代表的生成式人工智能引起的学术诚信危机,研究界与出版界应制定相应的规范与制度,保障LLM模型的诚信、透明使用,如作者应在研究论文中明确声明本文是否以及在多大程度上使用了ChatGPT等人工智能技术。人工智能技术本身是一把双刃剑,考虑到涉及群体与利益众多,国家的教育人工智能政策必须充分考虑到可能的风险,建立合理的法律约束与管理框架。保障人工智能技术嵌入教育领域时,既能做到规范算法权力的运作,又同时确保相关主体的合作共赢与利益共享。建立具有法治基础的智能教育治理体系,以便更好地规范教育治理中人工智能的治理边界。未来要实现人工智能在教育领域的应用全面拓展,不能只简单依靠技术进步带来的“装置”升级,而是要将用现代化技术为人所用,将单纯的教育科技革新转变为拓宽技术应用领域、转变管理价值理念的转型之策。

教育人工智能的发展历史虽然不长,但对其进行历史回顾,却足以帮助我们明了其发展的基本逻辑。教育人工智能的发展,可以在技术、理论、应用与政策等不同层面多点突破,但要想实现良性发展,一定是这几个基本逻辑互相配合支撑的结果。进入新时代,教育人工智能不断地展示出蓬勃的生命力与巨大的发展潜力。人工智能技术在为教育领域带来变革的同时,也裹挟着某些教育风险。厘清教育人工智能领域本身的理论、技术、应用及政策逻辑,洞察目前教育人工智能面临的发展困境,有助于我们做到主动迎接与拥抱人工智能时代的教育。未来的教育人工智能领域,需要超越技术限制,回归教育本质,更需要我国教育研究者、教育实践者及人工智能领域人才的共同努力。

第三节　人工智能在教育现代化中的理论探索

一、人工智能在教育现代化中的原点与边界

(一)问题表现之层,探寻终极问题

教育理论研究与教育实践应用的严重脱节是目前我国“人工智能+教育”发展面临的巨大挑战。教育理论工作者已经从宏观教育变革、微观技术嵌入和“人工智能+教育”融合反思3个层面几乎全景式地展现出“人工智能+教育”的前进道路和前进途中遇到的伦理重塑、隐私泄露等潜在风险,但与之形成鲜明对比的却是中小学教师依然缺乏应用人工智能的技术能力、对人工智能教育的功能了解也不够深入的困境。理论研究是实践应用的基础,是对一个事物本质方面的彻底认识,其生命力在于实践土壤中的播撒、生根,“人工智能+教育”如若不能落地于实践便不能有效检验、即时反馈已有的理论研究成果,其研究价值便将被大大削弱。此外,当前“人工智能+教育”理论成果层出不穷,但缺乏成熟学科体系高屋建瓴的指导而呈“散沙状”,且针对同一问题的研究结论时有矛盾不合之处。为个别方面研判对错计,也为整体方面指引正确研究方向计,“人工智能+教

育”理论研究成果广泛、有效地落地实践已成为急需解决的问题。

“人工智能+教育”实践应用的相对不足大抵有3个方面的原因:一是政策导向方面;二是客观方面,“人工智能+教育”作为一新生事物理论研究尚不足够成熟,还不能自然引渡到实践领域有效指导教育变革的方向;三是主观方面,中小学教师对人工智能本身和“人工智能+教育”发展前景等缺乏足够的认识,具体表现为对“人工智能能否替代教师”和“人工智能都有哪些用武之处”两个问题的迫切追问。政策的完善和理论的成熟不是本文所要、所能解决的,但求从中小学教师正确且深刻的认识“人工智能+教育”入手,探究其理论成果如何更好地落地生根。

事实上,对“人工智能能否替代教师”和“人工智能都有哪些用武之处”两个问题的解答也是理论工作者一直孜孜以求的,但截至目前,仍然没有任何有说服力、公认的答案诞生。如若不能向中小学教师解释清楚这两个问题,势必会影响到对“人工智能+教育”的深刻认识,进而影响到人工智能在教育领域的普及推广。在媒体大肆宣传人工智能将来要取代诸多岗位的背景下,不少中小学教师隐忧人工智能对自己的替代,这种隐忧之情势必会在意识层面或无意识层面拒绝人工智能在教育上的渗入。倘若中小学教师不能清楚认识到人工智能能够在哪些方面裨益于自己的教学工作,便不会主动学习、应用这种技术。然而本文认为这两个问题只是表面的浅层问题,其背后隐藏一个更为深刻的根源问题——人工智能在教育领域的应用边界是什么?如果能够彻底解释清楚此问题,上述两个问题便不攻自破,“人工智能+教育”的实践应用必然也会有一定程度的提升。

(二)问题解决之钥,以原点寻边界

人工智能在教育领域的应用边界是什么?尤其是,截至目前,人工智能可以对教育领域中的哪些方面产生何种程度的影响?要单纯从教育学的角度去诠释这个问题实属不易。一则教育领域过于宽广,难以界定教育领域疆界。二则即使绘制了详尽的“教育地图”,缺乏人工智能知识背景的研究者也难以准确回答人工智能已经或将要占领哪个地带。这种头痛医头、脚痛医脚的方式无法给予此问题满意的答复。

“人工智能+教育”是人工智能与教育的深度融合,而这种融合主要是人工智能主动渗入教育领域的过程,而不是相反的教育主动开手怀抱人工智能的过程。人工智能的渗入范围、影响程度即为“人工智能+教育”的即时最后边界。而要准确回答人工智能在教育领域能够走多远,就必须对

"人工智能+教育"的原点一探究竟。简言之,必须资借"人工智能+教育"的原点去寻找其边界。

(三)问题解决之基,原点的追问

"人工智能+教育"的原点是人工智能与教育沟通、合作与融合的起点,但深层次来讲,却是人工智能技术应用到教育领域的学理缘由。无此缘由便无起点,起点是缘由的表现形式,缘由是起点的根本基础。教育的本质属性是有目的地培养人的社会实践活动,无论时间如何流转,空间如何切换,其为恒定。有学者站在未来学的角度指出,教育是培养人的这一本质规定性会因人工智能的不断发展并对教育的持续渗入而发生变化。但编者认为,从教育发展的历史长河中不难得出结论——培养人的主要是人。教育是在一定背景下一个人与另一个人的双向互动过程,这一本质属性不会因人工智能的扩张而变化。此说恰如雅斯贝尔斯所言:"教育的本质是一棵树摇动另一棵树,一朵云推动另一朵云,一个灵魂召唤另一个灵魂①。"能够广泛且深入应用到教育领域的必然是能够增进两者双向互动的技术,诸如载人航天、特高压输电等技术虽然先进,但不能实现增进互动之目的,在教育领域无用武之地便不足为奇。那么人工智能何以能够在教育领域大有所为呢?

关于人工智能有2种最权威的界定:明斯基认为,"人工智能是一门科学,是使机器做那些人需要通过智能来做的事情",尼尔森给出了更为专业的定义,即"人工智能是关于知识的科学"。前者即指让机器模拟人的智能,后者认为人工智能是研究知识表征、知识获取和知识应用的科学。虽然对知识的界定尚无定论,但有两点可以肯定,知识的基本单位是概念、知识的原始拥有主体是人,关于知识的科学也就变成关于如何把人的知识表征、知识获取和知识应用在机器上予以实现的科学。无论哪种定义都表明人工智能研究的绎旨是使机器具有甚至超越人的智能,这可以从人工智能的3种主要流派——符号主义、联结主义和行为主义的核心观点中得到印证。有学者创建性的根据概念的3个功能阐述3个流派的内核与关系,概念具有指物、指心和指名3种功能,符号主义重在指名、联结主义重在指心、行为主义重在指物。这种类比方式虽创见、简洁,但略显牵强、晦涩。符号主义把人的智能看成是基于一定抽象规则对抽象表征符号的离

①雅斯贝尔斯,童可依.《什么是教育》[J].读书,2021(05):57.

散加工、运算,机器模拟关键是将这套抽象规则以计算机可以接受的语言方式赋予之。联结主义则主张人的智能是由大脑中复杂的神经元网络活动的结果,要模拟人的智能就必须再造与之相同或相近的人工神经网络。行为主义则在已具身认知为核心的第二代认知科学的启发下强调智能不仅是大脑神经网络活动的结果,人的身体结构、特点及活动方式也是智能的载体,智能深深植根于身体的结构、特点以及活动方式之中,智能的复现可以借助行为的表达。符号主义是模拟抽象的心理过程,联结主义是模拟作为心理活动初级还原物的大脑结构,行为主义是模拟作为次级心理活动还原物的身体结构、特点及活动方式。无论哪种流派都以研究人的智能为前提,具体表现为在研究人类如何表征知识、获取知识、加工知识、运算知识和应用知识等的基础上在计算机载体上复活人的智能。人工智能成为一个"准人类",可以辅助甚至替代包括教育在内的很多人类事务,直接赋能教育者与受教育者的双向互动过程——提高互动效率、增加互动方法、提升灵魂唤醒过程中的质感与艺术感,此乃"人工智能+教育"融合的原点,实为领域相关研究者必须深刻认识之。

(四)问题求解之答,有限性框架下的动态延伸

人工智能是在"仿人"意义上直接参与到教育界域中人与人的互动,其加入改变了传统的教育者与受教育者的沟通方式、带来了更具效率的沟通媒介、赋予主体间性全新的意义,在教育领域的应用边界取决于人工智能自身发展状况能够在教育者与受教育者的双向互动中起作用程度的大小。

1.动态延伸而非静态划线

根据智能的表现形态可把人工智能分成运算智能、感知智能、认知智能和创造智能4种类型。计算机在以记忆和计算能力为主的运算智能上已远超人类。感知智能是计算机通过模拟人的视觉、听觉和触觉等感知环境的能力,但对于人类底层的智能,如视觉、听觉、触觉等方面,现代计算机系统的信息处理能力还不如一个幼儿园的孩子。以自然语言处理为核心的认知智能表现在知识、判断、推理、语言理解和语言产生等方面,紧跟计算机和人工智能而登上历史舞台,虽深耕多年依然存在很大技术局限,例如,ChatGPT在处理涉及歧义和多义话题时所产生的混淆或错误的结果。至于创造智能更是人工智能当下难以触及的。诚然,人工智能是具有广阔的发展前景,但其发展实状却盛名之下其实难副!

当下人工智能自身发展远未达到人类智能之境地,在教育领域的开疆

拓土实则并未太深入、广阔，但“人工智能+教育”理论研究的层出不穷却掩盖了这一事实，造成此现象的深层原因是很多研究者对人工智能了解不足、理解有误，在人工智能知识贫乏、片面的背景下，把很多不属于人工智能的技术拿来武装到教学、管理、环境设计和教学评价等方面而错误地带上“人工智能+教育”的帽子。比如，很多研究者把机器学习以及作为机器学习方法子集的深度学习看作完全的人工智能技术而大肆渲染它们与教育的结合。但是，曾经训练出世界上最大人工神经网络（超过1600亿个参数）的深度学习专家指出，机器学习、深度学习和人工智能不是部分与整体的类包含关系，而是交叉关系。再比如，有研究者把虚拟环境在教学上的运用也纳入“人工智能+教育”的范畴，人工智能是关于人类知识表征、知识获取和知识应用的科学，这种关于人的科学不可能包括不涉及人的虚拟环境技术，“人工智能+教育”专指人工智能与教育的深度融合，在一个既定主题背景下开展研究首先应该明确什么是人工智能、哪些是人工智能技术，否则不论苹果、萝卜、青菜而一股脑地装进“人工智能+教育”篮子的做法只会玷污这一术语，造成“挂着羊头卖狗肉”的窘境。

在厘清人工智能概念和技术库的前提下，也必须清楚地意识到不断发展的人工智能在教育应用上的持续延伸。并不类似于以坦克为首的装甲机械化部队以钢铁洪流之势对领地的平推覆盖，而更加类似于伞降部队占领核心据点后的多面包围，由此，根本不能给人工智能开拓的呈“散点状”式的教育疆界刻画一条静态的边界线。需对以下方式保持批判性的怀疑：把学生学习简化成知识学习，而后把知识学习圈定在一个既定疆界内，最后在疆界内划分一条静态分界线，划分出哪些是学生知识学习过程中人类能做但人工智能不能做的，哪些是人工智能比人类做得好的。诚然人工智能算法可进一步引导学生在学习过程中根据不同的学习内容运用不一样的学习方法从而提高学习效率，但动态发展的人工智能在教育领域的占领地是持续变动的，必须秉持动态分析的立场在一种相对静态的意义上揭示人工智能在教育领域上的应用地带，以使人们大体知道人工智能于某一时期在教育领域的能与不能，这就需要回归到原点上的人工智能自身发展状况，诚如前述，基于对人工智能概念和技术库的充分了解予以研判，从而合理部署、分配工作任务使教师承担人工智能不能完成的部分，实现人工智能与教师的最优化合作。

2.有限延伸而非无限扩张

照现今发展趋势来说人工智能会持续快速推进,但围绕人工智能未来发展境况却存在着激烈争论。开放主义者认为人工智能最终会发展至具有自我进化能力并超脱人类的束缚而达到意识完全自主,恰如库兹威尔在《奇点临近》一书中所言:“一旦机器的智慧超过人的智慧,它们就会自己设计下一代机器。到那时我们不仅要烦恼人类获得永生后的意义问题,更要担心人类将来可能会从这个循环中被淘汰。”很多人以此科学幻想为依据,指出人工智能会形成在教育领域的无限扩张之势,但本文认为事实并非如此:人工智能的异化发展不会造就反而会终止在教育领域的无限扩张。人类不会容忍自己的制造物反噬自身的惨剧发生,势必会与异化的人工智能进行一番决斗以重新夺得这个星球上的主宰权。这一点从人类历史发展过程中无数次政权的争夺中可见一斑。

保守主义者认为人工智能的发展能一直处于人类的控制之下,不至于发展异化并凌驾于人类之上,人工智能拥有的意识只能是人类赋予并指向于人类更幸福生活的终极目的,例如,使生活更便捷、工作效率提高和受到更优质的教育等。人类的主体性不会淹没在人工智能发展洪流之中的结局使人们与人工智能构成的主仆关系永恒存在,人工智能可以成为教育者甚至受教育者,但这都是工具性的服务于人类受到更好教育之目的,人类意义上的教育培养人的本质属性不会发生根本改变,人工智能在教育上的应用只能是在本质属性框架约束下的有限延伸。总之,无论是人工智能超脱人类控制而导致的教育消亡,还是在人类支配下引发的教育变革,人工智能在教育领域的开垦上都只能是有限延伸而非无限扩张。

二、人工智能教育理论探索

(一)智能时代教育数字化转型的建设路径

人工智能技术的快速发展,给教育数字化转型带来了诸多机遇和挑战,也使得教育数字化转型路径变得复杂和不确定。针对这一状况,北京师范大学教育学部李艳燕教授认为,需要从场景驱动、学习分析、个性化支持等方面构建教育数字化转型的建设路径。

第一,构建场景驱动的教育数字化转型模式。这要求转变发展方式、教学方式和治理方式,实现教育数字化转型的集约共享、线上线下结合和大数据科学决策。具体而言,需要健全新时期数字教育管理体系,打造统一的教育应用场景，构建统一的教育数字空间，提升统一的数字化保障能力；深入推进"互联网+教育"试点示范，发挥教师主导作用，体现学生主体地位，建立跨学段、业务联动和流程协同的工作制度；需要做实做强教育大数据体系，推进信息系统业务流程和数据资源的互联互通，加强大数据挖掘分析应用。

第二，开展融合多模态学习分析的学习过程追踪。模态本身是一种客观存在的、可表征的符号系统。在教育数字化转型的背景下，可以利用伴随式数据采集设备非介入式地感知和采集视觉、听觉、触觉等多模态的信息，智能识别学习者的学习状态，全面客观地分析与评价学习过程和学习问题，为教师和学生提供更有效的学习支持和个性化教育。

第三，提供人机协同的个性化学习支持与服务。这一路径强调人类智慧和机器智能的互补，注重发挥人类智慧和机器智能各自的优势，实现教育领域中各教学主体与智能学习系统的高效互动与协作。具体而言，要利用人工智能、大数据、云计算等智能技术构建智能化学习系统，提供个性化的自适应学习支持服务；分析学习者的学习行为与反馈内容，精确识别学习者的学习需求和困难点，并根据学习者的特点提供针对性的学习资源和策略；根据学习者的回答、提问和反馈，调整学习内容和难度，以适应学习者的进展和个性化需求。

（二）以人工智能技术促进教育高速发展的策略

百年大计，教育为本。教育是培养人才的关键性手段，与社会的人才水平产生密切的关联。所以，要加强对教育事业发展的思考和分析，并着重在其中融入人工智能技术，借助人工智能技术逐步摸索全新的教育发展方向，开辟创新型教育模式，以此保障教育事业的高质量发展，可以适当从以下几个方面着手促进人工智能技术融入教育事业。

1. 构建"人工智能+教育"人才培养模式

构建"人工智能+教育"人才培养模式是一项至关重要的举措，能够在教育工作中综合性运用人工智能技术展开人才培养过程，促使我国社会人才培养更加智能化和科学化，同时也能够逐步形成对于人才的个性化教育，保障我国新时代中国特色社会主义建设事业在发展阶段的人才供应。首先，需要致力于推动人工智能技术与教育之间的深度融合，基于人工智能技术探索创新型人才培养模式，如分别针对高校、职业院校等设置相应的人工智能系统，致力于培养应用型与实践型人才，并在其中积极融入

“智能育人”“信息育人”“全方位育人”的理念，使人才在学习过后能够掌握丰富的数字化技术，从而提高人才的网络信息化技能，促使人才在毕业之后充分契合当前网络信息化时代的发展需求。除此之外，还需要通过人工智能技术加强对于人才个体化情况的分析，如专业能力情况、学习进度情况、兴趣爱好情况、性格特点情况等。通过分析以上个体化信息的能够逐步为教师提供相应的教育方案，并根据每个学生不同的个体化情况提供相适应的教育引导策略，使教育事业更具智能化，使各个学生都能得到充分契合自身个体化情况的培养方案，从而促进人才的个性化发展。

2.搭建人工智能技术教育信息平台

在教育事业发展中，积极融入人工智能技术是一项关键性的教育举措，可以为教育事业的改革创新提供全新的发展契机。为了进一步发挥人工智能技术的优势，开发人工智能技术的价值，需要在教育事业发展阶段着力搭建人工智能技术教育网络信息平台，以此实现各项教育资源的共享，促进人工智能教育朝着智能化方向发展。在实际过程中，需要综合运用网络信息化技术、计算机技术和网络通信技术，逐步实现教育与网络信息一体化建设与管理，通过信息化平台综合分析教育事业的各项数据指标，为教育事业的发展与创新提供意见决策，从而促进我国人才培养工作实现递进式增长。在搭建网络信息化平台阶段，还需要注重收集各项教育资源，将各项网络信息化教育资源囊括平台之中，使教师获取教育资料的途径更加便捷，从而有效保障教育事业实现创新发展。

3.强化人工智能技术教育资源开发

教育资源是否雄厚在一定程度上决定了教育事业所取得的成效。因此，为了将人工智能技术融入教育事业中，需要注重开发人工智能技术教育资源，保障教育事业在开展阶段拥有足够的资源作为供应，从而全面推动教育事业的创新改革，完善我国社会主义教育体系。首先，需要着力搭建人工智能技术教学资源开发团队，加大力度展开人工智能教育相关技术探索和实践，在教育事业范围之内形成以人工智能技术为核心的校本教材，实现人工智能技术与教育之间的有机融合，并形成系统性的人才培养体系，保障教育事业井然有序地向前推进。例如，围绕人工智能技术在教育中的融入，开发相应的课程体系，保障课程体系与人工智能技术之间充分契合，使得人工智能技术教育资源更为丰厚，促使人工智能技术有效融入教育中，并提升教育事业发展质量。

4.提升教师群体人工智能技术水平

在教育事业发展过程中，教师占据至关重要的地位，同时教师的专业能力和执教水平直接决定了教育事业的发展质量。因此，能否切实提升教师的人工智能技术水平也在一定程度上决定了教育的实效性。为了进一步促进教育事业改革，将人工智能技术融入教育事业中，首要任务便是提升教师的人工智能技术水平，打造一支专业能力较强、专业素养较高的人工智能技术教育队伍。在实际过程中，需要周期性地针对教师群体展开人工智能技术的培训学习，使教师群体掌握人工智能技术，知晓如何在教育工作中推动人工智能技术与教育之间的充分融合。此外，还可以号召学校范围内的优秀教师参与省级、国家级人工智能技术交流活动，在活动中汲取教育经验、更新教育理念、学习教育方法，从而不断优化教师执教能力和专业水平，为教育事业的高质量发展提供助力。

5.着力完善人工智能技术应用流程

完善人工智能技术的应用流程有助于促进教育事业的不断改革创新，使人工智能技术与教育完美契合，进而取得良好的教育工作效果。首先，需要在教育事业中致力于促进人工智能技术的深度融合，以此开拓广泛的教育事业发展空间。随后，深入探索当前教育工作的展开流程，在各个交易流程中有效融入人工智能技术，以保障各个教育环节在开展阶段的调理性与层次感；在教育的重点环节，综合性运用人工智能技术，以此促进人工智能技术与教育之间的深度融合，保障人才培养工作井然有序地向前推进，为我国实现中华民族的伟大复兴奠定夯实的人才基础。

三、人工智能教育课堂教学探索

（一）“两要”与“一不得”

“人工智能+教育”理论研究与实践运用脱节出于中小学教师对“人工智能能否替代教师”和“人工智能都有哪些用武之处”缺乏正确且深入的认知，这又根源于不能清楚地认识人工智能在教育领域的应用范围。借助原点分析探究边界范围，即站在人工智能是关于知识的科学这一原点来审视人工智能会在教育的哪些领域产生重要影响，这实质上是基于人工智能视角研究“人工智能+教育”，与基于教育学视角欣赏到的风景差别甚大，给“人工智能+教育”研究带来诸多启示。

1.增强教育学专业出身研究者的人工智能知识、技术水平

“人工智能+教育”是人工智能和教育的交叉领域，欲于此长期耕耘而收获有价值的研究结论需建立在对两个领域都能了然于心的根基上。只对人工智能知识、技术有简单了解便从教育学的角度“深挖”两者的结合之道无异于刻舟求剑、缘木求鱼，造成“错误拿来”和“错误应用”的困局。错误拿来是将不属于人工智能的技术应用到教育领域还堂而皇之地冠之以“人工智能+教育”的名号，严重违背了在既定概念框架下展开相应探究的宗旨。错误应用指由于缺乏对人工智能技术的深度认知而错误地应用到教育领域，即便论述得冠冕堂皇，模型绘制得有模有样，但人工智能内行专家一下便可识破其理路和逻辑之错误，岂不贻笑大方耳？

目前，人工智能与教育的融合主要表现为两条缺乏沟融、相对独立的路径。人工智能专业背景的研究者主要基于经济考量从实用角度打造诸如“智能导师”“教育机器人”和“居家学习儿童伙伴”在内的智能教育系统和产品，而教育学专业背景的学者主要出于学理思虑从理论层面搭建两者的融合之道。概言之，前者是自下而上从实际操作层面借助人工智能对教育的“点滴侵蚀”而实现教育的最终重大变革，后者是自上而下借助理论高屋建瓴的指引“人工智能+教育”的前进方向。相比于局限于象牙塔中遥不可及的理念，智能教育产品富于新颖性、易于了解，更重要的是能够满足大众的教育消费需求，自下而上的融合之路更深入人心，因此，“人工智能+教育”的融合主要表现为人工智能主动向教育领域的延伸。但自下而上的点滴推进容易迷失方向，加之资本寻利的驱动极容易走上歧路，这就需要自上而下构建理论的正确引导走一条两者通力合作的合理且科学的道路。合作绝非两种路径的简单相加、两类人员的浅显沟通，而应是具备很强教育理论素养的研究者站在理论的高度正确指导自已在实操层面开展的人工智能技术与教育的结合，这不仅要求教育学专业背景的研究者熟稔人工智能知识、技术，也要求人工智能专业学者具备较强教育理论修养。只有建立在两者都了然于心基础上的长期耕耘，才能真正推进“人工智能+教育”的发展。

2.加强“人工智能+教育”理论研究向实践领域的转化力度

关于教育理论的性质见仁见智，然教育理论是一种实践性理论，如加拿大教育学家范梅南所言，教育学是一门实践性学科。具体到“人工智能+教育”情形尤甚，在此领域构建完善的理论体系诚然可贵，但更重要的

是利用人工智能技术研发新颖的、高效的、符合学生身心发展规律的智能教育产品、系统以为教育实用之目的。“人工智能+教育”的实践属性决定了“人工智能+教育”理论构建绝非研究终点，需要借助与实践的沟通不断予以自身修正，形成“理论—实践—理论—实践—理论”的往复循环。理论研究如不能很好地落地实践以启牖教育实践工作者的思想认识、指导教育实践工作者利用人工智能产品、系统开展具体的教育教学工作，则既不能检验已有理论成果的正确与否，也不符合“人工智能+教育”的实践旨趣。局限在纸堆里研究、书斋里思考，理论空凿越钻越窄、研究打转画地为牢。欲走出这一困局就必须主动将“人工智能+教育”理论成果及时、合理地对接到实践中，而做到这些就必须如吴康宁教授所指出的，教育理论工作者需摒弃学术傲慢和理论自信以一种“友好方式”向教育实践工作者输出理论，即用教育实践工作者所适应与容易接受的方式去写作、去呈现。

3.脚踏实地解决实际问题

有价值的教育理论研究应该以下述2个方面的其中之一或全部裨益于教育实践工作者：第一，对教育观念有所启牖；第二，能够拿来解决教育实践中的具体问题。不少“人工智能+教育”甚或教育理论研究存在一个巨大的共同缺陷，即提出某个宏大的问题而后借助雕琢阿谀、迂晦艰涩的表达修辞泛泛而谈。表面上是在分析、解决问题，好像既解决了教学问题，又解决了管理问题，还解决了教育评价问题，实则是“高贵”表述下掩盖了“肤浅”的结论，对问题的解答与不答两相无异。既不能对教育实践工作者以理论上的启牖，更不能用以解决实践问题。

诚然学术论文追求学理性无可争议，但“人工智能+教育”正处于起步后的艰难爬升阶段，需要更多志同道合的有识之士去了解、去认识、去参与，倘若故弄玄虚而将简单问题复杂化，将简单表述复杂化，甚至生造一些没有根据的名词与表述以彰显卖弄，导致学理性的提高以不合理的立论和拒教育实践工作者以教育理论门外为代价，此得不偿失哉！因此，不要空谈口号、大而不当，要见真问题、真结论；不要提出一个问题泛泛而谈，要围绕一个具体问题深入分析原因、提出解决方案并根据实践检验予以验证；不要过度追求学理性，要兼顾其应用性和普及性。“人工智能+教育”的根本难点和精髓不在于从教育学的角度构建理论，而在于掌握人工智能知识、技术在实操层面打造符合学生身心发展规律的智能系统、智能产品，有效分担教师压力、真正提高教育效率、进一步趋向教育个性化的理想。基于上述,“人工智能+教育”领域中的教育学研究者有2条合理且科学的道路须走:第一,不断批判、纠正错误的理论引导以保证“人工智能+教育”发展的正确方向;第二,在实操层面助力于智能系统和产品的研发、普及。

(二)人工智能教育课堂教学改革

人工智能+教育是未来教育发展的趋势,探索人工智能+教育的优势和局限,提出人工智能+教育的课堂教学改进和发展新路径,对适应人工智能技术的特点和要求以及教育目标和理念的变化具有重要意义。

1.教学模式调整

在人工智能时代,教师需要转变传统的以知识传授为主导的教学模式,构建以问题解决为核心的智能化教学模式。具体而言,需要做到以下几点。

(1)以问题为导向,激发学生的学习兴趣和动力。问题是知识产生和发展的源泉,也是学习过程中最重要的驱动力。在人工智能时代,教师需要培养学生主动探索、积极求知、勇于创新的精神。因此,教师需要使用人工智能技术开展问题导向、项目导向、探究导向等学习活动,让学生面对真实或模拟的问题和挑战,通过自主发现、分析、解决问题,实现知识与技能的融合与创新。

(2)以数据为支撑,提供个性化和精准化的学习服务。数据是人工智能技术运行和优化的基础,也是反映学习过程和效果的重要依据。在人工智能时代,教师需要充分使用数据分析和挖掘技术,实现对学生学习行为、特点、需求、成果等方面的全面监测和评估,并根据数据结果提供个性化和精准化的教学服务,如智能推荐、智能辅导、智能反馈等,实现教学内容、进度、方式、路径等方面的个性化定制,满足学生多样化和差异化的学习需求。

(3)以场景为载体,拓展学习的时空边界和内容范围。场景是学习过程中的重要环境因素,也是学习内容和方法的重要来源。在人工智能时代,教师需要充分使用虚拟现实、增强现实、混合现实等技术,构建多元化、丰富化、立体化的教学场景,打破传统课堂教学的时空限制,拓展学生学习的视野和深度。

2.教师角色转变

随着人工智能技术在教育领域的广泛应用,教师的能力也需要不断地提升,转变角色,以适应新时代的教育要求。具体而言,需要做到以下几点。

(1)从知识传授者转变为问题引导者。在人工智能时代,知识更新速度加快,知识获取渠道多样化,知识传授不再是教师的主要职责。教师需要使用人工智能技术提供的丰富资源和工具,设计有意义、有挑战、有价值的问题或项目,引导学生主动探索、积极求知、勇于创新,培养学生问题意识、问题发现和解决能力。

(2)从知识评价者转变为过程评估者。在人工智能时代,评价不再是对知识掌握程度的单一测量,而是对学习过程和效果的多维反馈。教师需要使用人工智能技术提供的数据分析和挖掘功能,实现对学生学习行为、特点、需求、成果等方面的全面监测和评估,并根据数据结果提供及时、有效、个性化的反馈和指导,促进学生对自身学习过程和效果的认识和改进。

(3)从知识掌握者转变为学习伙伴。在人工智能时代,教师不再是知识掌握者,而是与学生一起学习和成长的伙伴。教师需要使用人工智能技术提供的协作和交流平台,与学生建立平等、互信、互助的关系,分享学习经验和感受,共同探讨问题的解决方案。

3.学习方式创新

在人工智能时代,学生需要转变传统的以知识掌握为主要目标的学习方式,构建以问题解决为核心的智能化学习方式。具体而言,需要做到以下几点。

(1)从被动接受转变为主动探索。在人工智能时代,知识更新速度加快,获取渠道多样化,知识掌握不再是学生学习的主要目标。学生需要从被动接受转变为主动探索,使用人工智能技术提供的丰富资源和工具,根据自己的兴趣、需求、目标等选择合适的问题或项目,通过自主搜索、分析、解决问题,实现知识与技能的融合与创新。

(2)从单一模式转变为多元方式。在人工智能时代,学习不再是单一的课堂教学模式,而是多元化、丰富化、立体化的学习方式。学生需要从单一学习模式转变为多元方式,使用人工智能技术提供的虚拟现实、增强现实、混合现实等技术,构建多元化、丰富化、立体化的学习场景,打破传统课堂教学的时空限制。

(3)从单一个体转变为协作群体。在人工智能时代,学习不再是单一个体的行为,而是协作群体的活动。学生需要从单一个体转变为协作群体,使用人工智能技术提供的协作和交流平台,与其他学生建立合作、竞争、分享等关系,通过团队协作、分工合作、互相评价等方式,实现知识和技能的共享和交流。

4.教学评价方式革新

随着人工智能技术在教育领域的广泛应用,教学评价方式也需要不断改革和创新,以适应新时代的教育要求。具体而言,需要做到以下几点。

(1)从单一维度转变为多元维度。在人工智能时代,教学评价不再是对知识掌握程度的单一测评,而是对学习过程和效果的多元反馈。教学评价需要从单一维度转变为多元维度,使用人工智能技术提供的数据驱动、智能化、多维度的教学评价服务,实现对学生学习行为、特点、需求、成果等的全面监测和评估,促进学生对自身学习过程和效果的认识和改进。

(2)从结果导向转变为过程导向。在人工智能时代,教学评价不再是对学习成果的静态评判,而是对学习过程的动态跟踪。教学评价需要从结果导向转变为过程导向,使用人工智能技术提供的数据分析和挖掘功能,实现对学生学习过程中的关键节点、关键因素、关键问题等的实时监测和分析,促进学生在学习过程中发现问题、解决问题。

(3)从定量评估转变为定性评价。在人工智能时代,教学评价不再是成绩的数值化表示,而是对学习质量的内涵化解读。教学评价需要从定量评估转为定性评价,使用人工智能技术提供的数据可视化、数据挖掘、数据解释等功能,实现对学生学习成果的多元化、综合性、形成性的展示和解释,反映学生的核心素养和综合能力。

第四节 生成式人工智能教育应用的生态伦理

一、生成式人工智能的伦理界定

（一）生成式人工智能的法律概念界定

1.生成式人工智能的法律定义

自ChatGPT推出以来，生成式人工智能技术的影响在全球范围内迅速扩大，引发了对其法律定义的关注。人工智能依据智能化程度可以划分为3种类型：弱人工智能、强人工智能和超人工智能。人工智能被定义为基于算法、模型等可以自主生成文本、做出相应行为的技术，其核心是数据和算法的结合使用，这些算法不仅在社会各领域发挥影响力，还呈现出从单纯的工具转变为具有实质控制力的私权力的“去工具化”现象。权力本质上是一种控制力，算法由于主体地位的争抢具有控制力。“算法权力”这一新概念是指通过掌握数据信息和分析能力，干预社会各个领域个人、主管部门等的决策。算法作为一种私权力，平台掌握海量的信息资源，能够规范个人行为并嵌入公权力运行系统。这一现象要求法律定义不仅准确界定算法的技术特征，还需考虑其在社会决策中的权力属性。

2.生成式人工智能在法律体系中的定位

生成式AI不仅是技术工具，也是社会互动和信息传播的积极参与者。这源于生成式AI的法律定位需考虑其技术的“涌现性”和“同质性”新特点。生成式人工智能作为互联网传播基础设施深嵌于社会，其仿真度和功能性上的超越性表现，突破了传统AI的界限，带来了互联网内容生态虚假信息泛滥及道德伦理失范的问题，使现有治理范式面对这种新型人工智能具有一定的局限性。因此，应当综合考量这些特性，在定位和分类上进行一定的适应性调整。涵盖这些AI技术的特点、功能性能及其社会影响，确立其在法律体系中的适当位置。生成式人工智能的快速发展及其对现有法律框架的影响也引发了多维度的挑战。例如，信息生态风险的生成路径，包括技术黑箱、监管失灵和结构嵌入等。

（二）生成式人工智能的伦理界定

生成式人工智能带来的伦理挑战深刻地触及了法律、社会以及哲学层面的伦理挑战,其广泛应用和其影响的多维性要求重新进行伦理审视并重新定义道德责任。

1.生成式人工智能的伦理界限

数据隐私和算法偏见是伦理界限的核心议题,以未成年人个人信息保护为例,应用生成式AI在提供便利的同时也带来了隐私侵犯的风险。在技术设计和应用中应当考虑对个人信息的保护,尤其是对于未成年人这一敏感群体。算法偏见和算法歧视方面往往来源于算法训练数据的问题,某些可能存在着偏见的数据,会导致不公平的决策结果,AI本身也无法甄别数据是否存在偏见,在社会层面会产生不良影响。因此应当确保数据的公正性和多样性,增加算法决策的透明度和可解释性,这对维护生成式人工智能的公正性和道德责任至关重要。生成式人工智能在处理复杂问题时也应当进行伦理考量。例如,在医疗领域,生成式人工智能在进行诊断和治疗时,应当充分考虑患者的健康权益;在法律领域,AI辅助判决和进行法律分析时需要将法律公正和合理性放在首位,杜绝技术限制或算法偏见影响法律判决的公正性。

2.生成式人工智能的道德责任和社会影响

生成式人工智能在社会各领域的广泛应用影响了传统的工作模式和社会结构。一方面,这些技术提升了效率并改善了服务,但是也对传统就业和社会经济发展带来了影响,引发了社会各界对此的讨论。生成式人工智能可能会使一些职业消失,相关从业人员的未来是需要考虑的问题,这不仅是技术问题,也是社会、经济和政策问题。因此,在推动技术发展的同时也要考虑如何在其和保护传统就业、促进社会经济发展中找到平衡。生成式人工智能还造成了对群体智能创作方面的知识产权如何保护的问题。生成式人工智能生成的内容是否应该受到版权保护,其权益如何分配以及生成内容是否侵权等问题,成了学界讨论的焦点。因此需要重新审视现有的知识产权保护体系,在保护创作者权益的同时促进生成式人工智能创作内容的合理使用和分享,不断以技术向善为核心进行科技创新并创造社会价值。

3.生成式人工智能对人类主体性的消解及重塑

生成式人工智能的发展还带来了对社会价值和人类自身定位的反思。随着AI技术在决策、创作和社会互动中扮演的角色越来越重要,生成式AI技术对人类的主体性造成了一定程度的消解,导致算法异化。因此,一方面应当从技术和法律的角度审视生成式人工智能,另一方面还要从哲学和社会学角度分析人类作为数字时代主体性的确认问题,将以人为主体原则贯彻生成式人工智能开发始终,重塑人类主体性。生成式人工智能的伦理界定是一个多维度、跨学科的问题,应当从技术、法律、社会和哲学等多个方面进行思考和讨论。伦理是引导技术发展方向和应用范围科技向善的力量,想要确保生成式人工智能的发展既符合技术进步的需要,又遵循伦理原则,还承担相应的社会责任,需要技术开发者、政策制定者、法律专家和社会各界相互精诚合作。

二、内涵、标准与指南

(一)人工智能伦理教育的内涵

为应对人工智能高速发展所带来的伦理教育问题,文章开发一种伦理教育的理论框架,深入研究人工智能伦理教育的内涵。人工智能伦理教育的基本原则主要有尊重个人尊严、保护个人隐私、公平、公正、透明度等原则。这些原则是人工智能应用教育的基本伦理底线,为规范人工智能的发展,任何违反这些原则的教育应被严格禁止。人工智能伦理教育实践应结合实际案例,分析在人工智能应用教育中可能出现的各种伦理隐患,经过不断反思和改进,形成系列问题和应对措施的理论,为进一步的人工智能伦理教育深入研究提供理论和实践参考支撑。

(二)人工智能伦理标准与指南

目前关于人工智能伦理的研究没有建立统一的人工智能伦理标准与指南,而人工智能技术在各个领域应用越来越多,在使用过程中规范使用标准与指南非常必要。本研究认为,规范的人工智能伦理教育的标准与指南应明确规定人工智能系统对个人数据的收集、存储、使用和分享的规则,保证数据使用的安全、可靠和个人隐私的保护。人工智能系统应提供算法的透明性和可解释性,以便用户和监管机构了解算法的决策过程,避免潜在的偏见和误导性结果。应规定人工智能系统在决策过程中遵守公平性和公正性原则,避免对特定群体或个人的歧视。强调人工智能系统应承担的社会责任和道德责任,鼓励其积极参与解决社会问题,增进人类的发展和福祉。

三、内在伦理旨趣

人工智能赋能教育信息化、促进变革的实现力与规范性足以引起技术哲学与教育伦理的共同关切，也只有被置于技术和教育的双重视域充分聚焦分析，才能进一步深入理解人工智能与教育的深层关系。对人工智能教育的伦理旨趣的探讨离不开对已有人工智能技术领域伦理失范现象的检视与对未来教育人工智能发展的构想。

（一）教育中的技术出离与生态风险

人工智能实现了教育领域中微观层面的定制学习、个性指导以及中观层面的大数据分析、智慧校园管理等智能化功能，填补了传统教学在个性化、互动性、知识更新和能力评估等方面的短板。除去技术要求高、可能出现算法偏见、缺乏情感交流等潜在的过程弊端，以小学生监测头环为代表事件的智能技术越界使用现象也将引发伦理恐慌和失序风险，主要体现为技术层面的个人隐私信息和情感暴露问题、主体层面的师生角色错位和主观能动性干扰问题、教育运行层面的模式固化、价值偏颇问题。以上关系的实质是教育领域主体、技术、教育实践3项要素之间的博弈，在三者关系中，技术权重一旦过分凸显，出离平衡限度，就会牵动整个教育生态超失衡性发展。人工智能问题的实质是人对技术价值与教育伦理的评估与把控。避免技术因异化而越位于主体性教育参与，是面对技术发展时应具有的审慎态度。其中的积极方面是，人工智能打破了传统的师生知识权力关系，教师基于知识垄断权而占有的关系优势被消解，过往“我—它”权威型师生关系被削弱，同时被削弱的还包括“我—你”师生关系中的主体独立性和双方平等地位。从根本上讲，具有与商业领域相一致的独立平等性质的“我—你”师生关系也受到冲击。消极影响也表现出来，人工智能被运用于教育领域后，随着对人工智能结论的习惯性依赖逐渐加深，教师很可能不知不觉中陷入被人工智能限制的境地而不自知，从而弱化作为主体的独立判断力。与此同时，师生因受在教育管理中的地位差异、知情权情形差异和信息不对称等因素影响，彼此关系也发生了深刻变化。其中，经由人工智能数据系统作用，学生成为被监管的对象，作为主体的独立空间逐渐受到挤压；教师则可以通过人工智能技术或设备随时伺察、入侵和掌控学生的生命空间，师生关系的平等性由此失衡。

(二)教育中的伦理规范与技术合目的取向

伦理规范是对德行的动态的法则式呈现,而幸福对偏好的满足是具有自足目的和实践理性意义的,现代教育场域中的价值与目的的一致问题时常集中折射于技术与伦理规范的关系。在人、技术、教育构成的三者关系中,技术的价值一旦越位,就容易导致工具理性对价值理性的凌驾,知识技能灌输如果过度,难免出现教师主体性式微和学生主体缺位。技术因具有迭代升级势头强劲的特点和影响度高的优势而在三者关系中具有天然优势,这使得维持人工智能介入教育的合目的性成为人工智能+教育的重要关切。

综上所述,在人工智能教育中,教育者在技术应用过程中需研判权重,避免因技术异化剥夺教育主体的现实参与而引发的教育形态异化,同时,唯有建立技术与教育主体、教育活动的内在一致关系,才能达成人工智能介入教育的合目的性,而合目的性所指向的德行与幸福的统一恰恰是伦理学意义的“善”,也即“人工智能+教育”具有向善的内在伦理旨趣。人工智能使个体学习者获得个性化的学习体验成为可能,从而进一步为促进学生提高学习效果提供了可能性。人工智能在教学环节能够提高教学任务的自动化程度降低不必要的复杂性,达成对大规模学生学习需求的支持和助益。人工智能+教育能不因学生的主客观现实因素而有所偏袒或歧视,以及在体现自动化、智能化优点的同时保持人性化,真正尊重学生的个性需求,乃至提供情感关怀或情绪价值。

四、伦理挑战

(一)资源机会均等与数字鸿沟拉大

人工智能被教育领域采纳和推广应用情况,受到经济、文化、社会心理等诸多因素的综合影响。仅就智能技术在实践中的实施情况而言,经济地位、文化资本、精神素养等方面的性质和水平,在不同社会群体接纳和使用新技术过程中都发挥着影响作用。生成式人工智能技术的接受度、使用频率、使用维度等方面的差异,有可能进一步拉大不同地区、不同阶层、不同群体之间的数字鸿沟。人工智能技术的应用虽然在一般意义上打破了传统的信息及知识垄断格局,提供了促进教育公平的整体公平性,但仍然可能导致教育资源的不公平分配,如一些学生可能因为缺乏技术设备、网络连接或其他资源而无法平等地接受人工智能教育,人工智能对技术和设备手段的依赖可能反过来导致新的教育机会不平等问题,最终违背教育的公平原则。与此同时,人工智能因占据了算法的技术优势,而在处理数据过程自带本身无法克服的偏见和歧视,这种偏见和歧视经教育教学过程传导又制约学生的学习成果和职业发展,这种基于偏见而产生的群体性不公平在评估环节尤其是评估结果中体现尤为明显。

从教育的立场来看,将人工智能引入教育治理是以促进教育公平为目的的,意图通过向资源供给处于劣势的欠发达地区传输更加丰富优质的教育资源,弥合不同水平资源持有者占有、获取同等资源的机会和能力差距。然而,现实情况是这些有差异的师生群体、教育管理群体虽然面对着同等技术支持系统、同等资源获取机会,但基于掌握数字技术能力的不对等,反而在“平等”的客观条件基础上,受制于主体主观方面能力有限的现实,在同等起点、同样平台之上遭遇更加严重的数字鸿沟落差。在部分教育服务进入商品市场的情势下,资本的逐利特性可能会进一步拉大不同国家、地区之间的教育差距,并进一步影响全人类的进步与发展。

(二)人工劳动被替代与人才观受冲击

人工智能将改变职业格局和劳动体系,从而也将引发对人才观的冲击。传统规则性人工智能技术能够替代简单的重复性人类工作和机械的标准化的人工劳动;新型生成式人工智能技术则能够实现教育问题识别,对教育问题进行定量刻画,最终转化为可计算和可运行的数据和算法。以智能导师系统模拟教师和学生之间一对一的智能化教学为例,该系统以领域模型、导师模型和学习者模型模拟教师、学生与学习内容三要素,领域模型包含学习领域的基本概念、规则和问题解决策略,导师模型决定适合学习者的学习活动和教学策略,学习者模型动态描述学生在学习过程中的认知风格、能力水平和情感状态。如此,知识和技能型学习中的部分导师人力劳动将被智能导师系统取代,倒逼人类教师角色转变。人工智能技术的应用将角色转变的压力传递到人类教师个体端,一些教师产生自己的工作随时将被机器所取代的担忧,另有一些教师则明确感受到继续学习新的学习模式和教学方式的职业压力。

人工智能对劳动力市场的冲击已经引发了关于职业前景、就业机制的普遍担忧,并进一步引发了对现有人才观和人才培养体系的反思。在科技高速发展、社会急剧转型时代,结合教育要培养全面性、个性化、创新型高素质人才的时代需求,人工智能+教育不仅为教育带来了更多发展机遇,更大大增加了教育领域有关问题的模糊性、不确定性和复杂性。

(三)学业效果有限与教育风险提升

人工智能技术在抓取规模化教育数据方面优势明显,但始终无法还原全部真实教育世界,多项已有研究对此多有证实:一项围绕智能导学系统开展的研究表明该系统对学业成就的提升效果十分有限,还有研究发现,智能教学干预会让学业表现不佳的学习者产生不适应感,更有加剧学习者同质化的倾向。人工智能技术的节点化和简约化的表征特点,令其在运行中容易产生背离教育系统及其活动复杂性和系统性的误区,而其形式化的表征方式也容易固化甚至放大教育世界的“噪声数据”或“干扰数据”,进而抹杀教育的完整性和人本性,甚至成为教育质量测评的“杀伤性武器”。由此可知,技术工具的肆意狂妄导致了教育人工智能的一系列风险,这些风险具体包括忽视智能技术还原教育世界的整体风险、遮蔽智能技术表征教育生态的认识风险、轻视智能技术违背教育初心的价值风险以及滥用智能技术导致的教育治理伦理风险等①。人工智能技术对使用者计算机基础运用能力以至计算机语言运用能力有较高要求,再加上对于应用场景要求较高,已经非人为地而是“智能化”地设置了使用门槛与屏障;此外,人工智能产品与教育领域相结合的切入点极其丰富多元,而且不同的学科门类往往也需要有不同的教学方式,从而需要不同的人工智能产品,这也对人工智能产品的设计水准和应用效果提出了较大挑战,这些挑战在学习效果端和教育风险端的潜在负面因素同样不可忽视。

(四)技术求“用”与教育守“道”

人工智能是现代技术发展的具体表现形式,具有致力于提供便捷使用体验的求“用”的属性;教育是一种兼具生长性、伦理性、社会性和技术性的多维活动,具有长程性和开放性,具有守“道”的规律。超过限度的技术开发和应用会加深教育教学各个环节趋向自动工具性和格式化程度;固定的技术程序使教育中的主体关系和活动过程走向标准化,学校场域独特的情感化生活方式遭遇弱化,不仅导致教育育人价值稀薄,而且引发学生发展的生成性、完整性和内在性被忽视、教育培养全面发展的人的意义缺失。技术所带来的“便利”也将逐步稀释教育的人文内涵,降解教育的复

①李世瑾,胡艺龄,顾小清. 如何走出人工智能教育风险的困局:现象、成因及应对[J]. 电化教育研究,2021,42(07):19-25.

杂性。当今智能社会，技术聚焦于标准确立、程式运行、环境营造，人工智能与教育结盟之下，教育价值的天平逐渐偏向教育效率、教学策略和学业成就，而对学生内在品质品格的关照为数据估算所取代。人的心灵和生命价值难能为“算法”兼顾周全，个体的学习者和成长主体所具有的生命意义、精神世界和人格尊严被算法忽略、被技术撕裂。教育生命意义陷落，最终导致教育的人文向度在技术强势的时代中逐步迷失。技术的发展和应用是以实际应用和解决实际问题为首要目标的，在教育领域应体现为人工智能技术对学习和受教育需求的满足；教育之道有其自身的基本规律和价值观念，注重培养学生的综合素质和全面发展，教育的目的涵括培养人的思维能力、道德品质、审美情趣和创新能力等，而不仅仅是单纯地传授知识或技能。教育活动突出的人文属性和价值追求向人工智能技术的实用性和有效性提出了更高挑战以适应个性化和多样化发展需求。

五、风险的规避与对策

(一)现代技术与学科教学的融合

教育工作者需深刻理解现代技术与专业教学各自的特点、优缺点，才能很好地把控和融合这两者。现代技术的主要特征为数字化、网络化、智能化、多媒体化。关键技术的明显改善和技术创新教育首要展现在高度关注以学习整个进程为着力点的研究学习剖析。在智能化、教育大数据广泛应用的时代背景下，教育工作者应进一步学会综合管理运用数据分析、人工智能、计算机程序设计等核心技术，对学习进程中数个层级的信息统计数据开展剖析，并制定预见性的研究学习提议与思路，依靠数据管理，而非仅依靠经验，这使教育将发生深刻的变化。而针对教育风险中的信息缺失和跨学科融合困难问题，则需提升教师队伍现代技术的素养。教师及时学习专业的、系统的人工智能伦理教育知识和技能，同时，建立跨学科、多专业融合教师团队，促进交流与合作，以提供全面准确的人工智能伦理教育。

(二)及时更新人工智能教育内容的伦理挑战

人工智能技术用于教育教学的趋势将会更加贴合学习者的各方面需求，趋于个性化和高效化，它能更好地模拟人类的学习和思考过程，从而更加便捷地辅助学习者的学习过程。人工智能技术也将根据学生的个性化需求和兴趣点，提供更加符合个人学习的帮助。在这样发展的趋势下所带来的伦理风险也不容小觑，人工智能技术不断地发展带来新的伦理问题和挑战，为解决人工智能伦理教育更新不及时、教育内容相对滞后的问题，教育界应加强与产业界的合作。通过与相关企业、研究机构等合作，了解和学习最新的人工智能技术发展和伦理挑战，以便及时更新伦理教育内容，将更新的内容引入相关教育案例和实践学习活动，使受教育者能更好地理解和应对伦理问题。

（三）加强人工智能伦理相关法规教育建设

我国虽在2023年8月15日实施《生成式人工智能服务管理暂行办法》，但由于人工智能技术属新兴技术，普及人工智能伦理教育需通过多种传播方式，引导人们正确看待和应用人工智能技术，避免潜在风险。企业和研究机构应加强人工智能新技术的研发和创新，进一步提升人工智能技术的智能化和高效化，同时重视技术应用的安全隐患和隐私保护。

（四）国家、院校、企业等多方合作共同规避风险

解决人工智能伦理教育风险需各个领域共同努力，世界各国应加强人工智能技术的国际合作，共同应对人工智能发展带来的伦理挑战和风险，研究规避策略。而院校、企业和社会组织等也应会同建立协同机制。院校需发挥优势，提供专业教育资源和教学支持，企业提供在运营中的实际案例和相关的技术支持，社会组织促进教育宣传、各方的交流与合作，共同规避人工智能伦理教育所带来的风险。

第四章 生成式人工智能在教育现代化中的应用探索

第一节 生成式人工智能教育在家庭环境中的应用探索

一、生成式人工智能教育在家庭环境中的影响

(一)人工智能时代学生的认知发展特点

人工智能时代,学生获得知识及能力,提升素养的途径无疑会更多元,其中互联网发挥的作用会更大。人工智能对当前的教育,不仅有颠覆和冲击,也有促进和改良。学习更专注,知识面更广阔。在科学技术不断进步的今天,人工智能产品走进千家万户,帮助学生进行个性化学习,独特的教学模式大大提高了学生的专注力,并能为学生获取知识和信息提供更便捷、智能的渠道,从而提高学生的自我学习能力,拓宽知识面。使用人工智能系统,学生可以随时在世界任何地方学习,根据自己的需要安排学习时间。通过人工智能,学校可以创建全球化的教室,学生学习的地点将不再重要。

1.学习动机较强,具有创新意识

学生对于传统的教学内容以及教学方法缺乏兴趣,人工智能技术则通过大数据分析感知学生的不同喜好和需求,并自动调整适合学生的教学内容以及教学方式,学生由知识消费者转变为知识创造者,在一定程度上可以增强他们的学习动机,培养他们的探索精神和创新意识。

2.记忆力提高,思维活跃

人工智能技术的出现,打破了教育的知识传播平衡,加强了“以学生为中心”的学习关系,使对每一个学习个体的尊重有了可能。而这恰是当前教育实践的薄弱之处。人工智能产品在教育教学方面相较于传统方法更具个性化,能训练学生的有意义记忆,使记忆力得到充分发展。个性化的教学有助于发散学生的思维,提高思维的活跃度。

3.与人沟通交流少,语言表达能力差

当人工智能产品被广泛应用在学生的生活中时,虽然给学生的学习带来了便利,但是语言所发挥的面对面的沟通功能大幅降低,在一定程度上减少了与人沟通交流的机会,长此以往他们会不善言辞,常常以自我为中心,缺乏家庭观念和集体观念。

(二)人工智能时代家庭教育的变革与创新

人工智能已悄然改变孩子的学习和生活,也将影响到他们的思维模式、人际关系、知识结构、职业规划……未来尚未到来,家长该如何提前准备,让孩子具备应对未来的素养和能力?

1.改变传统的家庭教育观念

父母的家庭教育观念是实施教育行为的基础,直接影响父母对子女的教育期望,采用的教育方式、教育手段等,对子女的认知发展水平具有显著影响。传统的家庭教育观念认为家长是教育者,孩子是学习者。但是在人工智能时代下,孩子有可能比家长更早接触新事物、汲取新知识、获取新方法。因此,首先,家长应改变过往态度,将自己摆放在和孩子同等的地位,向孩子学习,与孩子进行平等交流。其次,家长应快速掌握网络技术,熟练使用人工智能产品,不断学习,充实自己,树立起终身学习的教育观念,也为孩子树立终身学习的典范。再次,家长在遵循孩子身心发展规律的前提下,利用人工智能产品鼓励孩子的个性化发展、多元化发展,并在发展过程中关注孩子的兴趣,积极引导,指导孩子掌握恰当的学习方法,提高逻辑思维能力,帮助孩子学会学习。最后,改变传统的重智育、轻德育观念,尤其在人工智能时代,互联网带来的各种信息充斥在孩子的日常生活与学习中,家长应及时关注孩子的心理健康,根据孩子的性格特征,多加引导,帮助其树立正确的世界观、人生观、价值观,培养其高尚的道德品质和道德情操。

2.顺应时代,更新家庭教育方式

家庭教育方式是在家庭教育过程中,家长教育观念和教育行为的综合体现。通常指父母在抚养、教育子女时运用的方法和形式。良好的家庭教育方式有利于孩子形成正确的人生观、价值观、世界观。在传统的家庭教育中,家长因工作繁忙无暇顾及子女的教养问题或者认为自己不懂教育、不会教育,把子女的教养义务委托给他人,比如一些托辅机构等。家庭教育的长期缺失对子女的身心发展造成不良影响。在人工智能时代,智能学习系统涵盖各个学科，孩子只需将遇到的问题输入智能系统，它就能快速完成分析并给出相应的答案和解题思路，提高孩子的自主学习效率，弥补了家长在辅导孩子时知识欠缺的不足，可以有效解决教育“外包”问题。同时，身教胜于言传，家长要和孩子共同学习新知识，平等交流，形成民主型的家庭教育方式。在这种教育方式下的孩子能更好地成长，更好地发展。

3.营造良好的家庭教育环境

良好的家庭环境对家庭教育的实施至关重要。人工智能时代，越来越多的人加入互联网大军，在生活越来越便利的同时，一些安全隐患也随之而来，如网络暴力、信息泄露、网络欺诈等。面对这些安全隐患，家长应营造和谐宽松的家庭氛围，家庭成员之间遇事多沟通交流，相互爱护，相互关心，及时获知孩子的心理动态，使孩子感受到家庭的温馨，父母的关爱，培养孩子积极健康、乐观向上的良好品质。此外父母应尽可能多地陪伴孩子，与孩子一起游戏互动。过度使用人工智能产品，不利于培养孩子的语言表达能力以及人际交往能力等。在和谐宽松的家庭环境中，孩子才会快乐、轻松，才会从父母那里学会关爱他人、关心家庭，从而培养健康的心理，拥有良好的素质。

二、生成式人工智能时代下的家庭教育现状

随着人工智能时代的到来，人类的生活和学习方式发生了变化，如任何人可以在任何时间、任何地点随意购物，以及在大数据技术的支持下进行泛在式学习，拓展和延伸了自主性学习的时间和空间。人工智能技术的发展，为人们提供了丰富的学习材料，开阔了人们的知识视野，帮助人类从大量枯燥的学习、工作中解脱出来，从而使其进行更科学、高效的学习和工作，深刻改变了人们的生活形态。一方面，现代意识、现代价值观已迅速植入了孩子的脑海，从而更好地享受人生；另一方面，在人工智能时代下，不良信息也渗透到人们的生活和学习中，尤其对孩子的影响更大，一些暴力、虚幻的意识形态，让孩子的认知偏离了正确的轨道。家长与孩子很容易形成抵制情绪，家庭教育面临巨大威胁。因此，人工智能终端产品不但不能为孩子的健康成长服务，还会阻碍孩子可持续学习力的发展，给家庭教育带来不容忽视的伤害和影响。

(一)家庭成员缺乏沟通

人工智能时代下的信息技术支撑终端产品发展,依托互联网,主要出现了计算机、智能手机、智能电视、智能家居等,提高了家庭生活水平,但家庭教育影响因素随之增多,为之变化。在信息技术支持下的家庭教育,因家庭经济条件不同,呈现出不同层次的应用环境,但家庭中信息技术应用主流终端是智能手机。智能手机是以通信、社交与支付为主,在家庭教育服务中,切实为孩子教育服务的信息技术应用少之又少。比如,家庭成员除了日常的生活消费支付和通信,部分家长下班后,仍忙于查看单位里未处理完的工作业务,继续网上学习以及浏览网页、自媒体视频等,无暇顾及孩子。在孩子的家庭教育方面,简单处理、疲于应付或粗暴呵斥,导致沟通不足,破坏了家长与孩子之间的关系,长此以往导致家长的话语权丧失。部分家庭的教育管理流于形式,即便空闲时间,各行其是,人手一部手机,亲人之间形同陌路,长此以往形成代沟,家长和孩子之间缺乏沟通,使家庭出现不和谐的现象。

(二)智能媒体设备的管理能力不强

随着家庭经济和生活水平的提高,信息技术介入家庭生活,人工智能产品多种多样,丰富着人们的生活,人们对信息技术的依赖性增强。现有家庭环境下的智能设备包括智能电视、智能手机、计算机等,它们在互联网中是以开放的姿态互通互联,将人们置于信息膨胀的虚拟信息空间内。在虚拟信息空间中商品广告信息、不怀好意的弹窗,以及低俗、虚假信息时常出现,因家长不懂或不善于管理与疏导,长期将孩子置于无法甄别信息的环境中。另外,孩子在人工智能产品使用方面缺乏自我约束力,可能造成沉迷于游戏、浏览低俗信息等问题,让家庭教育面临不良影响,极不利于孩子的身心健康发展。

(三)信息过载,未对其进行合理使用

在人工智能时代,信息量远远高于人们的需求量,一直处于信息过载的状态。信息冗余,无关的信息数据干扰人们对所需信息的选择,不能快捷地从海量信息中获取准确的或者自己所需信息,进而延长了人们获取信息的时间。尤其是孩子甄别信息的能力不强,无法解决学习和生活中的实际问题。如何让孩子合理使用信息技术,缩短解决问题的时间,是家庭教育面临的难题。

三、生成式人工智能时代下的家庭教育策略

(一)秉持新型家庭自主性学习的教育观念

家庭教育作为整个教育体系中的重要组成部分,它关系到孩子的健康成长。在人工智能时代,家庭教育观念随之改变,如今家长对孩子的教育投入明显增加,但增加投入远远不够,更需要新一代家长转变角色,由权威、严师等形象转变为慈父良母,从起主导作用的教育者转变成孩子的陪伴者、倾听者和引导者。家长陪孩子的时间要逐渐增加,经常性陪伴意味着家长与孩子建立了平等关系,能让孩子得到无言的支持和认同。家长成为孩子的陪伴者,并遵循孩子成长的规律和特点,逐渐建立良好的关系。

另外,现代社会竞争激烈,家长的社会生活压力和孩子的学习压力越来越大,人们时常处于焦虑的情绪中。家长从情感上重视孩子的教育,却在生活中缺乏耐心,教育方式简单粗暴。其中,孩子易产生抗拒心理,从而形成以自我为中心的封闭式情绪,彼此之间不愿意去理解和包容,缺乏换位思考。因此,秉持新型家庭教育观念的新一代家长,应该是孩子的倾听者,要尊重孩子,平等交流,不再是一味地采用严厉、专制的教育方式。

人工智能时代下存在信息过载、信息冗余的情况,造成孩子在学习中出现“信息困惑”的问题,此时家长可以利用信息技术与孩子进行交流和学习。在此过程中,家长充当教师的角色,充分发挥孩子的想象力和创造力,将孩子置于一种人文关怀环境中,培养孩子获取信息、筛选信息、评价信息的能力,并鼓励其进行有效的自主性学习,充当孩子的学伴,成为孩子学习上的促进者,并起到监督的作用。

(二)构建新型家庭自主性学习的教育模式

人工智能时代下家长为有效促进孩子自主性学习而进行施压,但其超出了孩子大脑认知的信息负荷。这就需要一支指导和培训家庭教育的教师队伍,或者通过家长互动群的交流学习,以提高家长的信息技术素养,让家长切身体验到信息技术可以促进孩子的学习,缓解信息化环境下诸多因素所带来的不适,从而构建适合家庭应用人工智能终端的有效指导机制。

1.建立良性的家庭自主学习信息化环境

建立家庭信息化环境,首先要做到保证孩子的身心安全不受侵犯。教师是家庭教育的指导者,通过为家长宣传和指导家长,让他们能够通过杀

毒软件过滤网页广告和拦截不良信息，并卸载不适宜孩子的软件等，确保发挥人工智能终端的安全保障功能，让人工智能终端能用、易用、好用。同时，家长要关注辟谣平台，遵守互联网法律规则，提升信息化管理水平。

2. 注重家风建设，传递正向信息

家风是家庭中长期形成的道德观念、行为习惯以及学习、生活方式等，家长自身素质是一个家庭家风的主要影响因素，家长要善于建设良好的家风。在家庭教育中，家长的作用不仅局限于孩子的生活起居方面，更要肩负起对孩子言传身教的责任。个别家长在不良生活习惯和情绪的影响下，采用动不动发脾气的方式，只要求孩子怎样去做，不懂得控制自己的情绪，忽视了自己的言行举止。长此以往，孩子最亲近的榜样形象丧失，极大地影响孩子的是非观、道德观、价值观，最终影响孩子的正向成长。

在家风建设中，家长要以身作则，控制自己的情绪，规范自己的言行举止，注意生活小细节，以强烈的责任感、事业心以及自主、自强的毅力去熏陶孩子，潜移默化地培养孩子良好的品格。家长要树立学习意识，学会使用互联网，跟进社会，改变对互联网的偏见，消除与孩子之间的代沟。同时，家长要用锲而不舍、孜孜不倦的学习精神去激励孩子，用谦虚、诚恳、豁达的性格去感染孩子，多一些生活情趣，不断完善自己，力争成为孩子值得学习的楷模。人类的智能一出生就有，包括感知、思维、行动3个方向。人类的智能是多元化的而不是单一的，是由语言、数学逻辑、空间、身体运动、音乐、人际、自我认知、自然认知智能组成的，每个人都是拥有不同智能优势的组合。人工智能是人类感知、思维、行动3个方向多元化智能优势的组合。因此，家长要以理性的态度，有效解读人工智能技术，并关注孩子的兴趣，创造机会，让孩子去发展有趣的创意思维，引领孩子应用人工智能技术，实现个性化、多元化的发展，从而正确使用人工智能技术和产品[①]。

3. 学会赏识教育，提升孩子的多元能力

人工智能产品的智能化程度越来越高，大大简化了人们完成复杂任务的过程，因此，家长应培养孩子获取信息、筛选信息的能力。在信息互联时代，孩子能在较短时间内掌握信息终端的基本操作方法，其在接受新鲜事物方面有着惊人的天赋，有兴趣去探索大千世界未知的内容，能在信息

①邓静秋．家庭教育促进法的宪法逻辑[J]．苏州大学学报（教育科学版），2021，9(04)：64-71.

化的学习中实现自我满足，找回自信。在家庭教育中，要注重培养孩子的学习能力，尤其是在实践中的应用能力，并挖掘孩子的闪光点，加强人格培养，倾听孩子的诉求，进行赏识教育，以提高他们的语言表达能力，使其充分利用人工智能技术进行自主性学习。

STEAM教育理念是一种多领域融合的教育理念，强调知识跨界、场景多元、问题生成，并介于多种能力之间，体现出课程内容的综合化、实践化、活动化等特征的教与学，是孩子学习回归生活、社会、自然的本质诉求。因此，在人工智能时代，孩子需要接受家庭的科学启蒙教育，培养孩子对自然科学的好奇心，让孩子深刻感知周围的事物，孩子的感知、思维、行动3个方向的能力才能够提升，并从中获取科学经验，培养探究性学习的能力和技巧。中小学“信息技术”课程涉及人工智能板块，具有应用图形化编程软件编程等学习内容，并构造了多特征的学习环境，以提升孩子的创造力、思维能力和实践能力，促使孩子在未来人才社会竞争中发挥其真正力量。在家庭教育中，家长要不断学习人工智能技术，充实自己，科学启蒙孩子，积极引导孩子个性化、多元化发展。

4.学习与娱乐相结合的智慧型家庭教育

在家庭生活和学习中，通过人工智能技术获取信息，与孩子谈论相关话题。比如，共赏一段视频，聆听孩子喜欢的歌曲，这是学习也是娱乐、生活。在家长与孩子同享信息技术带来的乐趣的同时，去解答孩子的疑问，教育孩子应该如何理性对待生活和学习中的问题，得到孩子的肯定和认可，从而达到教育的目的。孩子对世界充满好奇，家长应该有足够的耐心教导孩子，正确认识和理解他们的兴趣与爱好，因势利导，提升孩子甄别信息的能力。因此，家庭教育中孩子的学习能力与生活能力是相辅相成的。在家庭教育中，家长要了解孩子的兴趣与爱好，并与孩子共同玩游戏，促使孩子健康发展。比如，引导孩子参与文本图片的编辑、计算机绘画、电子板报制作等比赛，培养孩子多样化的兴趣和爱好。

在家庭教育中，孩子过于依赖网络，应用信息技术解决作业的问题，造成过度或无度使用信息技术，家长要灵活应对，精准施策，避免孩子出现心理压力过大、视力严重下降等情况[①]。

---

①蒙贵莲．陈鹤琴《家庭教育》之“普通教导法”的现代意义[J]．品位•经典，2022(01)：34-36.

（三）发展

发展家庭教育是终身教育，是学校教育的基础，家庭教育是对人的一生影响最深的教育，它直接影响一个人的成长与发展。教师作为家庭教育的指导者，在信息化环境下，力争准确了解家庭中应用信息技术的现状，指导家长在人工智能时代下探索家庭教育内容，转变教育角色，主动承担起家庭教育的责任，提高家庭教育的能力，实现智慧型家庭教育的创新。

第二节　生成式人工智能教育在学校环境中的应用探索

一、生成式人工智能对学校教育的影响

（一）生成式人工智能成为推进教育改革的最大变量

国家政策、学术研究、市场研发和学校实践都将生成式人工智能作为未来教育发展的重要力量，其缘由是生成式人工智能具有强大的情景学习、思维链推理和多轮对话等能力，可以在教育各个方面发挥颠覆性影响，塑造更为高效、公平、个性化的教学生态。

1.重构人才培养目标

生成式人工智能技术的发展，将推动现有产业组织形态、用工模式、用工理念发生根本性变化。一方面，由低技能劳动力胜任的劳动分工职位，将越来越多让渡于人工智能；另一方面，传统认知中的高技能行业，如记者、作家等文本创作类职业，程序师、软件工程师等代码编写类职业，设计师、剪辑师等多媒体创造类职业等，将因生成式人工智能对文本、图像、音视频等的突破性发展，迎来巨大挑战和替代风险。生成式人工智技术发展也将推动人工智能训练师、数据科学家等新职业的出现。同时，知识更新和创生的速度将远高于工业社会，未来职业将不断更迭，即使学生真的将所有时间用于学习，也无法学完未来从事职业所需的所有知识。学生将不再像工业社会那样，为未来储备全部可能用到的知识而学习，人才培养目标将转向人工智能无法替代的高阶认知、计算思维、理性精神、创新能力和终身学习能力。

2. 重塑教育形态

随着生成式人工智能在教学过程中的深度应用，学校教育样态也将突破班级、年级、学科、时空限制。生成式人工智能为师生关系增添复杂性，“师—机—生”的三元教学结构将取代现有的“师—生”二元结构。家长和社会将不像原来那样远离学生，而是全面介入和融入学生的成长过程。

教师与人工智能共存、共教、共学，将成为数字时代教师角色嬗变的必然选择。数字时代信息源过载会导致教师面对大数据时感到“乏力”，教师缺乏足够的能力和精力处理信息，而生成式人工智能基于海量数据训练，汇集丰富的学科知识和策略性知识，可以弥补个体教师认知或经验的不足，进而替代教师完成部分教学工作，提升教学质量和教学效率。但是，人类教师独有的教学经验与个人智慧，在学生情感塑造和情绪支撑上的独特优势，仍具有核心价值。生成式人工智能与教师的替代关系反映为“补位式替代”，而不是“挤出式替代”。人类教师智慧与机器智能完美对接，生成人机共为教学主体的人机复合教师，推动教师教学整体水平“底部抬升”，减少因教师水平参差不齐造成的教育不公平，这是未来教师队伍建设的重要方向。

“流水线”式的人才培养模式，将被“大规模的因材施教”所取代。学生将从被动接受学习，真正转型为学习的主体，在生成式人工智能引导下主动开展自我学习。通过向生成式人工智能大模型提供有关角色特征和偏好的额外信息，大模型可以生成更多个性化的、有吸引力的回应，实现学习模式从“千人一面”到“千人千面”。例如，针对学生个性化学习需求和学习风格，生成个性化学习计划，这样不仅可以提高学习效率，还可减轻课业负担。同时，泛领域开放式知识问答是生成式人工智能技术的突出能力，它利用生成式人工智能大模型开展学生一对一辅导，可以降低学生自主学习的孤独感，提高学生学习兴趣，赋能个性化学习。

3. 赋能科学化评价

生成式人工智能技术可以通过信息跟踪挖掘、数字回溯分析、科学监测评价等，描绘学生成长轨迹，完整记录学生的学习过程。教学评价将从结果分数驱动走向过程数据驱动，提升教学评价的科学性和精准度，实现因材施教。教师也可以通过生成式人工智能大模型实时获取学生学习过程数据，帮助学生巩固薄弱知识点，提高学习质量。与此同时，生成式人工智能也可以为教师提供全面而客观的评价报告，提供针对未来教学改进的有益建议。

(二)潜在风险

教育不仅仅承担着知识传授的责任,同时也承担着培养学生主体意识、塑造学生价值观和健全学生人格的重任。因此,生成式人工智能的教育应用,无疑需要前瞻其潜在的风险。

“生成幻觉”问题可能误导学生认知,导致思维惰化。一方面,生成式人工智能训练所依赖的数据集可能包含过时或错误的信息,因此它可能给出错误答案;同时,生成式人工智能技术具有超强的模拟人类思维能力,能产生足以以假乱真的信息,进而误导学生。另一方面,平台推荐个性化学习内容的过程中,如果采用未经验证的算法,有可能导致信息不对等。如果学生盲目信任机器给出的答案,缺乏对知识的基本认知判断,长此以往,就可能建构起错误的知识体系和认知结构,后果不堪设想。而过度使用生成式人工智能解答问题或辅助学习,易使学生失去独立思考能力,可能导致他们的思维陷入依赖状态,影响其批判性思维和创新能力的发展,甚至引发学术不端等不良行为。

因此,学生价值观和意识形态塑造面临挑战,潜在的伦理风险不容忽视。生成式人工智能的决策过程普遍缺乏透明性,一旦系统内嵌了开发者的主观价值观,或者受到带有偏见的训练数据的影响,生成式人工智能大模型可能输出与我国社会主义核心价值观不相符的特定意识形态和特定价值导向的内容,从而给学生带来负面影响。教师与学生使用生成式人工智能的同时,其使用数据(包括输入数据、反馈数据等)本身也会被生成式人工智能记录下来,如果没有采取充分的措施保护隐私,这些师生数据也可能被误用或盗用。

学生和教师之间也会面临“信任侵蚀”。生成式人工智能技术的突破大大降低了学生作弊所需的成本和努力。Turnitin的报告显示,每10篇大学生论文就有一篇部分是人工智能写的。学生利用生成式人工智能撰写的作业甚至完成度更高,教师难以辨别,容易引发教师对学生尤其是往期学业表现不佳学生的认识偏见。另外,学生可以轻松通过生成式人工智能大模型获取更广泛且深入的知识,部分答案甚至优于教师的见解,造成学生对教师专业能力的质疑,进而降低跟随教师学习的兴趣,最终造成学业水平降低。

此外,虽然生成式人工智能可以提供个性化教育,但如果不能普及到所有学生,反而会加剧教育不公平。生成式人工智能大模型的应用成本往往较高,如部署、推理、维护等都需较多的投入。不同地区的财政支撑能力不同,如果仅有经济发达地区有条件和能力使用大模型推动教育变革,则可能引发新的数字鸿沟,造成新的教育公平问题。

二、生成式人工智能在学校教育应用中面临的挑战

(一)学生接受教育场景面临异化挑战

从知识的本质来看,智能时代的知识是人和人工智能通过所处环境的交互而获得的信息或进行的生成性意义建构。由于ChatGPT具有强大的数据和信息搜集能力,并能够以自然语言形式将答案呈现给学习者,通过与生成式人工智能的对话便能够产生大量知识。因此,从场景上来看,人工智能促使个体知识的学习转变为个体和人工智能所构成的知识网络中进行的联通性学习。但这也可能导致个体不再需要通过和教师与同伴在社会互动和实践中接受教育,从而弱化教育促进学生社会交往和集体学习的重要性,限制学生必要的社会能力获取,如表达技巧、社会协作与问题解决能力。鼓励学生参与社会性学习,促使学生负责任地进行社会性交往活动的重要性可能被忽视。这将造成学习者缺乏对真实世界的观察,通过实践获取直接经验的能力,以及与他人交流、合作和处理现实世界中问题的能力。因此,由于生成式人工智能所提供的文本反馈代替学习者编排、构思和输出知识的过程,难以促进学习者在现实世界中进行观察和通过科学方法探究的能力,也难以产生真实世界中人与社会和人与技术关系的创新内容,造成受教育者丧失原本教育所需要培养学生的核心能力。

(二)容易加剧作弊与抄袭的伦理风险

当前随着科学技术的发展,人不再是知识生产来源的唯一主体,大量知识都能够通过人机协同的方式生产出来。在教育中,生成式人工智能能够通过与学习者在多轮对话情境下生成具有个性化的知识,但更可能加剧作弊和学术不端的诚信危机。有学生提到"如果想要偷懒或是没有时间而为了尽快完成课业,我会把具有紧迫性任务的相关问题输入ChatGPT中直接生成答案"。因此,在国际上已经有诸多国家与地区指出智能技术将可能加剧课业、考试的作弊和抄袭风险,并将限制该技术的使用。因为其结果可能进一步导致教育活动难以促进学生的伦理品德、人文道德修养、理性判断能力。由于ChatGPT只能够从重复和随机的数据训练中生成新的

数据和语言模型，教科文组织将其称之为“随机鹦鹉”，因为它仅能模仿人的声音但不能理解人说话的内容，因而通过其完成作业与考试则容易加剧学生陷入“纯技术化”误区。

（三）生成的知识内容存在偏差风险

当前已有研究内容指出，ChatGPT所生成内容的主要逻辑是基于概率性语言的拼凑式写作①，也意味着诸如ChatGPT类似的生成式人工智能技术所生成的内容尽管符合基本的人类语言规范，但却很难审视自身所创造内容的局限性。一方面，可能其本身在某一特定领域中由于训练数据不足或算法问题导致答案出现偏差，因为生成式人工智能主要依赖于大量已有数据进行回答，如果这些数据或语料库本身存在错误，那么其回答也可能是错误的。教科文组织指出，当学习者与该模型进行交互时，ChatGPT的输出内容表面上看起来是令人信服的文本，但实际上却存在各种难以识别的错误，还呈现出与事实偏差的信息。

另一方面，生成式人工智能内容还可能存在数据殖民主义风险。例如，ChatGPT此类技术的开发、训练和更新取决于海量的数据和强大的计算能力，而这些技术的操控者大多源自美国、欧洲为代表的著名科技公司和经济体，同时训练的数据大多也是基于英文生成。因此，生成的内容不可避免具有西方国家的知识特点。教科文组织将其称之为“数字贫困”，认为这将导致非西方国家价值观、规范、文化和习俗受到西方文化的侵袭，由此产生知识的同质化限制多元化和创造性思维。

（四）可能造成数据隐私泄露风险

生成式人工智能的数据往往是从互联网搜集移植而来，并未获得数据发布者的许可。在教育应用过程中，教师或学生通过与该技术进行有效互动，收集个人信息以提供个性化的教学或学习内容反馈，而这些内容又成为训练该技术与其他人交互的依据，导致个人隐私存在泄露的风险。日本在《生成式人工智能教育和研究指南》中指出，生成式人工智能存在2种担忧：一是AI学习何种数据、如何制作学习数据、基于何种算法回答等“透明性担忧”；二是机密信息泄露、个人信息不正当利用、回答内容带有偏见等“信任性担忧”。因此，如果在教育中应用这些未经许可的数据内容，则容

---

①邓建国．概率与反馈：ChatGPT的智能原理与人机内容共创[J]．南京社会科学，2023(03):86-94,142.

易泄露个人的文化背景、性别年龄、经济水平等方面的信息。此外，尽管世界上部分国家已经制定了人工智能的法律规范，但根据教科文组织的调查，生成式人工智能版本迭代发布速度超过国家监管框架的适应速度，因而大多数国家缺乏最新的生成式人工智能国家法规，难以使用户数据隐私得到保护。

三、生成式人工智能在学校教育应用策略

（一）更新教育理念

为了防止教育场景异化导致学生参与教育活动的主体性丧失、可能加剧道德与伦理问题，以及生成的知识具有单一性与数据殖民风险，重视人本主义、重申公平包容理念，以及增进文化多元化价值观成为国际上所提倡的教育理念。

1. 发挥教育过程中人本主义理念

生成式人工智能容易加剧学生过度沉迷于技术幻象下导致社会能力的弱化，预示着教育可能引发新一轮的主体性危机。该技术并不能取代教师的专业判断和深厚的学科知识，但前提是需要发挥教师自身主动性，也需要确保学生、教师和更多群体在互动中获得鲜活的教育知识。目前很多学校正在尝试为教师与学生共同利用生成式人工智能实现新的教学形式做准备。除了能够将生成式人工智能视作“意见主体”激发学生合作兴趣之外，教科文组织提出，可以鼓励教师和学习者以批判性和辩证性的态度审视该技术在教育中的运用过程，通过使用获得信息反馈，并对其进行质疑，审查准确性之后，对错误信息进行批评，以此能够发挥学生在运用该技术时的能动性。

2. 树立包容和公平的教育理念

面对人工智能驱动教育创变，当前国际上普遍强调包容和公平的教育理念作为智能时代的根基。2021年，教科文组织提到，包容和公平的教育理念是基本的人权原则，以保护人类尊严和增进人类共享的知识空间为中心。2022年，教科文组织又提出人工智能在教育中的运用应当支持个性化和开放的学习选择、扩大学习机会，并关注人工智能运用中的道德问题。2023年就生成式人工智能话题教科文组织再次提出“以人为中心的教学互动”法，将满足学习者需求、发挥学习者主动性和保障学习者伦理道德三个维度作为其构建包容和公平教育理念的表现。在该理念下，并非

强调禁止新技术的使用,而是相信每个学习者均能够基于新技术找到更适合的数据、内容和运用方式,形成面向全民的数字人文主义价值观以应对新技术可能造成的伦理道德挑战。

3.确保文化多元化的教育理念

生成式人工智能能够根据使用者个体情况生成具有个性化的内容,但这些内容仍取决于算法技术。因此,在教育过程中,需要认识到该技术对一些观点的输出仍具有机械化的特征。对此,教科文组织提出,一方面,教育要以开放式、多样化和探索性为关键目标,将该技术作为教育的辅助工具;另一方面,强调学习者在丰富多彩的现实世界中反复实验,在观察中学习,针对某一问题探索多样化的解决方案。同时,为了人类文明繁荣发展,必须意识到生成式人工智能与文化多样性之间的关系,应尽可能保护语言和文化多样性,要求在数据模型中纳入多种语言数据模块,特别是一些非西方国家或土著语言与文化内容。

(二)变革学校教育方式

基于当前生成式人工智能加剧教育场景异化挑战、生成知识存在偏差风险,以及引发的作弊与抄袭担忧,学校教育需要从教学设计、教学评估,以及作业与考试4个方面进行变革。

1.实现创新性的教学设计

为发挥学生在教育活动中的主体性,需要充分发挥教育者的价值,例如在教学设计过程中,教师可以从生成式人工智能中获取相关建议,针对具体的教学计划进行调整。教科文组织认为,在教学过程中,当教师运用该技术辅助教学时,需要考虑到为学生提供个性化的支持,包括通过人机与多主体互动生成多样化的问题答案,并通过多种方式帮助学习者验证答案的可信度。通过利用眼动追踪技术,判断学生运用生成式人工智能是否对学生形成了具有挑战性的任务,并以此对学生个人需求做出回应,增进师生交互。此外在开始阶段,促进学生了解该技术的便利性与风险;在使用阶段,掌握与该技术对话的技巧,并在各学科的学习中利用该技术发现问题,设定课题与开展和他人的交互协作,将不同资料进行整理、比较和深化,形成独立思考能力,教师可以从旁辅助。

2.增进教学实施的评估与反思

生成式人工智能在教育中的运用能够帮助教师对其所教授学科的理解,优化整个教学过程。但是仍不可避免生成的知识存在偏差风险。为此,教科文组织提出,在教学实施过程前,需要对学习者年龄、能力和预见问题进行评估,并测试生成式人工智能对教学内容的生成是否存在偏见,如果发现有不适当的内容,教师应事先采取相关行动。并且,还应采取跨部门的方式,通过与技术供应商、教育工作者、研究者、家长和学生共同合作,制定评估体系并规划长期的课程框架减少负面影响。为了应对以上风险,应基于学生发展阶段遵守年龄限制和监护人同意,提出通过丰富教育教学活动内容的方式,确认信息与内容的真伪。

3.改革课业评价模式

当前,大多学生将生成式人工智能作为完成课业的重要工具,可能引发抄袭与作弊的伦理担忧。一方面,开发能够识别生成式人工智能的工具,将其用于监测学生课业完成情况;另一方面,教育机构也需要重新思考作业设计,布置更能够发挥人性、人类价值观和应对复杂世界的作业。相比于此,可以首先由学习者完成课业,其次再通过生成式人工智能进行优化。英国认为,并不需要限制学生在课业中使用该技术,但是需要确保并验证所生成资料来源的正确性,清楚地让学生展示如何在课业中使用该技术,区分哪些部分是学生自己所完成的课业内容。并提出可以在课堂上留有充足时间监督学生完成作业,让学生就其作品进行口述的方式确定他们是否为独立完成。

4.变革学校考试制度

目前,全球已有大多国家和地区的大学均明确提出要控制ChatGPT在考试中的运用。例如,新加坡教育部门提出,要根据其使用情况判断该技术是否导致违反考试规则和规定。其次,加强学生考试的监督环境,包括在线考试过程中,也应使用安全的网络环境。最后,在日常教学中,使用多种评估模式对学生进行考查,检测该技术可能在日常教育评估中产生的异常反应并做出事先的警示。但是禁止使用ChatGPT的做法难以实现,无论是通过对文本相似度进行比较以检测作弊行为,还是创建完善的监测环境,效果均不尽如人意。因此,目前有效的应对方式仍更多采用手写或口试的考试方式并加强对学生伦理品德的培养,而未来则可能创新性地将考试与生成式人工智能相结合,但仍需以增进学生素养为主要目的。

(三)提升师生专业能力

为强化抵御教育教学过程中新技术可能引发的以上多重挑战,需要教师与学生进一步更新自身知识,并提出对教师和学生的新的要求,增进师生在教育过程中科学合理地使用新技术。

1.增进教师的专业素养与技能

提倡教育轴心向“人”之向度转变,更好地促进人机合作,需要教师掌握一定技术操作和素养能力,更好地引导技术促进学生学习观与学习效果。教师需要批判性评估生成式人工智能是否为教育带来不平等的能力、将知识应用于新技术的能力、筛选和组织信息并运用于教学中的能力。教科文组织呼吁各国采取以下行动促进培养教师使用生成式人工智能的能力:①根据实际情况,帮助教师有能力在特定领域中使用生成式人工智能技术;②发挥教师在促进高阶思维、组织人际互动和人文价值观方面展现出的独特作用;③基于生成式人工智能技术定义教师知识、技能和态度的三维目标,以此通过该技术实现教师自身专业发展;④动态性审查教师使用生成式人工智能进行教学、学习及其专业发展所需要的能力,如伦理价值观、理解和运用等技能,整合到能力框架中以为教师提供指导。

2.促进学生掌握面向未来的知识和技能

新技术的更新迭代增强了技术风险的内隐性,这也将为缺乏数字素养的学生带来挑战。生成式人工智能的兴起促使学生需要增进面向未来的知识和技能,包括了解生成式人工智能的局限性、可靠性和潜在偏见,以及关于数字安全的技能。在教科文组织报告中,详细地列举了学习者使用该技术所要掌握的基本能力,例如,在语言、艺术和编码能力获取时,需要发挥批判性能力、创造性和想象能力、计算和逻辑思维等能力,这些应根据具体场景决定。教科文组织认为提高学生相关能力获取还应采取以下行动:①通过学校教育或职业教育为学生提供人工智能课程,包括如何正确使用生成式人工智能技术;②加强教育培养人工智能时代所需的人才计划;③预测人工智能为全球带来的就业需求变化,在各级教育系统中增加学生适应未来就业市场所需的关键技能。

(四)制定隐私保护的规范措施

面对生成式人工智能在教育中的应用可能存在数据安全和隐私风险,需要完善新的法律规范,以及推动学校教育制度创新,增强教育系统的韧性建设。

1.从国家角度制定生成式人工智能应用于教育的法律规范

教科文组织提出,对于ChatGPT在教育中的运用,所有国家都需要对其进行有效的监管,通过立法保护个人数据隐私。德国将欧盟所发布的

《教育工作者在教学中使用人工智能和数据的道德准则》内容作为参考，从法律层面对ChatGPT可能产生的伦理性问题进行重新思考。教科文组织则提供了7个步骤帮助国家完善相关法律规范：①比较国际或区域通用的数据保护法规制定国家法规；②制定或修订生成式人工智能的国家战略并确保教育在其中的使用规定；③实施关于人工智能伦理的具体规定；④通过版权法监管生成式人工智能的生成内容；⑤制定生成式人工智能的监管框架；⑥构建生成式人工智能在教育中正确运用的方案；⑦思考生成式人工智能对教育与研究的长期影响。

2.从学校角度制定生成式人工智能应用于教育的规范标准

相较于以往教育实践中的技术变革，生成式人工智能还指向对学校教育领域中教育者和学习者群体的影响：①学校应根据数据保护法保护个人特殊类别的数据，例如，民族、宗教信仰、性取向和发表过的观点等；②未经学生同意，学校不得将学生具有知识产权的作品用于训练生成式人工智能；③加强学校网络安全审查；④确保学生不会在学校通过生成式人工智能访问不健康的内容。主要采取2种方式进行应对：一是规定教师或学生采取匿名访问的方式，防止个人数据输入系统；二是为教师和学生建立第三方访问账户，该账户符合法律规范，通过在该账户进行访问，并对其中产生的数据进行保护，防止隐私泄露。学校可以成立专门的数据保护委员会，负责对生成式人工智能的使用、观察、评估、法律咨询等一系列问题进行处理。

第三节　生成式人工智能教育在社会环境中的应用探索

一、生成式人工智能赋能学习型社会建设的维度

学习型社会是以社会学习者为中心，以终身教育体系、终身学习服务体系、学习型组织为基础，以形成终身学习文化为基本特征，能保障和满足社会成员学习基本权利和终身学习需求，从而有效地促进社会成员全面发展和社会价值得以充分实现，使社会可持续发展的一种开放、创新、富

有活力的新型社会[①]。放眼全球,以ChatGPT为代表的生成式人工智能,以其独特的力量,将对学习型社会建设进行全面赋能。

(一)生成式人工智能赋能学习型社会建设的内容维度

就“学习型社会”的内涵层次和建设要求而言,生成式人工智能赋能学习型社会建设指向“学习型个体培养”“学习型组织”“终身教育和学习体系”“学习型文化”的4重维度,构建出以全民学习主体为内核、以各类学习型组织为基石、以数字化转向的终身教育体系为框架和以遵循习近平文化思想、人机高维互动生成的学习型文化为灵魂的立体图景。

1.以“主体赋能”为内核

在学习型社会建设中,学习型个体扮演着关键角色,处于核心地位。生成式人工智能使用大数据训练,通过统计分析所摄取数据中的单词、像素或其他元素的分布,根据自然语言对话界面中编写的提示,识别和重复常见模式来自动生成以人类思维符号所表现的各种内容。基于自我效能理论、学习策略理论和社会认知理论的有效支撑,生成式人工智能可通过交互式学习环境、个性化学习推荐、自主学习与创造、实时反馈与个体化辅导等方式,影响学习者的社会认知、自我效能和学习情感,促进学习主体“好学、乐学”学习动机的产生,及“善学”学习能力的提升,培育主体“持续学习”的终身学习观念和学习情感,进而汇聚亿万学习群体构建社会性学习场域。

2.以“组织赋能”为基石

作为学习型社会建设的基础,生成式人工智能赋能学习型组织主要表征为生成式人工智能为“学习型家庭”提供个性化的家庭学习资源和互动性的家庭学习伴侣;为“学习型企事业单位与学习型团体”提供私人定制的团队培训和决策支持;为“学习型城乡社区”提供区域性的学习推荐和活动管理;为“学习型城市”中提供智能化公共学习服务和智慧城市发展规划;为“学习型政府”建设中提供决策支持和组织协同创新。五类学习型社会组织通过生成式人工智能赋能,不仅有利于实现知识结构和组织能力的持续升级,更有助于在社会子系统的相关作用下,形成合力从整体上推动知识经济的繁荣、学习型社会的创新发展。

---

①朱新均.学习型社会建设的理念、路径和对策[J].现代远程教育研究,2011(01):3-11.

3.以“体系赋能”为架构

建设终身教育系统和终身学习体系是营造学习型社会的底盘和钢架。生成式人工智能赋能学习型体系建设在于以智能化的技术和广泛的学习终端，以个体学习者为支点，搭建起学习者群体易于操作的自主学习支架，生成性人工智能有助于提供个性化的学习内容和学习支持，惠及形成终身教育体系的各级各类学校机制体制框架，支撑从“终身教育”到“终身学习”体系的转化，并使学习全过程更加高效、灵活和普惠。在社会终身学习体系中，社会成员自主学习的服务体系，如图书馆、文化馆、博物馆、科技馆等公共文化设施，以信息技术为载体的公共数字学习平台，以及从单点自媒体汇聚而成的海量学习资源，经过程序化筛选和整合，生成社会化学习宝库，让不同年龄阶段的学习者都能从中获得适合的学习资源和通道。

4.以“文化赋能”为灵魂

学习型文化是指一种强调终身学习和知识创新的文化。新时代文化建设需以习近平总书记文化思想为根本遵循。生成式人工智能的文化赋能主要体现为学习者坚守好文化“魂脉”“根脉”，将马克思主义与中华优秀传统文化相结合，充分运用生成式人工智能，开展个性化学习、能力发展和创新、组织学习、多种学习形态、文化交流融合以及数字化学习，真正认可接受，成为社会性的认知与习惯，从而上升为文化特征，继而形成“以终身学习为导向”的学习型文化。“文化赋能”是生成式人工智能赋能学习型社会建设的灵魂，并具备导向、激励和知识共享三大功能，以加速全社会的学习进程和知识技术的创新迭代，也为人类文明新形态贡献中国力量。

（二）生成式人工智能赋能学习型社会建设的功能维度

社会学家帕森斯的结构功能主义理论（AGIL功能分析框架）为生成式人工智能赋能学习型社会建设提供重要的理论视角，其功能维度体现如下。

1.适应功能

生成式人工智能能够通过数据分析和模式识别，诸如对教育需求的预测、学习资源的优化分配以及教育内容的个性化定制，赋能终身教育系统更好地适应不断变化的社会环境。在学习型社会的建设中，生成式人工智能可以辅助教育机构在面对快速变化的知识和技能需求时，快速调整教育策略和课程内容,提高教育系统的适应性和灵活性。

2.目标获取功能

生成式人工智能通过智能分析不同阶段的学习者的行为和表现,通过个性化学习路径的推荐、学习成效的实时反馈以及对学习进度的精准监控,学习型组织的数字化运行和管理赋能,普通教育、职业教育和成人教育的体用通达,中国特色学习型文化的培育生成,促进终身教育目标、教育社会性目的实现,以及学习型社会具体建设目标的全面落实。

3.整合功能

生成式人工智能可加强教育系统内部、教育与社会各子系统之间的协调和整合,通过跨学科和跨文化的学习内容生成,促进知识和技能的综合运用;可通过在线协作平台促进学习者之间的互动和合作,增强各类学习型组织的集体感和文化认同。在学习型社会的背景下,有意识地引导生成式人工智能工具,还可协助整合来自不同领域和文化的知识,促进多元化学习社区、学习型城市的形成,使教育成为连接不同社会型组织、构建共同价值观的桥梁。

4.模式维护功能

生成式人工智能可支持和加强学习型社会的文化价值观和行为模式的传承。如通过智能生成的教育内容来宣传社会核心价值,或者利用人工智能辅助的历史模拟和文化体验活动来传承马克思主义思想和优秀中华传统文化。在学习型社会文化建设和学习型组织文化创生中,生成式人工智能推进维持和弘扬创新和终身学习的文化,鼓励个体和集体不断探索新知,形成支持创新和学习的社会氛围。

(三)生成式人工智能赋能学习型社会建设的逻辑维度

生成式人工智能赋能学习型社会建设这一范畴中内隐3个紧密联系的关键词,即生成式人工智能、教育数字化转型、学习型社会。三者遵循着“技术颠覆创新—教育模式转变—教育性社会目标”的逻辑关系,体现了“国家—教育—社会—人”的辩证关系。

1.“技术创新—教育模式转变—教育性社会目标”的逻辑关系

在此逻辑链条中,生成式人工智能和教育数字化转型作为现代教育领域的主要技术创新,正在推动着教育模式的根本变革。这种变革不仅体现在教育内容和方法的数字化,还包括家庭教育、学校教育和社会教育之间的协同。这种协同意味着教育的边界正在变得更加流动,家长、教师和社会各界都能通过数字平台共同参与到孩子的教育过程当中。同时,普通教育、职业教育、成人教育以及特殊教育的融合正在打通传统教育的壁垒,确保每个人都能根据自己的需求和条件获得适宜的教育服务。这种教育模式的转变正朝着教育性社会目标努力,更强调教育的个性化和终身化。在这种环境下,家庭、学校和社会不再是孤立的教育实体,而是形成一个互动共生的教育生态系统,共同促进每个成员的成长和发展。

2."国家—教育—社会—人"的辩证关系

在生成式人工智能推动的学习型社会建设中,国家、教育、社会、个体之间的辩证关系日益凸显。国家不仅是技术与教育模式革新的推动者,更是这场变革的监督与调节者,通过政策、资金和标准的制定与实施,确保教育资源的整合与社会教育目标的实现。教育在此过程中扮演着连接国家与社会的桥梁角色,培养符合社会发展需要的人才,并为社会提供新知识、新技能,推动新质生产力发展。教育数字化转型和生成式人工智能的应用,为教学资源与方法的丰富性和多样性提供了可能,进而显著提升教育效率与质量,推动社会向更加开放与包容的方向发展,奠定了学习型社会的坚实基础。社会的多元需求促使了家庭、学校、社会协同及多样化教育形式的融合,生成式人工智能和教育数字化转型通过个性化学习路径为个体提供了定制化的学习体验,支持其个人发展与社会适应,使个体的终身学习能力成为推动社会发展的关键力量。

二、生成式人工智能赋能学习型社会建设的潜在风险

生成式人工智能在学习型社会建设方面具有巨大潜力,但同时也需要关注生成式人工智能的伦理和安全等方面的问题。生成式人工智能包含数字贫困加剧、超越国家监管适应、未经同意使用内容、用于生成输出的无法解释的模型、人工智能生成的内容污染互联网、缺乏对现实世界的了解、减少意见多样性、生成更深的深度赝品等八项争议与不良影响。就学习型社会建设视角而言,生成性人工智能潜在风险可归纳为以下几个方面。

(一)基于概论性答案的学习者学习责权异化

生产式人工智能以其强大算力,虽在各种标准化考试表现良好,自证其不同程度地解决问题、处理文字的能力,却也带来了对代替学习者思考、疏于理性鉴别、过度依赖技术的担忧。

首先,以ChatGPT为代表的生成式人工智能模型之答案生成过程相对简化,容易给学习者带来答案唾手可得的错觉,从而降低学习者对学习或未知世界的探索兴趣和内在驱动力,产生认知惰性,满足于表面答案,不愿积极深挖知识背后的深层规律或底层逻辑,甚至诱发作弊行为。无论是在校生抑或是社会学习者皆面临此挑战。社会学习者在使用这些技术时,利用生成性人工智能工具在工作中易产生不正当竞争,从而损害了自身的诚信和职业道德。

其次,生产式人工智能通常是基于语料库训练和算法预测,输出概率性的答案,而非真正的主体价值判断,容易在学习主体学习和培养过程中传递一些片面或歧视性的观点,从而导致学习者接收到有偏差的信息。如果学习者疏于对生成性内容进行进一步的鉴别、推敲、判断,且过度依赖人工智能技术,则不利于个体元认知发展和学习型社会形成。为此,学习者、教育者乃至全社会须意识到生成性人工智能的工具局限性,树立"辅助而非替代""工具而言主体"技术观,保持批判性思维,避免陷入学习权责异化的困局,做负责任的"智慧"运用者。

(二)基于深度学习算法的学习型文化建设风险

学习者、教育者们应该意识到生成式人工智能系统就像黑匣子一样运行,很难知道为什么会创建特定内容,从而导致使用者囿于生成式人工智能系统参数设定的逻辑中。而这些参数可能反映了特定的文化或商业价值观和规范,可能隐含地对人工智能工具生成的内容产生偏见。生成式人工智能给学习型文化带来的风险主要体现如下。

第一,价值观混乱与迷失。在学习型文化中,价值观是培养和传承的核心。而生成式人工智能所携带的资本逻辑可能与学习型文化建设的社会主义核心价值观相冲突,导致价值观的混乱和迷失。同时,人工智能的应用还可能加剧信息茧房效应,甚至被用于资本舆论操纵,从而对文化建设的多元性、公平性、真实性原则构成挑战。第二,主流话语体系减蚀。话语是学习型文化建设中传递价值观、构建文化认同的重要工具。生成式人工智能带来的"人机协同"话语生产新模式削弱了主流意识形态话语的深度,导致话语权威淡化,增加了意识形态话语减蚀的风险。第三,意识形态管理削弱。在学习型文化建设中,意识形态管理是保证文化健康发展、防止文化偏离正确轨道的重要手段。生成式人工智能可能消解意识形态管理的主导权,导致意识形态管理弱化,从而对学习型文化建设带来不利影响。生成式人工智能给学习型文化带来的风险不容忽视,为此社会各界应审慎对待生成性人工智能的影响,采取有效措施防范和化解相关风险。

(三)基于数据崇拜的学习型组织管理挑战

在人工智能时代,数据已成为决策与管理的关键要素、评估和衡量组织效能的风向标,引发各种学习型组织对数据不同程度的青睐和崇拜。生成式人工智能赋能学习型组织建设也面临着来自组织决策和管理层面挑战。

首先,过度依赖数据导致的决策盲点使得难以量化且关乎组织可持续发展的关键因素,诸如组织价值观、创新力、文化可能被边缘化。其次,生成式人工智能决策算法可能存在的偏见和设计缺陷。生成式人工智能通过学习大量数据和模式来生成决策和解决方案,但其算法决策可能存在一定的主观性和误导性,对包含学习型家庭、学习型企事业单位与学习型团体、学习型城乡社区、学习型城市以及学习型政府在内的学习型组织的某些决策产生不同程度的影响。再次,过度依赖数据和算法进行决策可能导致决策过程的机械化,缺乏灵活性和创造性,从而不同程度抑制了学习型组织对外部环境变化的敏感性和适应力。最后,过度的数据崇拜可能会导致数据霸权,形成数据驱动的组织管理模式,产生“重数轻质”“重技术轻人文”的组织管理异化,不利于各类学习型组织的建设。人工智能时代对组织培训和人力资源管理提出了更高的要求,如果学习型组织成员过度依赖生成式人工智能来提供创新性的解决方案,可能会导致组织在面对新情况和问题时缺乏创新思维和独立决策能力,从而制约其组织竞争力和组织建设潜能。

(四)基于区域差异与“智教悖论”的终身教育和学习体系阻碍

在终身教育体系建设方面,生成式人工智能在极大地丰富终身学习资源的同时可能加剧教育区域机会不均衡和数字鸿沟。作为新兴技术,生成式人工智能的应用需要一定的人力资源和认知门槛,可能导致暂时无法接触到生成式人工智能的区域和学习群体在终身学习体系中错失先发优势。如在同一学校,校长的数字化领导力高低,师生及其家庭成员数字化素养的差异,都直接影响生成式人工智能带来学习机会和资源支持的巨大差异。

与此同时,生成式人工智能凭借其强大的算法确定性赋能终身教育体系和终身学习体系,却可能与终身教育的动态性和多样性相冲突。人工智能算法的确定性特点与教育的开放性和不确定性的矛盾,可能将限制教育的自然流动和多元发展。学习者隐私和数据安全问题以及终身教育与学习体系中以陈旧、割裂化的学习内容、被动式教学模式和相对片面的评价方式,乃至各成"孤岛"的数字化教育和社会治理外部信息环境,都影响着生成式人工智能赋能学习型社会建设的整体效能和进程。因此,审慎地权衡人工智能的教育角色和社会生态位,要发挥技术优势,又尊重教育本质和学习型社会建设规律,实现二者内在融合、和谐共生,尤为重要。

三、生成式人工智能赋能学习型社会建设的基本路径

(一)统一基本准则,促"文化赋能"

1."以人为本"原则

从2019年的《人工智能与教育北京共识》、2021年的《人工智能伦理建议书》、2022年的《人工智能与教育:政策制定者指南》到2023年的《生成式人工智能教育和研究指南》,一以贯之的根本信念是以人为本的人工智能方法论。"以人为本"不仅是生成式人工智能赋能学习型社会建设的根本性伦理原则、生成式人工智能赋能学习型文化建设的基本准则,更符合了习近平文化思想的人民立场和人类文明关怀。具体而言,《生成式人工智能教育和研究指南》以联合国教科文组织《人工智能伦理建议书》为基础,以人文主义教育方法为基础,反对人工智能绝不能篡夺人类智慧,强调生成式人工智能促进人类能动性、包容性、公平、性别平等、文化和语言多样性以及多元化意见和表达;增强人类可持续发展的能力以及生活、学习和工作中有效的人机协作;呼唤对知识和人类学习等既定理解的重新审视,共创以人为本的数字学习未来。在生成式人工智能赋能学习型文化建设方面,突出强调实现包容性学习计划,特别是关注残疾学习者等弱势群体;支持个性化和开放的学习选择;改进基于数据的规定和管理,以扩大学习机会并提高学习质量;监控学习过程并提醒教师注意失败风险;培养对人工智能的道德关注和有意义的操作技能。

2."自主学习创意"原则

据《生成式人工智能教育和研究指南》原则表述和学习型社会建设实践,生成式人工智能赋能学习型文化建设的第二个重要原则可归纳为自主

学习创意，其意有二：其一，主动学习。在学习型文化建设中，主动学习是关键。人的主观能动性业已成为教育者和学习者设计和使用人工智能的首要考虑因素，以其内在动机为依据选择使用工具，使用人工智能工具时注重学习者的主动、深度思考，实现人机在高阶思维层面的互动，并基于学习者的年龄、预期效果和目标知识类型有效生成的学习性内容。其二，激发创新。在生成性人工智能赋能学习型文化建设中，终身教育工作者和学习者应在使用生成式人工智能工具时，充分理解数据的类型和使用方式及社会生活影响；积极保护自身的社交需求、个人成长和学习动力，多接触人类创新成果，激发创意和提升创新能力。同时，避免学习者对生成式人工智能的过度依赖性和认知交往能力的阻碍；确保既利用人工智能工具推进学习型文化建设效能，又提升学习型文化的创新意向。

3.“公平多元包容”原则

公平多元包容体现出《生成式人工智能教育和研究指南》着重强调的生成性人工智能促进包容、公平和文化多样性的根本要求，在遵循习近平文化思想中“两个结合”“七个着重”的基础上，要义有二：第一，公平包容。生成式人工智能在赋能学习型文化建设过程中，必须秉持公平和包容性原则。无论性别、种族、特殊教育需求、社会经济地位或地理位置，人工智能工具都应为所有人提供服务，推动全民数字化能力的提升，并建立严格的验证机制，确保人工智能系统不含有性别偏见、边缘群体歧视或仇恨言论。第二，文化多元。在利用生成式人工智能推动学习型文化建设的过程中，政府、社会与学习者要尊重并保护文化多样性，以提升人工智能对多语言文本的响应和生成能力，防止人工智能消除或歧视少数民族语言。在我国具体实践和话语体系中，可理解为在人类命运共同体和中华民族命运共同体的框架下，以保证语言和文化得到尊重和保护。

（二）完善治理体系，助“组织、体系赋能”

1.规范生成式人工智能的教育运用

为了解决围绕生成人工智能的争议并利用生成式人工智能在学习型社会建设中的潜在优势，需要对其进行监管与规范，以确保其道德、安全、公平和有意义使用。借鉴《生成式人工智能教育和研究指南》的规范性步骤和学习型社会具体需求，可采用以下实践方法：国家层面应做好认可通用数据保护条例或制定国家数据保护法；保障政府整体人工智能战略并提供资金；巩固并实施人工智能伦理规定；调整或执行版权法规范生成式人工智能生成的内容；制定生成式人工智能的详细监管框架；培养终身教育体系中教育者和学习者正确使用生成式人工智能的能力。特别是学校和其他教育机构需要在支持和培训教育者正确使用生成式人工智能的同时，培养其了解人工智能对教育的潜在好处和风险的能力，并构建通畅渠道，与专家对话、与技术对话、与政策对话。

基于生成式人工智能的规范运用，从而实现其真正赋能于各类学习型组织，显现出良好的学习型组织建设样态：其一，通过分析家庭成员的学习需求和兴趣，生成式人工智能提供个性化的学习资源、学习计划和互动性虚拟家庭学习伴侣，促进知识的传递和共享；其二，通过分析员工或成员的学习需求和能力水平，提供个性化的培训和学习规划，促进组织成员工作技能和专业知识的提升，同时通过数据分析和预测，提供决策支持，促进组织的演进和创新；其三，通过分析社区居民的学习需求和社区资源，提供符合区域特点的学习推荐和社区活动安排，促进居民的学习和交流，且帮助社区组织和管理学习活动，提高社区的学习氛围和学习效果；其四，通过分析城市居民的学习需求和城市资源，提供诸如智能化公共阅读等公共学习服务和城市发展规划，促进居民的学习和城市的可持续发展，打造智慧城市；其五，通过分析政府工作的需求和社会发展的趋势，提供生成性决策建议和政策框架，帮助政府实现科学决策和有效管理，帮助政府建立学习型组织和学习型机制，推动政府的学习和创新。规范生成式人工智能组织赋能的同时，良性的制度赋能与其在终身教育中的正向运用，则进一步联动学校教育、家庭教育与社会教育，唤醒不同年龄段学习者的学习意识，提升各级各类教育者的数字化学习力，推动全民终身学习的数字化升级。

2.构建生成式人工智能融合的学习体系

首先，建设成长性导向的终身学习数字化机制。生成式人工智能的组织赋能和体系赋能可主要表征为终身学习数字化教育体系的建设。结合《生成式人工智能教育和研究指南》和终身教育实践要求，建议采用以下几项行动：一是政府提供数字教育供给，如批准学校教育、技术和职业教育领域的人工智能课程培训以及终身学习；二是高校与研究所加强“计算教育学”学科建设和人工智能人才机制建设；三是根据社会需求、技术发展趋势与未来学校样态，加强各级教育和终身学习系统的未来适应性机制建设；四是建立健全加强老年人和特殊人群的数字学习和生活适应性机制。不难看出,多角度构建的终身学习体系之关键在于学习者人工智能能力的发展。而无论是在生成式人工知识兴起的当下还是其他技术领衔的未来,成长型学习力建设、成长型心智培养都是核心和元能力。

其次,加强数字元能力的学习型组织成员能力建设。学习型组织成员虽涵盖面较广,但每一类型的组织中,都有充当教育者角色的群体。而教育者生成性人工智能能力建设是学习型组织乃至学习型社会建设的重要人力保障,诸如学习型学校的教师、学习型企业的培训师等。教育者为有效、谨慎地使用生成式人工智能,促进学习型组织建设,可以采取以下行动:首先,学习型组织可以利用本土数据,为教育者提供操作生成式人工智能工具的具体指导;其次,学习型组织可以分析和评估教育者在运用生成式人工智能过程中的深度思维、组织沟通和价值观培养行为和影响;再次,创建符合学习型组织生态位、教育者知识能力水平和学习者综合素养诉求的生成式人工智能教学工具;最后,动态评估学习型组织中教育者数字化能力,并将其纳入教师职业培训框架体系内,从而惠及学习型组织成员,提升社会整体科技水平。

(三)开展创造性应用,行"主体赋能"

1."师生互动"情境的终身教育时空,生成式人工智能应用策略

在具有"师生互动"情境的终身教育时空中,结合《生成式人工智能教育和研究指南》策略,为师生制定、实施和验证适当的策略和道德框架,以指导负责任且合乎道德地使用生成式人工智能系统和应用程序,从而促进生成式人工智能赋能教学改进与学习型个体发展。首先,践行数字伦理规范与培训。确保为师生提供有关生成式人工智能工具的指导和培训,使其以负责任和道德的方式使用生成式人工智能工具,遵守有关数据隐私和知识产权的适当法规,批判性地对待输出的准确性和有效性。其次,培养工程思维和生成式人工智能话语能力。基于教师智能化培训,教师除应具备的特定学科知识,应习得工程学专业知识,兴发工程思维,方能键入和调整合适的生成式人工智能提示语,并对其进行批判性评估。之后通过数字化教学、主题学习、专题活动或学科渗透,师生共育,提升学生的应用能力。再次,探索维护学术诚信的机制与策略。应对基于生成式人工智能的学生书面作业抄袭行为,"人工智能生成"水印标签的技术处理、识别人工智能生成材料的软件设计以及基于严格检测的学校问责机制,虽较具效果,但多属于即时策略。而长期策略是教师重新考虑书面作业的设计,将

生成性人工智能工具融入探索性、自主性的学习任务中，对教育者和学习者个体赋能，提升其应对复杂现实世界挑战的感情关怀、价值判定与创造力。

2.“独立学习”情境的终身教育时空，生成式人工智能应用策略

在具有“独立学习”情境的终身教育时空中，《生成式人工智能教育和研究指南》指出学习者通过了解生成式人工智能的指令基本公式、常见场景和实战案例，在不同的学习场景中，解决学习难题，同时调教出相应场景的AI伙伴。

一方面，作为1∶1教练的个性化学习。在众多能力中，这些基本技能包括听力、发音和写作，以及基本的计算、艺术和编码。学习者使用生成式人工智能作为1∶1教练，以自定进度获得学习语言和艺术等基础技能。具体而言，以三大个性化学习场景为例。其一，1∶1语言技能教练。在语言学习、会话练习领域，在使用通用生成式人工智能平台时，学习者使用生成式人工智能工具来请求改进、纠正发音或写作示例的反馈。其预期成果为让学习者参与会话练习，通过提供反馈、纠正和模仿母语或外语来帮助他们提高听、说和写的技能，从而帮助学习者提高写作能力。其二，1∶1美术教练。在音乐和绘画等领书领域，学习者可以将人工智能工具的艺术技巧与他们自己的艺术作品进行比较。其预期成果为提供个性化艺术服务。当然，作为美术教练的AI工具的使用门槛较之于语言技能而言更高。如果配合人类教师的支持和鼓励，更有利于学习者发展和运用他们的想象力和创造力，这也是人工智能目前无法取代的。其三，1∶1数学或编程教师。在入门级的基础数学、编程知识与技能的学习领域，有一定专业基础的学习者可通过生成式人工智能，习得基本相关知识和技能，并激励学习者使用计算思维和编程在解决问题，包括协作编码。

另一方面，作为苏格拉底式对话的探究或项目学习。基于大规模数据，生成式人工智能工具有潜力充当苏格拉底式对话中的对手或基于项目的学习中的研究助理，以提升个体学习者的高阶思维或创造力。触发高阶思维的学习设计过程有以下两大主要场景：其一，苏格拉底式的挑战者。当遇到非结构性问题，学习者预备一系列逐渐深入的问题，作为生成性人工智能工具提示的例子，例如，让我参与苏格拉底式对话，以帮助我对某主题采取批判性的观点，然后通过越来越精致的提示逐渐加深对话。其预期成果为让学习者参与对话，让人想起苏格拉底式对现有知识的质疑，从

而发现新知识或更深入的了解。其二，基于项目的学习顾问。在科学或社会研究中结构不良的研究领域，学习者可要求生成式人工智能提供研究问题的基本思路。个人和小组学习者使用生成式人工智能工具进行文献综述、收集和处理数据以及创建报告，其预期成果为通过帮助学习者进行基于项目的学习来支持知识创造。生成式人工智能扮演类似于研究顾问角色。

综上所述，有效使用生成式人工智能将实现"混合伙伴式的终身学习者""一个人就是一支队伍"的神奇效果。作为学习型社会建设和教育数字化转型的主要技术引擎，生成式人工智能在教育、研究和终身学习领域的深度运用施以主体赋能、组织赋能、体系赋能与文化赋能，推动学习型社会的数字化建设和系统性发展。

第五章 生成式人工智能教育现代化的学习方式

第一节 自主学习

一、学生自主学习现状

结合目前的实际情况不难发现学生自主学习不论是能力现状还是方法现状都不容乐观，主要体现在以下几个方面。

（一）学生缺乏自主学习的意识

随着人工智能技术的发展，各种共享的教学资源为学生自主学习创设了理想的条件，但是现实中的学生难以摆脱传统的学习方式，学习主要依赖于老师课堂教学，除了完成教师布置的学习任务外，根本上缺乏明确的学习目的与学习目标，平时课余时间也缺少对学业的钻研，自主学习性普遍很差，更谈不上进行自我监控与自我评估了。

（二）学生缺乏自主学习的能力

受到传统教学观念和应试教育的影响，一方面，教师对学生自主学习能力的培养缺乏足够的重视，教师普遍担心自主学习效率较低，影响教学效果，甚至会影响教学任务的完成，因此，教师在课堂上对知识内容的讲授关注较多，而大多缺乏有意识地对学生自主学习的习惯和方法进行指导与培养。因此，学生只能进行被动学习，自主学习的能力必然缺乏。另一方面，学生缺乏信息处理能力，大部分学生仅仅只掌握了计算机基本知识和操作，对网络环境下的信息技术、人工智能等前沿技术的应用缺乏了解，信息处理能力不足，很难自行完成资源的搜索、查询以及数据处理及加工等操作，不善于利用网络平台进行自主学习。再一方面，学生也普遍认为学习的目的就是考试，只要成绩好就行，一切按照教师的要求按部就班即可，现阶段根本无须自主学习，这也直接导致学生不愿意进行独立思考探究，也就谈不上自主学习能力的培养了。

（三）学生缺乏自主学习的环境

学校学习环境直接关系到学生学习成效和自主学习能力的养成，一般而言，学生的学习环境定位主要以教室、图书馆、居家为主。然而，居家自主学习氛围不够浓厚，缺乏必要的讨论与交流，学习设备不够丰富也影响自主学习进度和学习效率；其他传统的学习场所仅仅能够满足学生一般性自习的需求，但图书资源陈旧、更新缓慢，电子信息资源共享渠道不够广阔、不够通畅，这些均成为制约学生自主学习能力养成与影响学生自主学习培养的瓶颈和主要因素。

二、生成式人工智能下学生自主学习的优势分析

伴随着人工智能技术的不断进步及其应用领域的逐步拓展，人工智能深入教育成为学生自主学习新模式，学生将不再受空间、时间等因素的限制，可通过持续性学习拓宽知识范围来对自己的各种能力进行提升。目前对于自主学习及自主学习能力方面的国内外研究成果比较丰富，但大多也集中在对自主学习的内涵以及影响因素等方面的研究。关于人工智能的研究一方面主要关注人工智能技术与系统，包括信息技术、计算机技术、大数据、机器学习、专家系统等①；另一方面主要探讨人工智能技术对教育的变革影响，包括课程设置、人才培养、教育技术、教学方法、教学内容等。

人工智能对学生自主学习的影响可谓是各个方面的，几乎涵盖了整个学习过程的所有环节，其优势主要表现在以下几个方面。

（一）有利于学习资源的高效利用

在大数据时代的背景下，通过各式各样的数据平台发放及共享的网络学习资源已经极为丰富，但是这些资源在网络中却有着无序性及繁杂性。对于缺乏资料收集经验的学生而言，很难从海量的数据信息中快速筛选出有用的资源，也没有办法在自主学习过程中将这些学习资源进行有效利用。为了提高学习资源的使用效率，将有效的信息和数据较好的呈现给学生是十分关键的手段，而信息的筛选过程则完全可借助人工智能技术主动地完成。

①管佳，韩婷芷，徐国兴. 人工智能技术赋能我国高等教育拔尖人才培养[J]. 中国电化教育，2022(10)：97-101.

(二)有利于学生的个性化学习

个性化学习要求在学习的过程中更多关注学生的个性、兴趣和需要。一方面,在传统的教育体系中,教学流程整齐划一以及人才生产批量化体现得尤为显著,重共性轻个性是标准化教学的重要特点,教师不可能对学生个体做到面面俱到,照顾到个体的兴趣及偏好差异,因此,很难做到教学内容和形式的完全个性化。另一方面,学生即便借助互联网和信息化应用的支持,亦不能充分了解自己、认识自己,学生的学习过程很难达到个性化。将人工智能技术与海量的教学资源库相结合,以每一位学生的性格特征、学习习惯与学习动机行为数据为基础推送个性化的学习资源,结合不同的学习管理方式和管理行为可以为学生打造更具个性化的自主学习模式。

(三)有利于人性化的人机交互

一般而言,学生自主学习所需要获取的信息大部分来自课堂和教师,还有部分资源来自借助新技术等手段从网络学习平台中获取,但这些资源分布较为离散。除此之外,学生与学生之间既缺乏有效交流与沟通,又缺乏团结合作,这显然不利于学生开阔视野和拓展思路。人工智能与教学过程的深度融合,学生与教学系统之间的交互方式及交互能力将在很大程度上得到全方位的提升。一方面,借助各种资源平台,学生的自主学习可以不再局限于时间与空间的限制,可以随时随地相互学习与交流;另一方面,学生也可以根据偏好自由选择学习的内容,有利于提高不同个体之间的信息交换速度。随着不断增强的信息交互,可以更好地实现学生与计算机间的“对话”,达到人机交互,带来更好的学习体验,同时也能增强学生学习的主动性。

三、生成式人工智能下学生自主学习方法

自主学习能够激发学生的主动性和参与性,更加适合人工智能时代下创新创业型人才培养的需要,运用人工智能对学生自主学习进行研究,主要针对学习前的定位分析、学习中的管理监督、学习后的效果评价将使学生的自主学习兴趣与信心得到极大的提升,也会使得自主学习更加有效率。

(一)人工智能下自主学习前的定位分析

受到传统教学模式的影响,学生普遍处于长期被动学习状态,无法清

晰定位自己的学习情况。将人工智能与大数据平台相结合，借助学习分析技术有助于帮助学生客观分析其兴趣偏好、学习方式方法的选择及有效资源的搜集。基于大数据平台，以人工智能技术为依托对学生个性化信息进行分析，可以通过分析学生的身高、体重、居住环境、与亲友、老师、同学的关系等基本信息得出学生的性格特征；学生的兴趣偏好及学习风格则可以通过比对学生的历史学习信息、成绩信息以及网络浏览信息等进行掌握。利用人工智能技术，结合学生的学习兴趣与学习资源的契合程度可以过滤掉无用资源，从而推送关联度更高、学习宽度更广、学习内容更深的个性化优质资源，促使学生激发学习兴趣及热情，从而使得自主学习的原动力得到进一步增强。

（二）人工智能下自主学习中的管理监督

管理监督是学生自主学习中十分关键的一个环节。在传统教学过程中，学习自主学习过程中存在的各种问题只能依靠教师、家长更具经验进行判断，不具备科学性。随着人工智能技术的飞速发展，自主学习中的管理监督并不应该只满足于对学生运动数据的收集，而是更应该趋向于深入的数据分析与预测。学生在自主学习的过程中对所学习的内容产生的心率变化、体温数据、脑电波活跃程度以及所学内容的关注时长、浏览速度等都能反映学生对学习内容的专注程度、接受进度和学习效率。人工智能可以利用数据信息对学习过程进行必要的管理及实施监督，帮助学生明确自己在学习过程中的优势及劣势，让学生根据实际情况进行及时调整，实现从精确分析到精准干预的转化。

（三）人工智能下自主学习后的效果评价

学习后的效果评价也是学生自主学习的另一个重要环节，这不仅仅是评价学生的学习成果，更重要的是评估学生学习成长的路径的有效性。传统的评价方式大都仅针对学生自主学习的效果，且存在评价主体单一、评价方式简单、评价维度片面的问题。人工智能技术的发展可以实现学习与评价的同步，能够对自主学习的实际情况进行实时跟踪，做到及时和连续的反馈。除此之外，人工智能学习平台可以依据学生自主学习的全面记录行为数据建立评价模型评估预设学习内容是否掌握，并结合教师评价，学生自评、互评环节最终实现自主学习评价的动态性、全程性和综合性。

第二节　个性化学习

在教育领域,生成式人工智能的应用和影响呈现在多个方面。首先,个性化教育的兴起标志着传统教育模式正在发生演化。传统教育通常采用标准化的课程设计,难以满足不同学生的个性化需求。然而,数字化技术和生成式人工智能的应用使教育机构能够基于学生的兴趣、学习风格和能力制订个性化的学习路径,从而提供更贴近学生需求的教育体验,在这一过程中,教师要充分发挥学生的引导作用,通过为学生提供计算机知识的相关网站、公众号,进而使学生可以在这些渠道中学习相关知识,针对自己的具体情况,夯实基础,在已有的基础上提升自己,充分掌握相关的基础知识①。同时,基于生成式人工智能技术的自适应教育系统可以实时监测学生的学习进展,并根据学习表现提供定制的建议和内容,有助于学生更高效地学习。其次,在线学习的普及也是一个显著趋势,允许学生随时随地访问教育资源,满足了职业人士、国际学生以及那些无法参加传统课堂教育的人的需求。此外,混合式学习模式的出现,结合传统课堂教育和在线学习,创造了更加灵活的学习环境,同时保持了传统教育的互动性和社交性。另外,大规模开放在线课程(MOOC)等平台的兴起为全球学生提供了丰富多样的在线课程,通常以免费或低成本提供,有助于普及教育。最后,数据驱动教育也是数字化时代的一项关键趋势,包括学习分析,通过学习大量数据帮助教育者更好地理解学生需求和学习过程,以制订更具针对性的教学决策。个性化反馈也是一项重要应用,教育机构可以根据学习数据为学生提供个性化的反馈和评估,帮助学生了解自己的学习进展并提供改进的建议。此外,教育技术的普及包括移动学习,利用移动设备进行学习,以及虚拟现实和增强现实技术的应用,创造沉浸式学习体验。这些演化反映了数字化时代对教育模式的变革,为学生提供更灵活和个性化的学习机会,同时也为教育者提供更多工具来监测学生的进展和改进教学。然而这一演化也伴随着一系列挑战,包括技术准备、教师培训以及数据隐私等问题,需要综合解决,以充分发挥数字化教育的潜力。

①曲芷萱,王朋娇. 基于学习分析的学生个性化学习资源推送[J]. 软件,2019,40(12):163-166.

一、生成式人工智能在个性化教学中的应用

生成式人工智能可在教学多个领域进行应用。首先,在智能辅导系统方面,生成式人工智能技术提供了个性化辅导,可根据学生的学习进度、兴趣和弱点,为他们量身定制教育内容和练习题,提供即时反馈。它还用于自动化作文评分,能够辨别语法和逻辑错误,评估文章结构和语言表达,为学生提供实时评估。智能答疑系统允许学生获得实时问题解答和解释,帮助消除学习障碍。其次,自适应学习平台采用生成式人工智能技术,根据学生的表现和需求,自动调整学习内容和难度,实现了个性化学习路径。这些平台还能够收集并分析学习数据,有助于教育者更好地理解学生的需求和习惯,从而做出更有针对性的教学决策。此外,学生和教育者可以随时跟踪学习进度和成绩,帮助学生了解自己的学术状况,同时使教育者能够提供有针对性的支持。再次,生成式人工智能技术在语言学习和外语教育中具有巨大潜力,提供即时翻译和语言学习支持,增加口语练习机会。最后,在STEM教育中,生成式人工智能技术支持虚拟实验室和编程教育,为学生提供模拟实验和编程技能的支持。这些应用显示了生成式人工智能技术在教学中的多样性和潜力,有望提高学生的学术成绩和学习体验。然而,教育者需要谨慎应用这些技术,确保它们与传统教育方法相辅相成,同时维护学生的隐私和数据安全。

生成式人工智能在教学中的运用主要体现在以下方面。首先,个性化教育为教育模式引入了革命性的变革,包括个性化学习路径和自适应教育系统。这意味着学生能够按照自己的学术水平、兴趣和学习风格自主学习,提高了学习效率。此外,学生中心的教育方式也受益于生成式人工智能技术,通过吸引学生的注意力和增强参与度,使学生更自主地管理自己的学习。其次,生成式人工智能技术还提供了即时反馈和支持,包括自动化评估和虚拟助手的使用,帮助学生更好地了解自己的学术表现,识别弱点,提供学术支持。同时,教育数字化转型得到了推动,通过在线学习平台和数据驱动教育,增加了学生的学习选择,提高了教育质量。此外,生成式人工智能技术还催生了混合式学习模式和多语言教育的发展,使教育更加多样化和灵活。综上所述,生成式人工智能技术的应用正在改变传统的教学模式,引入了个性化教育和学生中心的理念,提供了更多学术支持和教育资源。然而,教育者需要积极应对这些变革,确保教育的未来更加多元、灵活和可持续。

二、生成式人工智能在个性化学习中的应用

生成式人工智能在学习中的应用呈多重领域的多样性，聚焦于学生学习过程。其中，自动化作文评分和智能答疑系统是两个重要应用。自动化作文评分能够评估学生的写作技能，为作文提供得分和反馈，从而帮助教师高效评估大量作文。在标准化考试中，如托福和GRE，生成式人工智能技术的自动评分减少了主观评分的不确定性。智能答疑系统允许学生即时提出问题并获得答案，消除学习障碍，提高学习效率，同时提供个性化支持。此外，虚拟实验室和模拟应用支持科学和工程教育，为学生提供安全、可控的实验环境，增强学习动力。语音识别和发音练习则促进外语学习，改善口语交流技能。这些应用不仅有助于学生在学习中获得更多支持和反馈，促进了学术成长和提高学习效率，还减轻了教育工作者的工作负担，提高了教学效率。

然而，教育者需要在应用生成式人工智能技术时关注学习过程的泛在化和个性化上的问题，以确保教育仍然具有可持续性和高质量发展。

首先，学习过程的泛在化意味着学生可以随时随地学习，不再受限于传统教室和学校。这种学习无处不在的趋势通过智能设备和多种学习平台变得可能，使学习资源更多样化。其次，学习变得更加个性化，生成式人工智能技术支持个性化教育内容、自适应学习和学习分析，根据学生的学术水平和需求调整学习内容和难度，提供个性化反馈和建议。这有助于满足不同学生的学习风格和需求，提高学习动力。此外，学习过程数据驱动，教育者可以根据学习数据制订更个性化的教学计划，以确保每个学生都能够实现最佳学术成绩。总体而言，生成式人工智能技术促进了学习过程的泛在化和个性化，提高了学习效率，增加了学生的学术成就，促进了教育的发展和创新。

第三节　人机协同学习

一、价值意蕴

人与机器的协同进化、共创共生是人机协同学习的核心，其中有两重

意蕴:一是人机协同学习如何实现学生和机器的共同进化,让学生更具智慧、机器更加智能;二是如何通过人与机器的合理分工和有机协同,实现人机协同的教育智慧创生,完成超越人类智慧和机器智能的复杂任务。

(一)人机共同进化,促进学生智慧和机器智能的增长

在人机协同学习过程中,学生和机器的多元交互、有机协同和共创共生能够有效促进学生智慧和机器智能的增长,实现人和机器的自主学习和自我进化。

机器可通过对人机协同学习中多模态数据的采集、分析、挖掘,更加精准地刻画学生的外显状态和内隐特征,了解学生的学习习惯和思维模式,进而提升机器智能诊断与服务的质量。具体来讲,其一,机器通过长周期、时序性、多模态的数据采集和建模分析,对学生的认知水平、学习风格、学习习惯、动机态度等特征进行多元精准的测评分析,以此“了解”学生,为学生提供科学的学习支持服务;其二,通过与学生的多元交互,了解学生的学习模式和学习风格,明确机器智能服务在学生学习中的价值定位,优化智能学习干预的目标、原则、时机和策略,提升智能教育服务的科学性和精准性;其三,利用生成式人工智能技术提升机器的智能化水平,通过与学生的对话交流,了解学生的话语体系、思维模式和叙事逻辑,优化机器的语言模型,提升机器的对话能力,实现基于多轮人机对话的智能化辅学导学,促进学生的认知发展和思维提升。

学生可利用机器开展人机协同的学习实践,逐步了解机器的核心功能,明确人与机器的分工和协作机制,提升人机协同学习能力。具体来讲,其一,人机协同学习能有效提升学生的人机协同思维,帮助学生了解机器的核心功能和运行逻辑,明确机器在学习中的关键作用,厘清哪些工作适合机器,哪些工作需要自己探索发现,并善于利用机器减轻学习负担,提高学习效率;其二,学生可借助智能技术系统总结、反思和评价自身的学业表现、学科能力、认知风格、学习动机等,明确学习的优劣势,加强对所学知识的理解与建构,提升自主学习能力;其三,学生可利用机器提供的学习资源和学习服务提出创造性的问题解决方案,提高问题解决能力和批判性思维能力,养成适用于智能时代教育发展的学习习惯和思维模式;其四,学生可利用机器主动学习和持续学习,丰富知识体系。

(二)人机协同学习,实现人机协同的教育智慧创生

除了促进学生智慧和机器智能的增长,人机协同学习还可通过人和机器的合理分工和优势互补,共同应对多变的学习情境、处理海量的学习信息、分析复杂的学习问题,实现学生和机器的共同认识、共同感知、共同思考、共同决策。

学生和机器各有局限。学生存在个体认知有限、学科知识匮乏、学习经验不足、自我认识不充分、学习动机不强烈、学习计划不合理、学习策略不科学、学习自制力差等问题,如果仅靠学生自主运用所学知识解决复杂问题,其科学性和可靠性无法保证。机器能够基于特定的规则和数据进行推理和决策,但一旦人工预设的规则体系和数据不足以覆盖未知领域,机器就寸步难行。即便是生成式人工智能大模型,也仅仅是基于海量的文本数据训练模型和预测文本序列,存在严重的"有常识没知识"的不足,面对陌生的问题常出现"一本正经地胡说八道"。若完全依赖机器辅导学生学习将带来极大的潜在风险。此外,机器以数据为驱动的决策模式,存在干预方式程式化、干预时机不科学、干预策略不精准、缺乏情感关怀等问题,无法真正实现个性化学习。

从这个意义讲,人机协同学习的目标在于克服机器和人的局限,实现人和机器的协同工作,即通过学生和机器的沟通交流和对话协商,完成超越人类智慧和机器智能的复杂任务,实现人机协同的教育智慧创生。从实践层面讲,人机协同学习一是要发挥机器在海量信息快捷处理、智能计算、理性分析、科学决策、稳定输出、多线程工作、不受时空限制等方面的优势,帮助学生完成信息检索、数据分析、作业批改、成绩预测、学业预警、学情诊断、资源推荐等操作性、重复性、单调性的学习任务,优化学习的中间环节,提高学习效率;二是要尊重学生的主体地位,发挥学生在理性反思、复杂决策、创新思维、灵活应变、自我进化、创造力等方面的潜质,引导学生质疑与提问、联系与内化、推理与论证、反思与调节,加强对所学内容的深层意义建构;三是要完善学生和机器之间的对话协商机制,实现人和机器的共同工作、共同认知、共同决策,整合人类智慧和机器智能的优势,提出解决复杂问题的最优方案。

二、实践逻辑

人机协同学习既要发挥智能技术在支撑和辅助学习方面的核心效用,

也要重视学生的自主探究和自由成长,避免机器一厢情愿的强制干预给学习带来负面影响。这就需要以学生的全面发展和智慧增长为核心,推动人和机器之间的博弈与平衡,从学生的学业水平和学习需求出发强化机器角色的辨识与调整,重视人和机器自主度的灵活转换,保障人机协同学习的顺利开展。

(一)以学习者个体的智慧增长为核心

“人—机”关系的主体是人,无论机器如何智能、分析如何精准,其最终目标是要增强人的智能、促进人的发展。人机协同学习的核心也是通过人和机器之间的有机协同帮助学生自主学习和探究学习,提高人的学习的效率和效能,并非只是为了提高机器的智能化水平。因此,人机协同学习要以促进学生的智慧增长为核心,通过人与机器的有机协同和对话协商促进个体的认知发展、思维进阶和意义建构,培养学生适应未来社会发展的关键能力和核心素养。其核心是帮助学生适应智慧化的学习环境和人机协同的学习方式,理解机器的核心功能和运行逻辑,树立人机协同思维,学会利用机器开展自主学习、协作学习、探究学习。因此,人机协同学习的开展,一是帮助学生养成人机协同思维,掌握人机协同学习的方法和策略,利用机器提高学习效率、提升学习效能;二是帮助学生强化自我认知,了解自身的知识结构、认知水平、学科能力、认知风格等特征,加强对学习的自我计划、自我监控和自我反思,实现智能技术支持的自我导向学习;三是帮助学生利用智能技术拓展学习场域,实现学习深度的拓展和学习边界的延伸,培育学生的探索精神和创新意识,提高问题解决能力和批判性思维能力,以适应未来社会发展对人才培养提出的新要求、新挑战。这就需要尊重学生的主体性,区分机器在不同学习场景中的角色定位,调整和优化机器智能服务模式,确保机器智能服务能够切实解决学生学习的实际问题,不会带来负面影响。

(二)重视人和机器之间的博弈与平衡

智能教育工具理性和价值理性的博弈与平衡是人机协同学习要解决的核心问题。一是要重视机器智能诊断与干预在学生个性化学习中的关键作用。尤其是对于学业水平偏低、学习自主性差、学习资源选择困难的学生,机器可通过精准诊断其学业问题和学习需求,将优质的学习资源和学习服务推送给学生,帮助其快速精准地获取所需资源和服务,实现科学、高效、个性化的学习。但对于先前知识掌握较好、学习自主性强的学生，机器的智能诊断和干预更多的是一种无形的“枷锁”，不仅会限制学生自主性的发挥，还会让学生“束手束脚”，容易招致学生的抵触。二是要重视学生的自主性在个性化学习中的核心地位。机器不能代替人思考，机器的智能诊断和精准干预要充分重视学生主观能动性的发挥，要根据学生的反馈来优化智能服务的策略和模式，避免为学生提供过于僵硬和固化的学习服务，防止出现机器“驯化”人的现象。但学生的知识水平和认知能力也存在局限，如果给予学生过大的自由度，让学生天马行空地任意探索，容易导致学生对知识概念的错误理解，陷入思维误区，给学习带来负面影响。由此可见，过于强调机器的“规制性”和人的“自主性”都不利于学生的发展，教育工作者应从人机协同的视角出发，准确评估学生和机器各自的优势和局限，以学生的智慧增长为核心，强化机器智能诊断和干预在其中的牵引和调节作用，实现机器的“规制性”和人的“自主性”的博弈与平衡①，真正推动人机协同学习目标的有效落实。

（三）强化机器角色的辨识与动态调整

从人机自主性的角度来看，根据学生学习需求和学业水平的不同，机器也将在人机协同学习中扮演不同的角色。其一，智能助教。智能助教主要服务于学业表现低下、知识技能薄弱、学习自主性差的学生，这些学生无法自主完成学习任务和探究活动，比较依赖机器的精准辅导和智能干预。此时机器的自主性大于人的自主性，机器通过全时空、动态性测评分析学生学习表现，实现对学生学习的全方位诊断和智能化干预，帮助学生诊断学业问题、制订学习计划、推荐学习资源、优化学习策略，助力学生优化知识结构、提升学科能力、增强学习动机。其二，智慧学伴。智慧学伴主要服务于具备一定学习自主性但仍需要机器实时辅助和智能支持的学生，这些学生比较依赖机器的实时反馈。此时机器的自主性约等于人的自主性。学生针对特定学习问题与机器开展深入全面的沟通交流和对话协商，形成对复杂问题的共识，借助人机协同决策明确学习方向、修正学习策略、提高决策能力，从而实现深层次的意义建构。其三，认知工具。认知工具主要面向学业水平较高、学习动机较强、富有探索精神的学生，此类学生具备较强的求知欲和自主性，愿意利用机器探究未知领域，尝试创

①张立新，陈倩倩．博弈与权衡：智能教育算法的规制性与人的自主性[J]．现代教育技术，2023，33(04)：32-39.

新型的问题解决方案,以完善知识体系、提升学习素养。此时机器的自主性小于人的自主性。机器主要用于执行学生的学习指令、满足学生特定的学习需求,如帮助学习者完成信息收集、资源检索、数据处理、学情诊断、评价反馈等工作,为学生开展探究性学习提供全方位支持。由此可见,在人机协同学习中,机器的角色并非一成不变,而是需要精准辨识学生的学业状况和学习需求并做出动态调整,以满足学生多样化的学习需求,提升人机协同学习效率。

(四)加强人与机器自主度的灵活转换

判别学生和机器自主度是人机协同学习的核心,它决定人机协同学习是由机器还是人主导。有学者从人机关系的视角将人机协同学习的实践模式概括为人工智能引导的训练学习、人工智能支持的协作学习、人工智能赋能的探究学习,并将学习者的角色分为接受者、协作者、建构者。但真实的人机协同学习并不存在绝对的机器主导或者学生主导。如果学生学习目标模糊、学习自制力低、学习动机不强、学习意志不坚定,机器不加干预地给予学生过大的学习自由度,很难保证其学习的质量。因此,机器可通过特定的教学策略引导学生加强对所学知识的消化吸收,并逐渐掌握学习方法、提高学习动机。如果学生先前知识掌握较好、学习动机强、学习自主性强,给予学生较高的学习干预和引导,反而容易限制学生的个性发展和思维养成,甚至引发学生的抵触情绪,不利于学生的自主探究和试错。这时应该给予学生足够的学习自由度,让学生利用机器解决学习中的各种问题,并通过学习任务的设计,帮助学生在解决实际问题的过程中,理解和应用所学知识,逐渐提升学习能力。更为常见的情况是,学习者接触新的学习内容时,由于不熟悉新知识、新技能,一定程度上需要机器较为精细的引导和启发。随着学习进程的逐步推进,学生对所学领域有一定的知识积累,其学习自主性也随之提升,机器则需要逐渐为学生“解绑”,给予其更大的自由度,让学生实现对学习的自我导向、自我决定。由此可见,人机协同学习中学生和机器的自主度需要针对不同学习者的学习状况以及同一学习者学习进程的逐步推进进行精准定制和动态转换,以更好地匹配学习者的实际需求,提供适切性的学习支持服务。

三、典型模式

人机协同学习应该综合考虑人与机器的优势和不足,有机分解“人—

机”关系，厘清人和机器之间的协同和博弈机制，勾勒人机协同学习的应然样态。本研究从人机关系的视角出发，将人机协同学习概括为面向知识掌握的“干预—自主”式学习、面向知识建构的“协作—探究”式学习、面向知识创造的“对话—协商”式学习3种模式。

（一）面向知识掌握的“干预—自主”式学习

面向知识掌握的“干预—自主”式学习主要针对学业水平较低、学习自主性差的学生，目的是帮助学生克服学业困难、提升学业水平、增强学习动机、养成良好的学习习惯。机器主要充当智能助教的角色，它通过学习计划制定、学习资源推荐、学习活动设计、学习支架构建等引导学生学习。

其一，机器智能诊断与精准干预。机器通过采集和分析人机交互过程中学生的学业测评数据、面部表情、身体姿态、对话文本、语音语调等多模态数据，诊断学生的知识结构、学科能力、情感动机、学习偏好等，实时动态地分析学生的学业问题和学习需求。在此基础上，机器可构建智能化的学习干预方案，帮助学生改善学习计划、改进学习策略、增强学习动机、提高学习信心，从而更加科学、高效地开展学习。其二，学生主观评判和合理反馈。人机协同学习的核心是促进人的发展。“干预—自主”式学习要尊重学生的主观意愿，避免机器一厢情愿地为学生推荐学习资源，让学生不假思索地全盘接受。这就需要给予学生更大的自由度，让学生从学习需求出发评判机器智能服务的模式和策略，包括智能学习干预的时机、内容、方式等，优化智能学习干预的实践方案。其三，机器智能调整与动态优化。机器要依据学生的反馈把握学生的学业问题、学习需求、学习风格等特征，优化智能学习干预的时机、频率和策略，确保机器提供的资源和服务能与学生真实的学习需求匹配，帮助学生实现个性化的自适应学习。其四，学生的内化吸收和意义建构。在机器智能干预的基础上，学生要细致思考和深入钻研机器提供的智能化学习资源和学习服务，通过质疑提问、内化吸收、推理论证，加强对所学知识的理解和掌握，并在此基础上提出新问题、凝练新观点、探索新方案，实现深层次的意义建构。

（二）面向知识建构的“协作—探究”式学习

面向知识建构的“协作—探究”式学习主要针对学业水平较高、学习自主性强的学生，目的是为学生提供多元精准的学习支持服务，辅助学生个性化自主学习和探究学习，培养学生的探索精神和创新意识，加深对所学知识的自主建构。机器主要充当认知工具的角色,以支持、引导和拓展学生的认知过程,帮助学生借助外部工具进行深层次的意义建构。其目标是帮助学生完成信息搜索、信息呈现、知识组织、知识整合、知识生成等简单重复的工作,为学生开展探究学习提供多元精准的学习支持,让学生将更多的认知资源投入高阶认知活动。

"协作—探究"式学习的实践逻辑相对简单,其目标是充分发挥学生的自主性,让学生针对某一特定问题开展探究学习,帮助学生运用多个学科的知识和技能解决复杂问题,培养学生的探究精神,提高学生发现问题、解决问题的意识和能力。其一,学生从主观意识和学习经验出发构建系统化的问题解决方案,并对复杂学习任务进行分解,通过"认知外包"的方式让机器完成重复、单调的学习任务,自己留出更多时间从事创造性的脑力劳动。其二,学生明确具体需求,利用机器搜集信息、处理数据、整合资源、组织知识,解决自身需花费大量时间和精力才能完成的复杂任务,并拓展和延伸人的智能,超越自身认知的局限,实现人机协作效率的最大化。其三,学生深入思考、消化吸收、推理论证、评价反馈,将机器的分析结果与已有知识和生活经验建立联系,完善个体的认知网络,并进行精准决策,探求解决问题的最佳方案。其四,利用机器创新问题解决方案,探究全新的学习领域,不断发现新问题、学习新知识,提升人机协作能力、问题解决能力和批判性思维能力。

(三)面向知识创造的"对话—协商"式学习

面向知识创造的"对话—协商"式学习主要针对具备较强探索精神和求知欲且具有一定学习自主性的学生,目标是探索学生和机器之间的平等对话机制,通过人与机之间的研讨交流、对话协商,实现基于多轮人机对话的协商式学习,推动人机协同的教育知识创生。机器主要充当智慧学伴角色,其目标是通过与学生的对话协商,集结人类智慧和机器智能的核心优势,生成创造性的问题解决方案,探索和发现新知识。

"对话—协商"式学习起源于苏格拉底教学法,其核心是根据学生已有知识和经验,通过讨论、问答、辩论的方式明晰对方认识中的矛盾,逐步引导学生得出结论,强化对所学内容的理解和掌握。生成式人工智能技术的发展,极大地提升了机器的文本生成和人机对话能力,使基于多轮人机对话的协商式学习成为可能。人机之间的"对话—协商"式学习主要通过围绕特定的研讨问题和学习任务展开多元的讨论和协商,生成面向特定问题的新见解、新方案。

其一,学生和机器围绕某一问题展开平等的交流和论辩,机器倾向于呈现定义、案例等事实性信息,学生倾向于从理性视角阐述问题分析的角度、思考过程和解决思路。在此过程中,学生能接收和同化机器所呈现的信息,机器也能模仿学生的分析视角和思维模式,二者互相启发,达成对研究问题的新认识,实现人机协同的知识创生。其二,学生和机器围绕某一特定任务展开讨论和协商,机器整合已有数据和案例生成"最优"问题解决方案,学生在机器的基础上依据现实条件、自身经验和任务需求,调整和修正机器的方案,人和机器多轮迭代不断完善问题解决方案。在此过程中,学生借助机器站在巨人的肩膀上,整合过往的经验和案例,优化实践方案;机器依托学生反馈优化问题解决方案、完善面向特定问题的分析和决策模式。人机之间有效协同,提出解决问题的新方案。

面向知识创造的"对话—协商"式学习是未来人机协同学习探索的新方向,如何构建学生和机器的沟通交流和对话协商机制,实现基于人机互动的深层次意义建构,是未来一段时间需要着力探索的重要课题。

四、研究展望

人机协同学习是未来学习的新常态,目前有关人机协同学习的研究尚处于起步阶段,无法有效支撑人机协同实践的有效开展。未来人机协同学习的有效推进,需要进一步优化智能学习干预的模式和策略、提升学生的自主意识、强化人机协同学习模式的探索、探究人机协同学习的发生机制,以推动人机协同学习的常态化发展。

(一)优化学习干预模式,引导智能技术向善

从人机协同学习的现状看,其核心问题是机器的智能水平有限,不足以为学生提供科学精准的学习支持服务,即便是当前大火的GPT4等生成式人工智能大模型,也存在生成谬误信息、难以回答专业问题、缺乏情感交流、引发隐私安全等问题。此外,机器的服务模式与学生的全面发展之间存在较大鸿沟,使得作业抄袭、数字沉迷、思维惰化、认知固化、情感遮蔽等问题成为人机协同学习实践落地的关键阻碍。因此,未来人机协同学习需要进一步优化机器的智能学习干预模式:一是确保机器能全方位地诊断测评学生的学业水平、学习需求和学习自主性,保证智能技术的应用能切实解决学生发展的关键问题;二是重视人机之间的博弈与平衡,给予学

生一定自主性，让学生能够在智能技术的支持下开展自主学习、协作学习和探究学习，推动人机协同学习的有效落地。

（二）提高学生自主意识，唤醒学生生命自觉

智能技术的快速发展、智能教育产品的快速普及和生成式人工智能大模型的逐渐成熟，极大地推动了学生学习方式的变革。学习内容不再局限于课堂讲授的知识，学业指导不再完全依赖于学科教师，学习场景也不局限于课堂，学生可借助智能技术和智能产品随时随地获取所需的资源和服务，开展个性化自主学习。然而，智能技术和智能产品也给学生学习带来极大挑战，例如，智能终端带来的视力健康危害和数字沉迷风险，生成式人工智能技术带来的知识谬误、作业抄袭、隐私泄露等风险，资源推荐、学习路径规划等智能学习干预措施带来的认知风格固化、思维惰化风险等。这就需要提高学生的自主意识、唤醒学生的生命自觉、提升学生的智慧学习力，确保学生能正视自身在人机关系中的主体地位，了解机器的核心功能和潜在风险，清楚机器无法代替人思考，厘清人机的分工和协作机制，利用智能技术拓展学习的广度和深度。

（三）强化学习模式探索，重构智慧学习样态

从人机协同学习的研究现状看，学者大多基于生成式人工智能技术的发展趋势预设和畅想未来机器在学生学习中扮演的角色，勾勒未来人机协同学习的表征样态。本文从面向知识掌握的“干预—自主”式学习、面向知识建构的“协作—探究”式学习、面向知识创造的“对话—协商”式学习3个层面尝试探索人机协同学习的应然模式，期待能从理论层面为人机协同学习提供指引。未来研究需结合主流的智能教育产品和生成式人工智能大模型，面向真实的学科场景，加强人机协同学习模式的探索，通过实证研究探究不同学习模式对学生学业表现、学习动机、学科能力、认知水平的影响，帮助学生改善学习策略，帮助机器优化服务模式，推动人机协同学习实践样态的逐步优化。

（四）探究学习发生机制，挖掘人机协同规律

随着智能技术与教育教学融合程度的不断加深，以及教育领域生成式人工智能大模型的逐渐成熟，人机协同学习或将成为智能时代学习的新常态。这就需要研究探讨人机协同学习的规律，将人机协同学习作为教育科学研究的重要场景，采用多学科交叉融合的方法探究人机协同学习的发生

机制。研究者可利用人工智能技术采集人机协同学习过程中学生的话语、表情、姿态、人机交互等多模态数据，挖掘学生的认知和情感状态，探究不同人机关系下学生认知和情感的动态演化机制和协同进化机理，以及不同学习干预措施对学生认知和情感的影响机制；利用脑科学方法探究人机协同学习背景下学生脑区的激活状态，探究人机协同学习的脑认知机理。

第六章 生成式人工智能教育现代化的展望与反思

第一节 生成式人工智能教育现代化的展望

一、人工智能教育行业的发展

人工智能技术在教育领域的典型应用场景包括智能辅助教学、个性化学习规划、智能作业评分、信息智能管理、课程智能推荐、课堂智能交互等。人工智能已经被广泛应用于学前教育、基础教育、高等教育的各个环节。以儿童英语教育品牌VIPKID为例,借助AI、AR、大数据等技术,可自动生成学员的学习报告和个性化学习图谱。为进一步提升在线英语教学效果,VIPKID推出"AR变脸"等智能产品,可以一键展示教材内容和教学场景要素图片,有效提升教学丰富度。国内外大学也在积极开展AI+教育应用实践,如美国佐治亚理工学院部署AI助教Jill Watson、美国伦斯勒理工学院运用AI沉浸式教授汉语、北京大学开发智慧场馆系统、美国杜克大学运用远程机器人辅助教学等。

二、生成式人工智能助力重塑未来教育形态

(一)推动人机协同走向人机共生,促进教育主体关系转变

生成式人工智能推动人类与机器合作协同,走向人机共生。人机共生是人机协同的更高级阶段,意味着人类与机器之间取长补短,机器对于人类智能不是简单的辅助、增强,而是充分发挥融合潜能,实现更深入、更高层次的交互、协作与共融,将人类智能与机器智能有效协调、有机融合为智能整体,形成1+1 > 2的效果。一方面,生成式人工智能促使人类与机器的关系性质发生改变,两者共同生长并在交叉迭代升级过程中相互启发和赋能,共同创造生成新的教育内容增长点。另一方面,人类与机器的不断发展深化和高层次互动也将持续生成新的数据语料,以人脑启发类脑,赋

能人工智能算法，深入解析人机关系交互的教育计算和神经认知机理，从而引起群体智能的涌现。

生成式人工智能促进教育主体关系从“师—生”向“师—生—机”转变。随着机器智能化水平的不断提升，传统“师—生”之间的二元主体关系逐渐被打破，构筑起基于“师—生—机”的三元主体结构[①]。一方面，生成式人工智能对于师生主体具有赋能作用，如可以扮演虚拟专家、智能助教、数据分析助手等角色助力教师专业发展，也可以扮演智能导师、口语学伴、辩论对手等角色促进学生个性化成长，实现“师师有助教，生生有学伴”。另一方面，师生主体要积极拥抱“机器”主体，首先，应“学人工智能”，了解生成式人工智能的基本原理和应用场景，提升技术应用能力；其次，要“用人工智能”，师生掌握合理使用生成式人工智能的方法，实现技术的科学赋能；最后，要“与人工智能一起学”，在借助生成式人工智能提升教学效果的同时，引导技术适应性发展，实现双向互构、深度融合。

（二）加快研发教育专有大模型，智能升级信息化教育环境

教育专有大模型是生成式人工智能赋能教育数字化转型的必然选择。虽然通用的大语言模型对于教育领域的变革与转型具有重要的价值，但大语言模型在教育场景融合应用要求更高的知识准确度、更可控的意识形态与安全性和更适切的面向学科学段的使用方式与内容生成。而将未经专业教育数据集特定训练的现有大语言模型应用于教育领域，存在算法、数据上的偏误问题，可能会影响教师和学生的学术判断和决策，产生的知识之间可能存在缺乏明确的联系或结构的问题，也可能会导致对话内容歧视、特定人群歧视等问题。因此，建设和应用高质量、面向教育领域的数据训练教育专有大模型，减少内容创作偏见，提高教育知识生成的准确度、学科学段的适切度和意识形态的可控性与安全性，是生成式人工智能赋能教育数字化转型的必由之路。

教育专有大模型加快推动信息化教学环境智能升级。在通用模型基础上构建教育专有大模型，赋能教学平台、工具应用和产品智能化升级，为教育数字化实践落地与成效发挥提供可靠的环境支撑。如基于教育专有大模型的多轮对话和场景生成能力升级语言学习工具，可实现口语智能评测和语法精准纠错，打造数字虚拟人自由对话情境，大幅提升语言学习

①张绒．生成式人工智能技术对教育领域的影响——关于ChatGPT的专访[J]．电化教育研究，2023，44(02)：5-14.

工具的有效性、易用性；基于专有大模型多模态能力升级教学工具，可打造语音交互数据分析助手，实现通过语音指令输入数据分析的需求，智能生成课堂教学质量报告、学生学情报告等内容，提高教学工具和产品的智能性等，为提升教学效率和质量提供智能化技术环境保障。

（三）赋能生成式教学资源供给，创新优质资源个性化配置

教学资源生产方式从人工创造转向智能生成。数字资源是教育数字化的重要因素，当前我国数字化教学资源开发整体呈现出多方开发主体协同、多类用户参与、多种共享模式共存的资源开发特色，但也存在优质资源体量还不够大、资源类型还不够丰富、资源开发效率有待提高、资源质量难以完全得到保证等瓶颈。生成式人工智能所表现出的对于内容生成的快速性、同步性、多端性智能生成能力，有望通过人机协同参与资源开发以解决当前瓶颈问题，推进教育资源开发的批量化、海量化、高效化，将人力投入转向科学把控与创意生成中。

智能时代，教学资源获取方式从“人找资源”转向“资源找人”。当前，网络上的数字教学资源存在质量参差不齐、资源之间的逻辑关系不明确、资源供给机制不完善等问题，给教学资源的检索、筛选和利用带来了极大挑战，也给师生造成了严重的认知负荷。在教育数字化实践中，如何从注重教学资源的生成转向面向师生需求和资源定制化服务成为用户关注的焦点。生成式人工智能不同于搜索引擎所提供的资源检索，而是通过对数字教学资源的智能化聚合和重组，生成有较好结构框架和语义逻辑的文本结果并进行精准化推送，教学资源获取方式从被动分发到主动推荐，实现需求驱动、个性化资源服务。

（四）重塑智能化教与学方式，增强师生有效教学新动能

激发教学创新潜能，助力教师教学减负和提质增效。当前，教师在工作实践中存在繁重的备、授课及相关工作压力和数字化转型下掌握新技术、新设备所面临的技术门槛双重压力，亟须有效的方法加以解决。生成式人工智能高质量的内容生成能力贴合了教师日常工作需求，在教学设计、课堂教学、课后辅导、作业设计与批改等教学环节均能提供支持，如一键生成教案和课件、拓展课堂知识内容、启发学生自主探索、自动提炼学生作文要点进行批改等，减轻了教师日常工作负担。同时，生成式人工智能降低了人机交互的难度，使用网络平台即可开展对话交互，解决了教师

技术压力的问题。

创新对话式学习方式,促进学生个性化学习和高阶思维培养。《基础教育课程教学改革深化行动方案》明确提出要推进数字化赋能教学质量提升行动,强调构建数字化背景下的新型学习模式,学习模式逐渐从标准化走向个性化,从被动接受走向主动探究,从供给侧走向适需。生成式人工智能可以发挥其对话式交互特性,从与学生的多轮对话中挖掘学习情境和任务要求,形成文本、图像、视频、音频等多形态的学习材料,为学生学习提供支持。同时,还可以基于学生的学习水平、学习风格、知识背景等特征,向学生推荐适合的学习路径和学习任务,生成定制化的学习支架,提高学生的协作、创造和批判性思维能力,激发学生学习动机和潜能,实现更高水平的个性化学习。

(五)强化素养导向评价理念,深化多元协作评价方式

在评价理念上,进一步强化从知识本位向"知识+素养"本位的转变。教育评价对于教育发展具有重要的导向作用,面向数字社会人才培养需求,教育的目标是培养能独立思考并有正确价值观和判断力的人,发展核心素养,而不是获取和记忆特定的知识,因此要树立"知识+素养"的评价理念。生成式人工智能强大的信息整合能力加速了信息获取和知识传授的过程,传统知识评价难以应对信息过载下的现实需求,在评价实践中要关注学生的信息应用能力和高阶思维能力发展,构建更加全面的综合素养评价体系。同时,生成式人工智能可以回答的陈述性知识本身并不应该是评价重点,真正有效的学习与考核内容应该具备高阶性与开放性,应与真实的问题情境相关,并注重考查学生的创新意识与能力。

在评价内容和方式上,"人际+人机"协作的方式助力综合性评价。针对传统评价多采用结果性评价、依赖评价者个人经验、评价反馈不及时且方式单一等问题,生成式人工智能为评价改进提供了新的赋能手段,强调人际合作、人机协同的综合评价。在评价内容方面,固定式的知识问答转变为开放式的问题解决,学生将通过"人际+人机"的多方互动沟通协作形成综合解决方案,从而使传统以试卷为主的结果评价变成情境化、问题式的综合型评价。在评价方式方面,生成式人工智能发挥其动态性、多模态和伴随式等特征,在师生、生生等人际评价上增加了机器评价的辅助,可以在持续的人机交互对话中进行数据采集、自动化内容批改和评价,综合分析学生的学习情况和表现。

（六）统筹智能教育应用创新，推动人工智能向善发展

为了更好地鼓励和促进技术革新与有效应用，需建立包容创新、安全可控、审慎发展的政策和制度环境。在国际社会，日本文部科学省于2023年7月率先发布了《初等中等教育阶段生成式人工智能利用暂行指南》和《在大学和技术学院的教育方面处理生成式人工智能》等相关政策，对生成式人工智能在教育领域的角色定位及应用方式做出了说明。我国也积极推进教育大模型相关政策标准的制定，如2023年4月，中国信息通信研究院正式启动教育大模型标准编制，为教育大模型应用落地提供参考与指导；2023年7月，全国信息技术标准化委员会等发布相关研究成果，提出构建教育通用人工智能大模型标准体系。

伦理先行的治理框架初步构建，推动生成式人工智能向善发展。在技术不断发展的过程中，国内外积极推动人工智能治理进程，制定了一系列伦理及道德规范。提出生成式人工智能可能带来数字鸿沟加剧、知识产权受侵犯、隐私数据泄露和生成内容偏误等风险，建议在教育中使用生成式人工智能要规划适当的法规、政策和人力发展计划。2023年7月，中国国家互联网信息办公室发布《生成式人工智能服务管理暂行办法》，提出提供和使用生成式人工智能服务的具体管理要求。因此，在教育中使用生成式人工智能要制定适当的政策和伦理规范，建立风险防范机制，加强伦理治理和技术监管，引导和规范人工智能技术向上、向善发展，以确保生成式人工智能成为一种真正造福教育工作者和学习者的工具。

第二节　生成式人工智能教育现代化的反思

一、生成式人工智能重塑教育的可能性

自2022年年底ChatGPT问世以来，其用户呈爆炸性增长，在全球范围内引起巨大反响，特别是在教育行业引起了广泛关注和讨论。2024年年初，Sora技术作为OpenAI推出的文生视频大模型，其显著的创新、创作潜力再次为教育领域带来新变革。

第一，在教育教学治理层面，以Sora为代表的生成式人工智能以其强大的数据处理能力，为教育决策提供了更为科学、精准的数据支持。通过

对教育数据的深度挖掘与分析，Sora等人工智能能够揭示教育过程中的潜在规律和问题，为政策制定者提供决策依据。同时，人工智能技术的实时监控和预警功能也将有助于教育部门及时发现并应对教育教学中的异常情况，提升教育治理的效率和精准度。

第二，在教育教学场景创新方面，Sora等人工智能可以构建高度还原甚至超越现实的实验和学习空间，为师生提供超越传统课堂界限的更为丰富、多元的教学场景，这些虚拟环境不仅能够模拟真实世界的学习情境，使学生身临其境地进行学习，还能够根据学生的学习需求和兴趣进行个性化定制，从而提升学习的趣味性和有效性。此外，对于一些偏远地区来说，Sora等人工智能的应用意义将更为重大。由于地理位置的限制，偏远地区往往难以获得优质的教育资源，而各类人工智能技术的出现，打破了这一地域限制，使偏远地区的学生也能够享受到与城市学生同等甚至更好的教育资源。通过Sora等生成式人工智能，偏远地区的学生可以接触到前沿的知识、丰富的案例和多样化的学习方式，从而在一定程度上缩小与城市学生的教育差距。

第三，在智能评价领域，Sora等生成式人工智能通过自然语言处理、图像识别等技术，可以实现对学生学习成果的自动化、客观化评价。这不仅能减轻教师的评价负担，还能在一定程度上提高评价的准确性和公正性。传统的教学评测工作往往需要教师投入大量的时间和精力，进行试卷批改、成绩统计等烦琐任务。人工智能的应用可以自动完成这些工作，快速生成评价结果，相比人为评价可能存在的主观性和误差，人工智能算法不受情感和个人偏好的影响，能够依据预设的标准和模型，更加客观、准确地评价教学和学习效果。

第四，在教学方法方面，Sora等生成式人工智能的应用将会改变传统的课堂教学方式。通过深度、全面的视频展示，能将复杂的概念和抽象的理论可视化，极大地增强了学习者学习体验的互动性和吸引力。尤其是那些需要情境化学习、跨学科学习、主题性学习、项目式学习和学科实践的教育场景，Sora等生成式人工智能可以使学习者在一个更具真实性和互动性的环境中进行学习，从而提高学习的吸引力和效果。

第五，在教学内容创作方面，Sora等生成式人工智能作为世界影像反映性质的世界模拟器，将极大地丰富教学手段，提升教学效果。通过强大的视频生成能力，Sora可以根据文本指令自动生成包含复杂背景和多角度镜头的视频来辅助教学,帮助学生更直观地理解复杂的概念和过程。例如,在自然科学课程中,教师可以使用Sora展示生物的生长过程或者物理现象的变化,让学生在视觉上感受科学的魅力。

第六,在学习体验方面,Sora可以为学生提供更为个性化、更深度地学习体验。Sora的视频模型整合了文本和视觉信息,为学生提供更丰富的学习体验,也为学科教学提供了更多创新的可能性。在促进个性化学习和终身教育方面,Sora同样展现出巨大潜力,它可以根据学习者的特点和需求,为学生生成符合个人兴趣和学习进度的视频,从而满足他们的个性化学习需求。

二、生成式人工智能推进教育数字化转型的SWOT分析

人工智能的快速发展已然成为近年来教育数字化转型的重要突破点,尤其是各种生成式大模型,如ChatGPT、文心一言、讯飞星火、Sora等,为我国教育数字化转型提供了新的外在变革和内在发展的技术支撑。用数字技术推动教育发展,通过教育培养数字人才,成为教育变革的大趋势。将Sora等生成式人工智能作为一项重要外在因素,通过SWOT分析发现,中国教育数字化转型的外部有利环境已然具备,而教育自身在数字化转型过程中既有优势与劣势,也存在组织外部环境给数字化转型带来的机会与无法预知的威胁。

(一)优势分析

我国教育数字化转型的优势众多,可以概括为以下几点:一是明确的政策导向与资金支持。我国政府在教育数字化方面制定了明确的战略规划和实施步骤,如“教育信息化2.0”等行动计划。此外,政府在不断加大教育投入的同时还设立了各类教育专项资金,支持学校和企业进行数字化改造,确保转型过程中资金充足。二是深厚的技术底蕴与人才储备。我国拥有众多顶尖科技人才,在云计算、大数据、人工智能等领域积累了丰富的研究和应用经验,为教育数字化转型提供了坚实的技术基础。三是广阔的市场前景与用户需求。我国庞大的学生群体和日益增长的教育需求为教育数字化转型提供了广阔的市场空间。随着数字化技术的普及,越来越多的家长和学生开始期待并接受数字化教育服务。四是持续的教育创新实践。数字化转型激发了教育领域的创新活力,如许多学校和企业开始尝试使用虚拟现实(VR)、增强现实(AR)等技术,为学生创造更加沉浸式的学

习体验。此外,个性化学习、混合式学习等新型教育模式也在教育数字化转型中得到了广泛应用。五是精细化的资源分配与管理。通过数字化手段,教育机构可以更加精准地了解学生的学习需求和进度,从而为他们提供更加个性化的学习资源和建议,这不仅提高了学生的学习效率,还有助于实现教育资源的优化配置。六是积极的国际合作与交流。我国积极参与国际教育数字化合作,与其他国家共同分享经验和技术,这不仅有助于引进国际先进的教育理念和技术,还可以提升我国教育的国际影响力。

可见,我国教育数字化转型在政策、技术、市场、创新、资源分配和国际合作等方面具有优势,Sora等生成式人工智能推动我国教育数字化转型深入发展,最终为学生提供更加优质、高效的教育服务。

(二)劣势分析

我国教育数字化转型也存在以下问题:一是技术应用水平。尽管我国在信息技术领域取得了显著进展,但将这些技术有效应用于教育领域,仍需要进一步深化和创新。二是地区间发展不均衡。虽然我国政府在教育数字化转型方面进行了大力推动,但由于地域经济发展的不平衡,一些经济相对落后的地区可能无法投入足够的资金和资源进行数字化改造,导致教育数字化转型进展缓慢。三是教师数字素养不足。虽然我国拥有大量的教育人才,但在数字化转型过程中,许多教师的数字素养可能无法满足需求,他们缺乏必要的信息技术知识和应用能力,无法充分利用数字化工具和平台进行教学,影响了教育数字化转型的效果。四是技术应用与教育实际需求脱节。目前,一些数字化工具和平台可能过于复杂或不符合教育实际需求,导致教师和学生难以充分利用。五是数据安全和隐私保护问题。教育数字化转型涉及大量的个人信息和学习数据,数据安全和隐私保护成为一个重要问题。一些教育机构和企业可能缺乏足够的数据安全意识以及应对措施,导致数据泄露或被滥用,给个人和学校带来巨大损失。六是数字鸿沟问题。尽管数字化转型为教育带来了许多便利,但也会加剧数字鸿沟问题,一些经济困难或缺乏数字资源的地区和家庭可能无法享受到数字化教育服务,造成教育机会不平等。

可见,我国教育数字化转型在地区间发展不均衡、教师数字素养不足、技术应用与教育实际需求脱节、数据安全和隐私保护问题以及数字鸿沟等方面仍存在一定的劣势,可能影响到教育数字化转型的顺利推进和实际效果。因此,在运用以Sora为代表的生成式人工智能推进教育数字化转型的过程中,更需要高度重视和充分考虑解决这些问题,确保数字化转型能够真正惠及每一个学生。

(三)机会分析

数字化已在逐渐深层次地改变着教育领域,为教育发展提供了一系列创新与机会。一是技术进步的推动。数字技术在教育领域的应用日益广泛和深入,为教育数字化转型提供了强大的支撑,使教育朝着更加个性化、智能化和高效化的方向发展。二是教育需求的多元化。随着社会经济的发展和人口结构的变化,人们对教育的需求也日益多元化和个性化。数字化转型能够满足不同群体、不同层次的教育需求,提供更加多样化、个性化的教育服务。三是教育资源的优化配置。数字化转型有助于优化教育资源的配置,打破地域、学校、学科之间的壁垒,实现教育资源的共享和互通,不仅能够提高教育资源的利用效率,还能够促进教育公平,缩小教育差距。四是教学模式的创新。数字化转型为教学模式的创新提供了可能。在线教育、混合式学习、翻转课堂等新型教学模式的兴起,使教育更加灵活、自主和互动,不仅能够提高学生的学习兴趣和动力,还能够提高教学效果和学习成果。五是国际合作的拓展。数字化转型为国际教育合作提供了更加广阔的空间和平台,通过与国际先进教育机构的合作,可以引进先进的教育理念和技术,推动教育数字化转型快速发展。

可见,技术进步的推动、教育需求的多元化、教育资源的优化配置、教学模式的创新以及国际合作的拓展等机遇,为教育数字化转型提供了广阔的发展前景和强劲的发展动力,以Sora为代表的生成式人工智能将更加有助于推动我国教育事业的快速发展和创新。

(四)威胁分析

技术应用于教育并促进教育发展的同时,技术发展和应用的特点也给教育的健康发展带来了一定的威胁。一是技术更新迅速,可能导致资源浪费。随着技术的不断发展和更新,教育数字化转型过程可能会面临技术过时、资源浪费等风险。如果教育机构不能及时跟进最新的技术趋势,就可能造成之前投入的大量资源迅速贬值,甚至需要重新投入进行技术更新。二是数据安全和隐私泄露风险。在数字化转型过程中,教育机构和企业需要处理大量的学生个人信息和学习数据。如果数据安全措施不到位,或者隐私保护政策不完善,就可能发生数据被滥用或泄露的风险,这不仅会损害学生的权益，还可能给教育机构带来法律风险和声誉损失。三是教育公平问题可能加剧。虽然数字化转型有助于优化教育资源配置，但也可能加剧教育公平问题。一些经济困难或缺乏数字资源的地区和家庭可能无法享受到优质的数字化教育服务，这种数字鸿沟会进一步扩大教育差距，加剧社会不公。四是教育模式变革可能带来不确定性。数字化转型将推动教育模式的变革和创新，如在线教育、混合式学习等新型教育模式逐渐普及，这些变革也可能给传统教育模式带来冲击和挑战，引发一系列的不确定性问题。五是国际合作中的竞争与风险。在数字化转型过程中，国际合作是提升我国教育国际影响力的重要途径。然而，国际合作也面临着竞争和风险。一方面，与其他国家的合作存在技术、知识产权等方面的竞争和冲突；另一方面，面临国际竞争和经济等不确定因素的影响，给教育数字化转型带来风险和挑战。

可见，我国教育数字化转型面临着技术更新迅速、数据安全和隐私泄露风险、教育公平问题可能加剧、教育模式变革带来的不确定性以及国际合作中的竞争与风险等具体威胁，以Sora为代表的生成式人工智能也会使得这些威胁变得更加隐蔽和更具不确定性。这些威胁需要教育部门、管理部门和社会等各方面共同努力来应对和解决。

综上所述，我国教育数字化转型在政策推动、技术积累和市场规模方面具有明显优势，但也面临地区差异、教师素质和技术应用水平等劣势。同时，技术创新、市场需求和国际合作等机遇为教育数字化转型提供了广阔空间，而技术风险、教育公平问题和法律法规滞后等威胁也需要引起关注。因此，在生成式人工智能时代教育数字化转型过程中，需要充分发挥优势、克服劣势，抓住机遇，应对威胁，推动教育数字化转型实现高质量发展。

三、生成式人工智能赋能教育数字化转型的重点路向

以Sora为代表的生成式人工智能正在深刻地改变着我国教育数字化转型环境，从而对教育数字化转型的路向产生巨大影响。基于上述SWOT分析，本研究认为生成式人工智能时代中国教育数字化转型的重点路向包括以下五个方面内容。

（一）强化AI教育场景应用，实现教育服务方式转型

随着人工智能技术的快速发展，其在教育领域的应用也日益广泛。通

过强化AI在教育场景中的应用,可以实现教育服务方式的转型。从学校层面来说,各校之间应建立合作互助平台,促进教育资源的共享。每所学校都有独特的教育资源,包括先进的教学设备、优秀的教师团队以及丰富的教学经验,通过合作互助平台,这些资源可以得到充分展示和交流,使其他学校能够借鉴和学习。这不仅有助于缩小校际教育差距,还能提高整体教育水平。从决策者角度来说,可以利用Sora等生成式人工智能收集和分析大量的教育数据,为教育决策者提供科学依据,通过数据挖掘和机器学习来发现教育中的问题和不足,优化教育资源配置,提高教育质量。从教师角度来说,可以利用Sora等生成式人工智能快速生成教学资源,如教学视频、课件和练习题等,从而在一定程度上减轻他们的工作负担,使其有更多时间关注学生的个体差异从而提供有针对性的指导。从学生角度来说,各类生成式人工智能能为学生提供个性化的学习路径和资源推荐,并根据学生的学习情况和需求进行精准的教学辅导。

(二)加快国家教育服务平台建设,促进教育均衡发展

国家教育服务平台在推动教育数字化转型中发挥着重要作用。强化国家教育服务平台建设不仅是教育现代化发展的必然要求,也是实现教育均衡发展的重要途径。建立统一的教育资源平台是实现优质教育资源共享和均衡分配的关键举措。通过整合全国各地的教育资源,包括课程、教材、师资等,打破地域限制,让优质教育资源覆盖更广泛的地区和学生群体,以缩小城乡、区域之间的教育差距,提高整体教育水平,促进教育公平。推动在线教育平台的规范化和标准化是提高在线教育教学质量的重要保障。在线教育已经成为教育领域的重要组成部分,但平台的多样性和差异性也带来了教学质量参差不齐的问题。通过制定在线教育平台的规范和标准,可以确保教学质量和教学效果的稳定性,提升在线教育整体水平。加强教育数据的管理和分析,可以为政策制定提供科学依据。教育数据是反映教育现状和发展趋势的重要信息,通过对数据的收集、整理和分析,可以深入了解教育发展的实际情况,发现存在的问题和瓶颈,为政策制定提供有针对性的建议,帮助政府和教育部门更加精准地制定教育政策,推动教育均衡发展。

(三)推动学校生态重构,实现科学治理优化

学校作为教育的主要场所,其生态重构对实现数字化转型和科学治理

优化具有至关重要的作用。随着信息技术的飞速发展,传统的教学模式和管理方式已难以满足当今社会的需求,因此,必须积极推动学校生态的重构,以适应数字化转型的趋势,实现科学治理的优化[①]。优化教学生态是学校生态重构的关键环节。通过建立灵活多样的教学组织形式,可以满足不同学生的学习需求,激发学生的学习兴趣和积极性,如引入项目式学习、小组合作等新型教学方式,让学生在实践中学习、在合作中成长;同时,利用信息技术手段,如在线教育平台、智能教学系统等,打破时空的限制,为学生提供更加便捷、高效的学习体验。优化教学资源是学校生态重构的重要方面。通过整合校内外优质教育资源,包括师资力量、教学设备、课程资源等,可以为学生提供更加丰富、多元的学习选择;此外,加强学校与高校、科研机构等的合作与交流,可以引进先进的教育理念和教学方法,提升学校的整体教育水平。优化管理模式是学校生态重构的必然之路。通过引入先进的管理理念和信息技术手段,可以提高学校管理的效率和质量,如建立数字化管理平台,实现教学、科研、学生管理等各项工作的智能化、精细化;同时,加强学校与家长、社会的联系与沟通,形成教育合力,共同推动学校的发展。

(四)提升教师数字素养,支持人机协同教育理论

教师是教育数字化转型中的核心角色,他们的数字素养和能力对推动教育的创新与发展至关重要。提升教师的数字素养是教育数字化转型的必然要求。教师需要具备熟练的信息技术应用能力,能够利用数字技术进行教学设计、实施和评价,通过参加专业培训、学习先进的教育技术,可以更好地掌握数字工具和使用方法,将其有效融入教学,提升教学效果。人机协同教育理论的研究和实践对推动教育数字化转型具有重要意义。人机协同强调人类与机器之间的紧密合作,通过信息技术与教师教学的深度融合,实现教学过程的优化和创新[②]。教师可以利用智能教学系统、在线学习平台等工具,与学生进行实时互动、精准指导,提高教学效果和学生的学习体验。在人机协同教育理论的指导下,教师可以更加灵活地运用信息技术手段,创造多样化的教学环境和学习方式。人机协同教育理论也有助

①肖慧．重塑学校教育生态:构筑“人在中央”的智慧校园[J]．中小学管理,2023(01):32-34.

②方海光,孔新梅,李海芸,等．人工智能时代的人机协同教育理论研究[J]．现代教育技术,2022,32(07):5-13.

于提升教师的教学效能和学生的学习效果。通过智能教学系统的辅助，教师可以更加高效地管理课堂、组织教学活动，以减轻工作负担；学生则可以在更加智能化的学习环境中自主探究地学习，培养创新思维和实践能力。

（五）强化创新拔尖能力，引领人才培养升级

在数字化转型的时代背景下，强化拔尖创新能力、引领人才培养升级成为教育领域的重要任务。这不仅需要注重培养学生的创新思维和实践能力，还需紧跟教育教学的新需求，创新教育模式和方法，以适应数字化时代的发展趋势。首先，要激发学生的创新思维和实践能力。教师应注重培养学生的批判性思维、解决问题的能力以及团队合作精神，通过开展创新性实验、组织科技竞赛、鼓励学生参与科研项目等方式提升学生拔尖创新能力。其次，学习借鉴国际先进教育理念是提升人才培养水平的重要途径。通过引进国外先进的教育技术和教学方法，结合本土实际，形成具有中国特色的教育创新模式。此外，加强国际交流与合作也有助于拓宽学生的国际视野，增强其跨文化交流能力。教育教学的新需求也对人才培养模式提出了新的挑战。在教学空间方面，虚拟空间和时空交互技术的应用为教学提供了更加灵活、便捷的方式，如通过虚拟实验室、在线课堂等平台，学生可以随时随地进行学习，实现教学资源的共享和优化配置；在教学内容方面，利用Sora生成的教学资源可以根据学生的学习进度和兴趣进行智能推荐，为学生提供更加个性化和精准的学习内容提高，学习效率和效果。最后，教育的最终形态将趋向人机协同。人工智能的应用将使教育更加智能化和个性化，教师和学生之间的互动将更加紧密和高效，通过人机协同的教学模式，可以为学生提供更加全面、深入的学习体验，促进其全面发展。

第七章 生成式人工智能教育现代化的典型案例分析——ChatGPT

第一节 ChatGPT

一、ChatGPT与教育创新概述

(一)ChatGPT的含义

ChatGPT是一种基于深度学习的自然语言处理工具,它可以通过理解和生成人类语言来与用户进行交互。它可以使用大规模语料库进行训练,涵盖多种语言和领域,具有广泛的应用前景,同时它还具有良好的交互性和可解释性,能够生成连贯的文本,且能够在不同领域进行微调,提高模型的准确性。总的来说,ChatGPT是一种非常强大的自然语言处理工具,可以为许多领域提供更高效、更便捷的解决方案。在教育领域,ChatGPT可以应用于智能辅助教学、自动批改作业、语言翻译等领域,为师生提供更便捷、更高效的学习工具。

(二)ChatGPT的教育价值

在新一代信息技术革命的浪潮下,ChatGPT作为一种人工智能的应用,已成为教育领域的一股新兴力量。罗志佳和陈韦宏提出,它有助于教师减轻负担、提高效能[①]。包昊罡和王轶晰指出,生成式人工智能技术,如ChatGPT已极大地冲击现有的数字教育资源生态,并为数字教育资源的建设和应用提供新的路径[②]。冯雨奂强调,ChatGPT加强学生选择的自主权,并促进教育减负增效[③]。王佑镁等人认为,它能增强教育应用的价值利益,

---

①罗志佳,陈韦宏.ChatGPT介入教育领域的技术运用、风险洞悉与发展路径[J].重庆理工大学学报(社会科学),2023,37(06):119-128.

②包昊罡,王轶晰.ChatGPT背景下的基础教育数字资源建设[J].中国基础教育,2023(05):39-42.

③冯雨奂.ChatGPT在教育领域的应用价值、潜在伦理风险与治理路径[J].思想理论教育,2023(04):26-32.

但强调需要共建教育人工智能伦理规范[①]。

二、ChatGPT快速普及对传统教育的挑战及影响

(一)ChatGPT快速普及引发传统教育变革

ChatGPT是一种基于人工智能的对话生成模型,它能够通过学习大量文本数据,生成具有逻辑和语义的自然语言回答。对于传统教育而言,学习资料和教师解答是有限的,而ChatGPT能够以人工智能的方式进行智能生成,为学生提供更广泛、更多样化的学习内容和参考答案。

1.智能生成,整合互联网资源

ChatGPT被认为是人工智能领域迄今最先进的自然语言生成工具,相较于早期的聊天对话软件和网络搜索引擎,它在执行任务时能够表现得更加自然、准确和连贯。特别是推出的更新版本GPT-4,具备广泛的应用潜力,既可以进行语言对话、语言翻译、文本生成、图像生成等任务,也能够完成互动、写作业、撰写论文甚至诗歌创作等各种工作。

ChatGPT利用强大的算法支持与万物互联,从互联网资源中获取丰富的知识。这种开放性的学习环境为拓宽学生的知识视野带来了革命性的变化。ChatGPT为学生和教师提供了丰富的学习资源,帮助他们高效获取各种信息和观点,从而拓展和完善自己的知识体系。在呈现方式上,ChatGPT可以自行整合其他互联网资源和人工智能技术,提供更加直观、简洁的学习内容,方便对知识的理解和领悟。这种开放、自由、包容的学习方式鼓励学习者进行更多尝试和探索,间接培养其创造性思维、逆向思维和求异思维。传统教学中,学生往往只能通过抽象的文字和机械的背诵来学习知识。在ChatGPT的协助下,学生不仅能够通过文本方式获取答案,还能通过多媒体形式获得更直观的理解,如图片、视频、演示文稿、代码、网站等,同时还可以利用算法推断和虚拟条件模拟来验证学生解决方案的可行性,帮助他们在问题解决过程中进行评估和改进,这种多样化的呈现方式有助于学生更深入地分析和理解问题,激发他们的想象力和创造力。

2.人机交互,实现学习主导性

ChatGPT的普及带来了传统教育的深刻变革,特别体现在人机交互实

①王佑镁,王旦,梁炜怡,等.ChatGPT教育应用的伦理风险与规避进路[J].开放教育研究,2023,29(02):26-35.

现学习主导性上。ChatGPT通过庞大的存储数据和复杂的模型结构,实现了以学习者为中心的智能话语生成。它利用深度学习技术不断阅读文本数据来完成复杂的学习任务,理解词汇和语义关系,从而准确地了解用户的交互意图。这一技术特点不仅为人机交互提供了更广泛的渠道,还增强了学习过程中学习者的主导性。通过深度学习和语义理解,ChatGPT具备了强大的能力,可以有效地与用户进行互动,在回答问题的方式上,不再局限于传统的搜索式回答。它通过与用户进行交谈,读取用户的需求并以类人的方式进行回应,生成一系列内在关联的多轮答案。这种对话式学习方式颠覆了以往以机器为中心的交互模式,打破了传统的主客二元对立,构建了一种全新的人机交互形式,消除了虚拟与现实之间的界限。学习者不再只是被动地接收信息,而是能够主动与ChatGPT进行有效对话、提出问题、表达观点,并获得结果。

此外,ChatGPT可以实现认知学习中的即时反馈。通过自动化学习系统,它能够随时根据学生的认知变化做出回应,在不同时间、不同背景下,它能够及时检测出学习者的学习进度和理解情况,满足多样化的学习需求。这种即时性的对话教育超越了传统的课堂讲授,为泛在学习的实现提供重要保障,也是提高学生深度学习能力的有效途径。通过实现主导性的人机交互,ChatGPT赋予了学习者更大的控制权。个性化的学习支持和即时反馈有助于加强学习效果和学习动力。

3.精准定制,强化选择自主性

班级授课制的出现是世界教育史上的一项重大革新,标志着现代教育与古代个别教学的差异。然而,随着时间的推移,人们也越来越意识到班级授课制的不足之处。它使得根据学生的个性和进度因材施教变得困难。随着ChatGPT的快速普及,它为学生提供了量身定制的学习计划和内容,更好地适应他们的行为偏好,有效满足个性化学习需求。通过持续升级和改进基础模型,ChatGPT能够根据学生提出的问题,精准分析他们的学习状态,诊断个性化的学习需求,并为其量身定制学习活动。这使得学生能够按照个人的学习节奏,更好地理解和吸收知识,提高学习效率。此外,ChatGPT还可以协助学生完成一些原本需要专业技能的任务,如写诗、绘画、创作音乐、生成演示、开发网站和编写代码等,这为学生创造了更多的自主学习空间。

对于教育从业者而言,使用ChatGPT也能够获得强大的支持。ChatGPT

可以帮助教师创建教学计划、收集教学资源、发表教学评论。例如,在教学方面,教师可以利用ChatGPT创建合理的教学计划,为课堂增加丰富的拓展资料和优质的教学资源。在科研方面,ChatGPT可作为一个综合性的研究工具,帮助研究者快速收集整理文献资料,进行全面的对比和分析,并以图表等可视化方式展示结果。研究者可以更加全面且高效地了解当前研究现状,从而避免机械性的重复性研究,将更多时间投入创造性的工作中。总的来看,ChatGPT的普及在教育领域带来了巨大的变革,它为学生提供个性化的学习支持,帮助教师改进教学方式、提高研究效率,推动教育领域向更适应个体差异和自主学习的方向发展。

4.因材施教的学习或将成为主流

因材施教的学习是指教师能够依据学生个体特征提供符合学生个性化需求的学习资源,学生能够在个性化的学习环境下独立完成相关的学习任务。依据自身学习的进度,动态调整学习路径,选择符合自身学习需求的个性化学习方式,充分体现了以学生为主体的概念。古今中外,无数的教育学者一直推崇个性化教育、因材施教,主张尊重学生个性化发展,满足个性化学习需求。ChatGPT作为一款人工智能聊天机器人程序,表现出来的最大优势就是在同一语境下持续对话和输出类人的处理事务内容,完全可以作为学生学习中的指导老师或者私人智能学习顾问。它可以依据学生学习过程遇到的问题进行解惑答疑,针对不同学生的不同问题进行差异性回答,满足学生个性化学习需求,为自主学习提供个性化交互式指导,因材施教的教育理念能够得到落实。

梅耶曾经提到学习中的及时反馈是有效学习的一个重要原则,及时反馈是指教师能够针对学生每一步的学习情况及时进行反馈。目前,国内大量的MOOC平台上线后,由于教学团队人员时间精力有限,不能保证每个学生身边有教师随时进行解答,所以学生学习中遇到的问题没有得到及时的反馈,从某种程度上对于学生学习兴趣的持续保持有一定的影响。ChatGPT可以对学生在任何时间、任何地点、任何场景中给予的问题进行及时反馈,同时,通过持续的对话可以创建交互式学习,学生采用问答的形式进行学习。教育生态环境会由目前大班学习中无法充分考虑到个体差异性的学习方式逐步回归到对个性化需求的关注,个性化学习方式逐步凸显。此外,ChatGPT也可以充当学业导师的角色,能够依据学生的学习兴趣、学习偏好等推荐相关学习资料。如果学生有一些学业问题、职业生涯规划问题等,都可以通过咨询ChatGPT满足学生的个性化需求。

5.批判思维或将是学习能力评价的重要指标

随着人工智能技术的发展,传统的教学评价维度自然会受到冲击。ChatGPT基于海量数据训练后能够完成论文的撰写,而且效率较高。通过这一现象,人类其实可以看到技术产品掌握人类所有领域知识只是时间上的问题。在这样的时代背景下,事实的描述性知识是否不再重要呢?甚至一些程序性的技能知识也不重要吗?其实,大家也看到了ChatGPT产品在其中发挥的作用,一些描述性知识只需要借助ChatGPT进行检索或者提问就可以。像写论文这样的高技能知识对于ChatGPT也变成简单的事情,甚至是一项基本的技能。在这样的生态环境下,学生的能力评价方式必将发生改变。ChatGPT产品最大的特点就是采用一问一答的形式,依据少量的文本输入生成复杂、高度类人的真实文本,所以对于学生而言,如何向ChatGPT提出问题、如何给ChatGPT提出准确的指令是一项重要的能力,而这一项能力考查的就是学生对问题的批判思维和创造思维,显然思维比知道重要、问题比答案重要。如果在教育数字化时代,高校培养出来的学生只是会解决问题,那么这些学生未来有可能会被技术替代。联合国教科文组织在20世纪70年代就指出,教育要为一个新世界培养新人。在教育数字化时代,人才的培养不应该局限于知识的增长,更为重要的是培养适应新时代的个体,培养数字化时代技术的使用者、驾驭者。因此,批判性思维是未来评价学生学习能力的一项重要指标。批判思维可以帮助学生去伪存真、辨别海量数据的有效性,找出事物的本质和解决问题,进而做出明确的决策。

6.教师教学变革必将成为常态

人工智能的出现带来教育领域的变革,虽然产生了个性化自主学习的新方式,但是目前没有研究表明任何一种技术能够完全替代教师的角色。新技术的出现,往往会促进教育教学变革。当然,随着ChatGPT在近两个月的爆火,教师必将在未来教学中面对新技术进行教学的变革探究。从ChatGPT对教学变革角度思考,首先该产品能够帮助教师进行备课。例如,教师可以借助ChatGPT设计课程教学大纲、制订授课计划等;教师也可以采用问题检索,帮助教师完善知识结构体系、丰富教学内容;教师还可以和ChatGPT进行模拟对话,课前了解学生可能会遇到的问题,做好相应的准备,有效解决教学突发的情况。当ChatGPT未来与其他生成性人工智能技术结合使用的时候，还可以生成PPT演示文稿、视频、成绩分析等，更有效地减轻教师教学工作任务的负担。其次，在未来的人工智能时代，教师教学重在引导学生如何进行批判性思考。教师在教学中可以采用探究式学习、项目式学习、问题导向学习、创设情境的沉浸式学习等，将人工智能的使用融入日常教学中。人工智能机器可以扮演个人导师角色，同时利用人工智能技术关注学生学习行为数据，依照数据分析学生的特征，掌握学生个体的需求，实现精准教学。这些技术的教学应用，完全能够将学生学习中被遮蔽的学习过程细节数据显示出来，从而有效提升教学效果。任何一种技术融入教学过程中，都需要适应教育教学环境。未来人工智能教育必将突破传统教育教学模式，逐步向人机共存、共生的形态发展。未来如果有新的AI类产品出现，如何将其融入教学中，这又是一个需要进行探索的过程。因此，在人工智能时代，教育的变革是持续的、长久的、动态的。

7.搜索学习或将成为知识学习的主要方式

互联网发展到今天，可以看到人们生活在一个知识爆炸的时代，学习过程中会有海量的学习资源呈现在人们面前。在数据资源唾手可得的时代，知识到底对于人们意味着什么？是不是所有的知识都需要全部掌握？如果需要的话，人类的生命周期有限、记忆力有限，没办法在有限时间内全部掌握每天指数级增长的知识。因此，在人工智能时代，人类对于知识学习出现2种形式：一种是借助于技术手段完成学习能力的提升，例如，智能导师系统、个性化学习平台等，这种方式是需要学生掌握一些知识的；另外一种是由计算机存储功能承担知识数据记忆，学习中不再要求学生掌握什么样的知识，只需要学生利用ChatGPT等技术产品通过搜索问答的方式获取所需知识。在这种知识学习方式下，知识学习由记忆学习转变为利用知识搜索学习，但是又与传统搜索不同，ChatGPT具备自然语言理解、分析等功能，可以从海量知识中遴选并呈现有效知识信息，并通过分析和总结资料帮助学生更快、更直接、更有效地获取学习资源。学习不再是仅仅依靠通过课堂获取教师讲授的教材知识内容。目前ChatGPT产品对中国用户没有全面开放，百度于近期也发布了ChatGPT同类产品“文心一言”。搜索和聊天机器人产品在未来有可能并行存在，搜索引擎会采用类似聊天机器人的形式呈现。知识学习更多的是采用一问一答的对话形式来完成的，教育生态环境回归到苏格拉底“产婆术”、孔子“启发式”等一对一生态环境，人们在搜索的过程中完成个性化学习。因此，在未来人工智能时代，搜索也是一种学习的观点可能会得到人们的认可。未来的教育不是帮助学生在学校教育中积累足够的知识，以此为以后的工作和生活服务，而是成就学生在有限生命周期内的终身学习，知识的掌握和积累不再显得尤为重要。《教育2030：未来的教育和能力》报告中提出未来教育学习是能力和素养导向的终身学习，是虚拟和现实融合的教育学习。

（二）ChatGPT给基础教育教师培训带来挑战

1.教师对ChatGPT的接受程度存在差异

一些教师可能对新兴技术的应用效果持怀疑态度。在ChatGPT背景下，教师可能存在对人工智能技术的接受度、对技术整合的信心以及对教育创新的意愿等方面的障碍。需要通过培训课程和支持措施，积极引导教师转变态度、提高意愿，以积极应对技术变革带来的挑战。另一种极端为过度依赖ChatGPT，导致使用者忽略自身知识储备和信息筛选能力培养，甚至对人际交往产生负面作用。例如，教师如果过度依赖ChatGPT，可能会忽视改进自己的教学方式和方法，影响教学质量；学生们可能会由于过于依赖ChatGPT而忽视自己的思考和学习能力，导致他们在未来的学习和职业生涯中缺乏自主性和创新性。

2.教师培训中存在技术和教学知识融合不足

优化教师培训体系，需要教师同时具备整合技术知识、教学知识和学科知识的能力。然而在实际情况中，教师在某些领域的融合能力存在欠缺。他们可能不知道如何将技术工具融入教学策略，或者不知道如何根据不同的教学情境选择合适的技术工具；由于技术知识更新速度过快，部分教师未能及时掌握最新动态，或是由于缺乏实践经验，无法将其所学应用于实际教学。教育工作者应在实际教学实践中不断探索和尝试，总结出适合自己的教学策略和技术工具组合方式；教育部门和学校应提供成功的案例和经验，为教师提供参考和借鉴。

3.教师培训与教学实践的结合不紧密

如何将教师培训理论与教学实践紧密结合一直是教师培训领域的难题。ChatGPT的出现对传统教师培训模式提出了更高要求。仅提供培训课程是远远不够的，还需要提供配套支持和指导，帮助教师将所学的知识和技能应用于实际教学中。部分教师培训项目过于注重技术的介绍和讲解，忽略将其与实际教学相结合，这种培训内容通常与实际教学需求脱节，教师难以将所学技术知识应用到实际教学中。为解决这一难题，需要设计有效的支持机制和反馈机制，通过创新以问题解决为导向、基于项目式培训等新型培训模式，更好地满足教师的实际需求，确保教师能够顺利将培训内容转化为实际教学行为。

（三）ChatGPT对教育生态的影响

这部分关键词除主题词ChatGPT之外，还包括生成式人工智能、个性化学习、教育数字化转型、教育生态和人工智能教育等。该主题主要基于ChatGPT的生成原理，探求其对教育生态的影响。朱光辉等阐述了ChatGPT的运行模式和关键技术，展望了其未来图景，并且从媒体报道中整理出16种ChatGPT教学应用的用法。ChatGPT是建立在大型语言模型的基础上，借助先进的生成式预训练转换器在数百亿甚至上千亿模型参数中进行预训练，利用人类反馈强化学习的方法进行强化学习和优化。这些技术赋予了ChatGPT强大的语言理解和文本生成能力，使其能够完成模拟人类对话、执行文本翻译、创作文本及生成代码等多种任务，实现良好的人机交互体验。

ChatGPT的出现，标志着人工智能时代的到来。在人工智能教育的大背景下，ChatGPT作为一项前沿技术，为教育生态注入了新的活力。它超越了传统教育工具，渗透到教育教学的各个方面，内嵌于教育主体、教育活动、教育内容和教育环境，引发教育生态系统的连锁性反应。

在教育主体方面，首先，ChatGPT的介入不仅为学生开启了与智能助手进行个性化互动的机会，还为他们量身打造了一种独特的学习经验。同时，ChatGPT在信息搜索、学业规划以及协同创作等方面也能为学生提供更简洁、高效的帮助，从而推动学生学习模式的变革。其次，作为一种教学辅助工具，ChatGPT使教师能够从一些简单、机械及重复的教育教学工作中解脱出来，从而减轻了他们的工作负担并提高了工作效率。最后，ChatGPT的应用也显著提升了研究者在科研工作中的效率。然而，人们在享受人工智能技术带来便利的同时，也在一定程度上失去原有一部分的主体性，这导致人的主体性地位有所降低，从而需要重新思考和重塑人机教育主体的关系。

在教育活动方面，ChatGPT的应用开启了“机器人+教育”融合模式的崭新篇章。这种创新不仅仅体现在教育的外在形式和教学方法上，更是重塑了教育的目标、场景和组织结构，从而给学校教育提供了广阔的创造空间。

在教育内容层面，智能技术的发展、生成和理解能力的拓展，不仅改变了知识的呈现方式，还引领了教育内容从单纯强调掌握知识向注重掌握技能的转变。这一变革有助于培养学生正确的“人—技”伦理道德和情感态度，以更好地适应智能时代社会的发展需求。

在教育环境方面，ChatGPT的渗透不仅推动了教育科技的创新，而且还为学生打开了全新的学习空间与视野。随着智能教育的发展，教学环境不再受限于传统、有形和有限的物理空间，而是开始扩展到数字网络空间、虚拟世界乃至元宇宙等多元化的时空维度，更加逼真和生动的仿真教育环境在多重教育场景的交织和互动中生成，从而构建一种虚实交融的新型教育体验。

三、ChatGPT快速普及带来的风险与机遇

（一）ChatGPT快速普及带来的风险

随着生产式人工智能技术的发展，以ChatGPT为代表的新一轮教育革命已经悄然开始。在这一革命中，教师和学生之间的关系变得至关重要，因为它直接影响着教学的有效性和学生的素养与能力发展。除此之外，学界也普遍关注到一些潜在的风险和挑战，如学生作弊与学术不端、知识摄取碎片化、对传统学习方式的冲击、数据安全和信息辨别等问题。

1.学生过度依赖，教师身份淡化

ChatGPT的普及让学生变得越来越依赖从技术工具中获取答案，从而忽视了教师的重要性和指导性作用，使教师在学习过程中的角色变得淡化。过度依赖ChatGPT也可能在教师和学生之间建立起一种机械的交流模式，降低了人与人之间互动的重要性，削弱了教师在塑造学生思维和培养综合素养方面的作用，以及教师与学生之间的情感连接。随着教师知识权威地位不断被削弱，教学过程变得趋向于单向的知识传授。尽管人工智能的支持使知识的传播更加便利，但在教学过程中师生互动交流的特征也逐渐减弱，变成了单纯的知识传递。教师的全面指导被技术逻辑所取代，学习过程中的创造性思维活动也随之减少，教育活动中的情感交流缺失，一定程度上消解了教育的价值和人际交往的核心要素。虽然ChatGPT已经在尽力模拟人类情感反馈，但其基于智能算法、逻辑模型和程序代码的交互功能暂时还无法涵盖人类社会中复杂的情境，也无法具备自我意识、

主体意向和动机欲望。因此,在一定程度上,人机交互削弱了具有人类特质的核心交流方式,如思想碰撞、情感理解和心灵共鸣。教育中原本应有的价值和意义被过滤,思维和价值观的碰撞被简化为程序化、单一化的算法运行。师生关系原本充满智慧和温暖的特点变得冷冰冰、机械化,双方的共情能力下降,体验感降低。总之,虽然人工智能在教育中起到了一定的作用,但它也带来了一些负面影响。教育的核心特点和人际交往的重要性逐渐被削弱,而代之以简化的算法运行。这导致了师生关系变得冷漠和单调,无法实现应有的价值和意义。

2.抄袭剽窃激增,学术监管困难

目前,教育界和学术界对ChatGPT辅助学习可能导致的成果滥用问题表现出较强关注和担忧。以往教师通常会布置各种形式的作业,如论文、报告、课堂展示和自主测试。然而,现在ChatGPT可以轻松提供大量的信息和答案,生成的内容已经具备流畅的语言、清晰的结构和明确的观点。尤其在论文写作方面,ChatGPT已经可以应对传统学习评价的大部分方式,绕过大多数剽窃检测器而不被发现。这种情况导致越来越多的学生开始依赖这些智能工具来完成作业和研究项目,进而增加了学术抄袭和剽窃等不诚信行为的发生。学生可以轻松地从ChatGPT获取答案并将其直接复制粘贴到自己的作业中,而缺乏对问题的深入思考和独立创作的能力,这种行为对学术诚信和学生自主学习能力构成了严重威胁。

另外,学术监管也面临巨大的挑战。学生通过与ChatGPT的对话可以获得不同的答案,这给教师判断学生是否理解问题和掌握知识带来困扰。同时,监管机构也很难追踪学术成果是否存在抄袭行为,因为创造者可以利用相关技术工具隐藏剽窃痕迹。ChatGPT的广泛使用最终会削弱传统的学术评估方式,使评估机制难以跟上技术发展的步伐。

3.操纵核心技术,存在安全隐患

当前,大部分人工智能应用平台由私营部门控制和监管,其开发和运营缺乏透明度。这引发了使用者对平台访问、数据存储和隐私安全的担忧。尤其是在科研应用中,使用ChatGPT可能会对用户的隐私和数据产生威胁。这些问题进一步增加了用户对这些平台的使用的不确定性和不信任感。

在教育领域中,与ChatGPT相关的数据隐私安全问题主要可以分为两类。第一类,ChatGPT使用的训练数据主要来自互联网,这些数据并未经过监管机构的审查。因此,无法保证数据的真实性和合法性。在使用ChatGPT时,人们无法准确地评估数据使用是否侵犯了他人隐私,这给数据的使用者带来了一定的风险。例如,尽管ChatGPT为学生提供了便利,但由于学生法律意识淡薄,学生很难确定数据使用的边界和范围,可能会导致隐私安全方面的问题。第二类,ChatGPT存在着数据存储不当导致隐私泄露的风险。举例来说,使用者可能会将研究数据上传给ChatGPT以获取答案,但人们无法了解ChatGPT如何安全地存储这些数据,以避免数据泄露给第三方机构。因此,需要更加关注数据隐私和安全问题,在使用ChatGPT时要谨慎地对待个人敏感信息的输入。

4.灌输意识偏见,制造认知陷阱

从实践情况来看,ChatGPT可以被视为一种人工智能应用程序,但它与人类大脑不同,无法主观加工客观世界,并且缺乏产生主体意识的能力。其能够生成类似人类的文本是通过研发团队掌握核心技术并进行数据投喂和能力训练的结果。目前,ChatGPT的训练数据主要来自英语语料库,而非汉语和其他语言的语料库。这些语料库基本上建立在西方价值观念之上,具有强烈的意识形态导向。当ChatGPT吸收这些数据后,容易生成带有意识形态偏见的文本,受教育者无形中受认知偏见的影响,进而形成认知固化,制造认知陷阱。

此外,ChatGPT能够收集和存储用户在个人问题和公共问题交流中生成的内容。这为一些别有用心的国家、组织和个人提供了窥探和监视其他国家公民隐私、社会热点、政治风向、群体心态和国家机密的机会。进而,他们可以利用这些内容,通过断章取义、恶意裁剪、歪曲抹黑等手段进行舆论战,攻击其他国家的意识形态阵地,制造舆论恐慌。

5.知识的真实性、权威性难以保证

利用ChatGPT可以依据学生提出的问题生成相应的内容,但是其思考的过程如何佐证、数据来源是否准确、是否具有权威性难以知晓。ChatGPT只是告诉了学生结果,但是思考和分析的过程无法了解。同时,如果学生提出的问题描述准确度不够,那么呈现的结果也会有误差,错误的信息会对学生学习产生干扰。此外,由于人类日常使用语言的习惯和AI产品存在一些差异,某些词语在现实发展应用中被赋予新的特殊含义,可能会导致生成内容准确度不够。ChatGPT其实擅长一些文科类文本问题的处理,在处理逻辑性比较强的问题时,生成的内容可能不够准确。此外,ChatGPT在回答问题时可能引用或者借鉴某个文献的观点或者资料,但是像这种大规模语言训练模型不会标识具体引用哪些语料,这种情况容易造成抄袭现象。ChatGPT在首页也申明了其局限性,提到了偶尔可能会产生错误的信息,这说明了ChatGPT是基于特定语言训练的,目前在国内还没有中国式的ChatGPT,虽然有百度发布的“文心一言”,但是都会存在无法识别一些异构语言的情况,导致机器翻译或者识别的结果不够准确,产生不恰当或者错误的信息。

6.知识的碎片化现象加剧

由于ChatGPT采用问答式学习方式,只有学生问什么才会回答什么,可能针对某个问题给出的结果十分详细,但是这些知识的学习都是一个个小的主题形式。不可否认,在数字化时代,碎片化学习是主要的学习方式,但是忽略了学生知识结构体系的构建。问答式的学习有助于个性化学习,满足个体学习需求,却将知识分割成知识碎片,原本体系化的知识结构被打乱,学生面对无序的碎片化知识,无法有效建立知识碎片之间的相互关系。知识的碎片化会加剧资源信息的超负荷,知识的甄别难度越来越大。同时,在碎片化学习环境下,人的思维往往会去中心化、注意力不够集中,发散性思维成为日常思考的主要方式,这种学习方式的深度与广度不够,学生可能沉浸在生成答案中浅尝辄止,缺乏进一步的思考和知识内化,很难促进知识学习的有效迁移。

7.不利于学生创造性的培养

有调查发现,很多美国大学生已经在用ChatGPT写作业,有人用ChatGPT写的作业竟然得了最高分。所以,现在北美一些高校的教师如临大敌,纷纷宣布禁止学生学习中使用ChatGPT完成作业。因此,ChatGPT很容易成为学生平时学习中应付作业的主要工具。ChatGPT只是依据提问提供丰富的学习材料,但是这样会削弱学生思考问题、解决问题、批判问题的能力。教育最主要的方式是通过启发学生思考,让学生在思考中强化知识的理解与掌握,但是现在的ChatGPT产品忽略了其过程,直接依据学生的问题给出相应的答案,对于一些理科类的逻辑推理问题无法展示其分析过程,弱化了对学生分析、解决实际问题的能力的培养。爱因斯坦提出教育的本质在于独立思考,ChatGPT可能会导致一部分学生将自己应该完成的任务交给机器来完成,并对其产生依赖性,会出现有问题就找ChatGPT的情况,导致学习中形成对外界的依赖,缺乏独立思考和探索的过程。另外,由于知识对于学生来说唾手可得,学生会对知识缺乏学习兴趣、失去探索的主动性。

8.教学转变为单一的知识传授

利用ChatGPT来完成教育教学环节主要在于引导学生完成学习任务,但是ChatGPT一般呈现的是知识结果,缺少利用AI产品的学习引导过程,这样的学习方式会逐步转变为一种知识结果的训练学习。同时,教学过程应该包含多样的师生互动环节,在教学过程中融入思政元素,完成高校教师教书育人的使命。但是,在机器世界里,人的感情、价值等有可能被弱化,师生之间的交流更多的是通过符号展开,师生之间的情感交流被弱化,育人的使命没有得以实现。教学更多的是直接告诉学生结果或答案,具体引导分析的过程是弱化的,同时没有给学生创设一定的学习环境。如果教学中过分依赖技术,教学更多会走向一个看似是自主学习而实则是机器牵着学生鼻子来进行单一传授知识的以教为主的学习方式,类似行为主义时期斯金纳主张的“应答性行为”和“操作性行为”。

9.数字化教学管理中存在风险

ChatGPT智能化最大特点是可以用来撰写论文,如果科研工作者使用ChatGPT进行论文写作,那么势必会在科研领域产生学术不端等学术问题。2023年2月10日,《暨南学报(哲学社会科学版)》发布关于使用人工智能写作工具的说明,指出不接受ChatGPT联合署名的文章。如果将来在教育中使用ChatGPT,不管是学生还是教师使用,ChatGPT生成的内容是否具备知识产权、使用者是否会滥用等问题也需要重视。如果教师对学生使用了ChatGPT完成作业的学习过程进行评价的话,就会带来学生学习诚信的危机,有的学生为了获取高分求助于ChatGPT完成作业。另外,由于美国OpenAI使用条款尚未对使用者可能输入ChatGPT的机密信息加以保护,因此存在学习数据信息泄露等问题。近日,国外安全专家发现ChatGPT可能为犯罪分子提供网络犯罪的途径,还会诱发网络“钓鱼”事件等。同时,ChatGPT刚出现,配套的教育法律法规尚未形成,人们要思考当前的教育法律法规体系是否能够应对ChatGPT给教育带来的挑战。教育研究者一直强调教育公平,ChatGPT目前没有对用户全面开放,有可能在国内不同地域存在数字鸿沟或者国与国之间存在数字鸿沟。如果将来ChatGPT产品成熟,有可能出现收费获益的情况,又会成为资本家追逐利益的工具,从某种程度上加剧教育地区公平的差异化。

10.引发新的意识形态问题

ChatGPT出现后,通用大模型类似一个“黑盒”,人类无法探测其内部究竟如何运作,对其生成内容的监管和控制面临巨大挑战。ChatGPT本质是依靠大数据进行模型训练,也就是说需要大量语料数据的投喂,依靠语料库的知识内容进行学习,语料库的内容越丰富、越广泛,回答问题就会越具体、越准确。如果语料库受到污染或者投放了有毒的数据,必然会对学生产生严重的危害,对学生的意识形态和价值导向产生影响。美国人工智能研究员曾经创建“GPT-4chan”模型,其中有“4chan”在线匿名论坛,该模型是基于论坛帖子内容形成自己的语言模型语料库的。由于匿名发表评论,导致诸多网友发表各种不正确的言论,最后导致“GPT-4chan”的回答出现种族歧视、价值扭曲等问题。因此,以ChatGPT为代表的人工智能技术可能引发新的意识形态问题。

(二)ChatGPT快速普及带来的机遇

ChatGPT的出现虽然给教育界带来了前所未有的挑战,但它的出现为教育的发展带来无限可能,它以自己的智能推动未来教育的转型升级。

1.助力“学困生”转化

人工智能在逐步倒逼教育进行迭代升级。传统的机械、重复性训练可能逐渐落后于社会的发展需求,因此,那些被动地接受教育、刻板刷题,以及死记硬背的“学优生”将可能逐步被人工智能所替代或超越。未来,人工智能将更加高效和优质地完成这些人能做的重复性工作。

在人工智能逐渐代替机械化劳动的时代,以往教育模式下的“学困生”有可能脱颖而出。因为在未来,人工智能可以取代几乎所有的机械性工作,所以社会需要的是更多具有创造力的人才。“学困生”的头脑往往充满着想象力和创造力,他们好奇心强,愿意提出各种问题,勇于尝试、探索和承担责任,正好满足未来社会的需求。

2.提升教师教学效果

很多人担忧人工智能的出现会取代教师的工作,但事实并不一定如此,利用好ChatGPT这样的人工智能工具,能够显著提高教师的工作效率,减轻工作负担,让年轻的教师轻松成为特级教师。

当今社会有许多名师,他们拥有独特的教学方式,能够让学生高效地吸收所学内容,那么,其他教师就可以利用ChatGPT来分析这些名师的教案,学习他们的教学经验,根据时代的需要,进行汇编整理,形成自己独特的教学方法。当然,也可以让人工智能来模仿名师或是充当名师向学生传授知识,教师便充当"助教"的角色。学生在人工智能帮助下掌握知识后,"助教"帮助学生熟练运用知识,并引导学生融合其他学科知识进行发明创造,创造出更多的产品,甚至创造出更多的产业来增加更多的就业机会。

对于每一个年轻的教师而言,如果能熟练驾驭像ChatGPT这样的人工智能工具,他们可以像置身于名师的经验库中一样,迅速积累数十年的教学智慧,不仅可以站在名师的肩膀上借助前辈的智慧和知识进行教学,还可能在教育创新领域中不断突破,实现更为深远、更具高度创新性的成就。这种合理运用人工智能技术的方式,为教育界的发展带来了全新的前景,也为广大年轻教师提供了前所未有的快速成长和创新平台。

3.推进教育资源分配更均衡

作为一种基于人工智能技术的语言模型,ChatGPT可通过大数据分析和优化算法,缓解教育资源分配不平等的问题,促进教育公平的提升。第一,它提供免费的知识获取。ChatGPT提供免费的知识获取,这为那些由于地理、经济或其他原因无法获得适当教育的人们提供了机会。无论何时何地,只要有网络连接,任何人都可以使用ChatGPT,访问其海量的信息资源和学习内容,从而获得教育的机会。第二,它支持语言多样性。ChatGPT使用的是自然语言处理技术,它可以使用多种语言进行交互。这为那些非英语为母语的人提供了学习的机会,并且他们可以使用自己的语言进行交流,使得教育资源普及和易于使用。第三,提供个性化的学习体验。ChatGPT可以根据用户的学习兴趣、水平和需求,提供个性化的学习内容和建议。这有助于满足学生的需求,提高他们的学习兴趣和学习效率,从而更好地促进教育公平。第四,它可以为弱势群体提供支持。ChatGPT可以为那些身体残疾或有特殊需要的学生提供额外的支持,例如:提供语音识别或文字转换等功能,以便他们更容易地获得教育[9]。这将有助于减少他们在学习过程中所面临的不公平和障碍。

总之,ChatGPT可以通过提供免费的、个性化的和多语言的教育资源,帮助解决教育教学中许多不同种类的不平等和障碍,从而进一步促进教育公平。

4.培养在校大学生新型就业技能

现代大学生普遍面临毕业之后就业难的问题。如今,随着像ChatGPT

这样的人工智能层出不穷，未来许多重复性劳动可能被人工智能取代。未来的大学生想和算法竞争这些就业岗位几乎没有希望。那么，未来的大学生的就业问题是不是一定会越来越严峻呢？

并不一定如此。我们可以预见，虽然人工智能可以代替人类完成重复性的工作，但是社会仍然需要大量人才来使用人工智能工具，并通过创新来推动社会的进步。因此，在未踏入社会之前，在校大学生可以另辟蹊径，可以利用这段时间去拓宽自己的兴趣爱好，培养自己的创造力，并且投入大量精力深入研究人工智能工具。这样，在毕业之际，学生能够熟练运用像ChatGPT、Bard等智能软件，把人工智能变成自己的工具。站在人工智能的肩膀上，指挥人工智能去完成复杂的工作，提高自己的工作效率，并利用人工智能去发明创造，提高自己的生活品质。相信在不断变化的社会中，学生只有不断学习和适应新的环境，才能迎接未来的挑战。

四、ChatGPT的伦理风险与规制路径

（一）ChatGPT伦理风险之因由

1.ChatGPT伦理风险渊源已久

人工智能一词最早由约翰·麦卡锡等人在1956年的美国达特茅斯会议上讨论而成。在之后的几十年发展历程中，人工智能从最初较为简陋的学习模式向神经网络进军，再到2017年谷歌推出的Transformer架构以及2022年11月由OpenAI公司推出的ChatGPT和2023年3月推出的GPT-4，人工智能取得极大关注和快速发展。自诞生之日起，针对人工智能技术应用的伦理风险热议从未停止，伦理焦虑伴随人工智能技术发展而逐渐加深。ChatGPT作为生成式人工智能优秀代表，带着巨大的光环走进大众视野，人们一面为触碰到强人工智能的边角而欢喜，一面又陷入更深重的伦理风险忧虑之中，但忧虑并没有停止技术前进的步伐。目前，各国正竞相加大对生成式人工智能的投入与布局，希望在新一轮技术革新中争得一席之地。以ChatGPT为标志开启的生成式人工智能技术及产业的激烈竞争，如果不加以伦理规制，会造成难以遏制的开放性社会风险。将其放入一定约束框架内，科学、规范的生产和应用技术是和谐稳定、持续向善发展的必然选择。

2.ChatGPT特性诱发更大挑战

ChatGPT的出现在科技史上具有里程碑式的意义，而与之伴随的伦理

风险却如同打开了潘多拉魔盒般让人惶恐,这种矛盾性与ChatGPT的特性有着密不可分的关联。较之以往AI聊天机器人的训练方式、支撑技术等,ChatGPT的特征极具辨识度。

ChatGPT具有拟真度,更加接近人类语言的表达方式;更具有灵活性,能够根据用户的语言风格进行相应调整,提升适配度和亲切感,这与之前AI聊天机器人千篇一律生硬的回答方式形成鲜明对比。

ChatGPT具有互动性,能够以自然语言同用户就部分主题展开连续性对话,激发用户的表达欲。当用户表意不清或ChatGPT发觉无法给出明确答案时,会主动追问更多有用信息,以便生成更加精确的回答。不仅如此,当用户再次与ChatGPT建立对话关系时,它能像人类一样记忆起前次对话内容,使互动具有更好的连贯性和适应性。

多模态,即信息交互模式的多样化。GPT即生成式预训练转换模型,其开发目的是实现人与计算机之间通过自然语言可以进行有效通信。①从GPT-1到GPT-4实现了多方面的跨越,其中最显著变化之一便是GPT-4具有的多模态能力,从简单的单一文本理解力发展到对输入图像内容的深入理解,实现了文本、图像等多种形式的融会贯通。基于以上特点,ChatGPT自上线以来便受到广泛关注,全球访问量呈现爆发式增加,直至近期才在高位放缓。在因这些史无前例特性获得广泛关注之后,人们慢慢开始从惊喜、热潮中冷静下来,思考这样一个与众不同、高度生动的人工智能产品会造成怎样的伦理风险,它又蕴藏多少不容忽视的伦理问题。因此,探索ChatGPT伦理风险并提出有针对性的伦理规制办法具有迫切的现实意义。

3.数据安全隐私保护难题

近年来,数据泄露和隐私侵犯事件频发,教育领域也受到严重影响。例如在2020年,一所美国大学遭受勒索软件攻击,学生、教职员工的信息都被泄露;另外,英国一所中学的在线教育平台受到黑客攻击,泄露数千名学生的敏感信息。其在提供个性化学习支持和作业辅导时,需要处理大量包括学生的基本信息、学习成绩、行为和互动记录在内的数据,数据的泄露或滥用可能严重危害学生的隐私权和信息安全。通过错误的数据处理,可能产生基于数据的偏见或歧视。ChatGPT在生成教学资源时,可能会使用学生的个人信息和行为数据进行深度建模和分析,而这有可能泄露

①朱光辉,王喜文.ChatGPT的运行模式、关键技术及未来图景[J].新疆师范大学学报(哲学社会科学版),2023,44(04):113-122.

学生的个人信息。

4.内容生成道德法律责任

ChatGPT是人工智能领域的佼佼者，但也伴随着道德和法律责任问题。生成内容的准确性受质疑，因为可能产生偏差或错误，教育者在使用此工具辅助教学时，应审核并核实其生成的内容，以确保信息的准确性，高质量文本生成能力可能导致学生抄袭，学术诚信问题浮现。教育者应严格审查学生作业和论文，维护学术原创性，它有时生成不道德或非法内容，这可能对学生的心理产生负面影响。在生成内容时可能侵犯版权或专利，涉及知识产权问题，在使用此工具时应尊重他人的知识产权，避免法律纠纷，引发的道德和法律问题的责任归属不清，使用者需关注相关法律法规的发展，以确保在道德和法律框架内使用。

5.资源分配数字鸿沟问题

高端技术的引入往往伴随着显著的经济投入和复杂的技术需求，这对经济能力有限的学校和地区构成了巨大的挑战。他们在资金和技术支持方面的不足，限制了对这些先进教育工具的获取和应用，进而导致学生在教育资源的获取上的不平等，从而可能加深现有的社会经济教育差距。在家庭层面，经济条件较好的家庭中的学生更容易获得对ChatGPT等AI技术的接触和使用，而经济条件较差或技术设施不足的家庭中的学生则面临技术获取上的障碍。这种数字鸿沟不仅影响学生的当下学习体验，而且可能对他们未来的教育路径和职业发展造成负面影响。

6.学生心理认知负荷挑战

虽然在教育环境中运用ChatGPT有诸多好处，但需注意其对学生心理及认知负荷的潜在影响。学生可能倾向于过度利用它以致损害自主学习能力，长时间的依赖可能削弱学生解决问题的独立能力，阻碍个人发展。它产生的丰富和复杂内容可能增加学生的认知负担，过高的认知负担可能导致学生难以消化和理解信息，降低学习效率。随着人工智能普及，学生可能面临更高的学术标准和竞争，可能产生焦虑和紧张，从而影响学习和生活质量。频繁使用它可能导致学生现实生活中的社交技能削弱，过度依赖虚拟环境可能妨碍学生建立健康的人际关系。

（二）ChatGPT伦理风险之表征

在科技发展史上，人工智能在内的新技术以高效率、高精度、高智能增进社会福祉的同时，也引发了一系列的社会问题和伦理风险。ChatGPT的

"大数据+大算力+大算法"特性,使其矛盾性更为凸显。这些问题既有延续历次人工智能热潮带来的社会风险,也有具有新表征的后发风险。我们有必要前瞻性地对ChatGPT的伦理风险进行梳理,以提出具有针对性的解决办法。

1.人类主体地位受冲击

人类经过漫长历史岁月的打磨,逐渐从被动的、消极的存在一步步走到主动的、积极的存在,人类在实践、认识、再实践、再认识的过程中实现自然性与社会性的统一,创造辉煌文明的同时,也彰显出人类独一无二的主体地位。同活动对象的客体相反,主体是活动的承担者和执行者。人类的主体性关系到人类的生存与发展,因而备受各界人士关注。前三次的工业革命,机器依附于人,机器的归属权是人,人决定着机器如何行驶和运转。

到了高度智能化的人工智能时代,人与智能机器的关系变得更为复杂,人们在享受智能技术带来的便捷高效的同时,也在不知不觉中更加依赖甚至受其影响控制。ChatGPT的出现让人们能明显感受到客体化危机,在人们从前引以为傲、认为独属于人类的富有创造性、艺术性领域,也已经被ChatGPT染指。写作、写诗、编程、文案编辑,ChatGPT似乎无所不能。正因为如此,人们开始有意无意地更加依赖智能技术,以数据、算法为尊,习惯用数据作为判断事物的准则,从"以人为本"到以"数据为本"或以"算法为本"的过程,就是人的主体性被解构、削弱的过程。但需要注意的是危险的不是能力而是意识。以ChatGPT为起点,当有一天人工智能真的探究出人的智商情商奥秘,这些拥有人类行为概率算法的智能产品是否还会听命于人类,人类的伦理准则是否还会适用于它们,它们是否会极力争取自己法律意义上的主体地位,甚至创造出独属于人工智能世界的制度体系,而人类又会不会丧失主体权,陷入被统治的命运,这些思考与探讨不是杞人忧天。

2.隐私伦理与算法歧视

人工智能的发展离不开海量信息数据的投喂,智能化程度越高的人工智能越需要汲取大量个人信息作为支撑。人工智能机构为了训练出更出色的智能体,会用尽各种手段收集数据,这些手段可能是合法的,也可能是非法的,可能是公开的,也可能是隐蔽的。达到万亿级参数规模的GPT-4,在数据获取过程中,时常会因信息过度采集导致隐私侵犯等伦理问题。

隐私问题激发了更为基础的伦理问题的讨论，其实质是数据滥用和数据侵权的问题。[①]虽然ChatGPT称其数据来源于开源库，但不少作家认为它存在版权侵权问题，甚至部分作家采取了相应的法律手段。例如，美国作家保罗·特伦布莱和莫娜·阿瓦德因发现在ChatGPT中出现自己未授权的作品信息而对OpenAI公司发起诉讼。事实上，ChatGPT也无法保证得来的数据能够被合理利用，或受到充分保护而不被泄露。意大利在2023年3月因用户在ChatGPT对话信息和付款服务支付信息的泄露以及该技术触及违反数据采集规则等原因，宣布暂停ChatGPT的使用，成为首个对ChatGPT下达禁令的西方国家。此外，用户与ChatGPT交流中产生的互动信息会被采集，然后用来喂养、训练ChatGPT。如果其中涉及商业秘密、国家机密，造成的危害是难以估量的。

算法是人工智能的灵魂，这种说法具有抽象性，但也从侧面反映出算法对人工智能的极端重要性。所以，当以算法为手段的歧视行为出现时，不仅不能使算法发挥应有效用，还会影响公众对人工智能技术的信任值，加剧社会偏见风险，这一点在ChatGPT这种大型语言模型上表现得尤为明显。ChatGPT既可以发挥信息搜索功能，也可以在日常生活中作为一种陪伴角色而存在，它的深度学习特质使得在与人类交流过程中可以学习、储存对话内容。所以，一旦在预训练数据或接受投喂时吸收了针对性别、种族、年龄、性向等方面带有歧视性的语言后，就会引发算法歧视问题。例如，清华大学交叉信息研究院研究表明，GPT-2的模型会将诸如教师、医生此种职业大概率判定为男性。当ChatGPT评估某人是否可以成为科学家时只建议白人男性。因此，ChatGPT文本输出看似中立和客观，实则是算法与人类偏见共谋的产儿。此外，ChatGPT在学习和推理过程中往往是不透明的，人们并不知道它是如何获取数据、如何运作、又是如何得出结果的，即使是它的程序设计者也并非全然了解，这就导致了算法“黑箱”的出现，算法“黑箱”的存在使得算法歧视更加隐蔽，也更加难以预防。

3.教育伦理与学术道德风险

ChatGPT的技术特质决定了它在教育和学术界应用前景广阔，却也引发了风险和批判。

从教育领域来看，在线工具的可用性和易得性提高了学生的作弊率，

①谢洪明，陈亮，杨英楠．如何认识人工智能的伦理冲突？——研究回顾与展望[J]．外国经济与管理，2019，41(10)：109-124.

而ChatGPT的出现更是把作弊容易值拉满,成本也降至最低。布置学习任务与组织考试原意是巩固学习成果与检测学生学习情况。如果都使用ChatGPT的输出结果,老师将无法检验出学生真正掌握知识的情况,也无法根据学习成绩适时调整教学计划和教学方案,更不利于学生诚实性和独立性思维的养成。事实上,到目前为止,抄袭检测器还没有跟上ChatGPT等生成式人工智能的发展速度,甚至不够灵敏,经常犯错误,这就使得监管难度大幅提升,作弊成本无限降低。对于此,多国针对ChatGPT在教育界的部分使用区域发出了禁令。例如,2023年6月日本在指导草案中明确禁止学生在考试时使用生成式AI或将该技术用于论文写作、竞赛作品时作为原创作品而提交。其他国家,如法国、澳大利亚、英国、印度等也发布有类似规定,而对于学术界来说,似乎情况更加复杂。ChatGPT生成的论文内容看似言之凿凿,富有创造性,但实际是对自身训练数据的排列组合,无限消费已有知识素材。正因如此,美国语言学家诺姆·乔姆斯基在采访中表示ChatGPT本质上就是“高科技剽窃”。所以,当人们出于对ChatGPT强大智能的信任,对未标明出处、未获得提供者充分授权的文本内容加以使用时,容易在无意间触发学术不端。当人们通过鼠标点击就能轻松获得以往需要花费大量时间精力、体力成本才能获得的知识时,也意味着人类判断、分析、思考力的减弱,反复咀嚼既有文明成果又不利于人类创新能力的延续。

由于ChatGPT没有对训练数据进行正确性的考证,经常是对错均全盘吸收。所以,ChatGPT的“超能力”经常出现漏洞,一旦人们对错误或不完整的信息加以采用,容易导致不良后果。因此,多家学术期刊对ChatGPT下达禁令。例如,《科学》杂志发表评论文章,明确禁止ChatGPT列为著作者,称ChatGPT虽然有趣,但非作者。

4.侵扰意识形态防线

不是意识决定生活,而是生活决定意识。ChatGPT渗透进人们生活、工作中后,会给人类思想上带来深刻冲击。这种冲击会侵扰意识形态防线,而意识形态是关系到国家前途、民族命运的关键所在。社会动荡、政权不稳、人心涣散往往从意识形态的松懈开始。ChatGPT诞生于美国人工智能公司OpenAI,英语语料库是其主要训练数据来源,其他语言参数占比很小,这就导致ChatGPT必然包裹着西方意识形态和价值体系。在面向全球开放的过程中,它极易以实用工具的形式向全球使用者输送西方普世价值观，使用者在潜移默化的观念接收中受其影响，达成心灵契约，做出符合西方意志的价值选择。不仅如此，ChatGPT等生成式人工智能成为部分奉行霸权主义国家霍乱他国内政、渗透西方意识形态的锐利武器，一旦将通过ChatGPT“吸收”到的他国社会舆情、热点话题、公众心理等内容进行加工、扭曲、放大，进而发起舆论战，攻陷意识形态防线后，极易激化性别、种族、宗教等社会矛盾，从而引发政治斗争和政治冲突。在运用ChatGPT时，需警惕其成为美西方影响公众判断、价值观念，侵扰他国意识形态防线的工具。

（三）ChatGPT伦理规制之路径

目前，ChatGPT尚处于发展的初级阶段，但其带来的技术伦理风险就已初见端倪。鉴于ChatGPT发展速度之快、应用范围之广，长期来看，我们必须确保其在造成更大的现实风险时未雨绸缪、合理规划，积极探索有效的伦理规制路径。

1.坚持人本主义原则，守住技术发展底线

ChatGPT作为“人的手的创造物”，其初始目的是便民、增进人民福祉、让人们从机械繁重的重复性劳动中解脱出来，以便有更多的时间和自由发展自己享受生活，而不是背离人类创造它的初衷，任其发展。人的主体地位不动摇，这是对ChatGPT类智能技术发展的基本要求，人工智能归根结底是人的本质对象化，它不可能也不能够拥有与人同等的地位。[①]所以，一旦ChatGPT的发展出现威胁人类道德判断、平等价值、人格尊严的苗头时，应予以制止和纠偏，将技术发展的主动权掌握在人类自己手中，坚持技术问题就是人的问题，承担人类作为主体者应该承担的责任。如果把责任让渡给技术，会打开钻技术责任空子的窗口。此时，工具不再是单纯意义上的工具，很可能被利用成为伤害人的刀子，也成为人类让渡控制权的开始。

保证人类主体地位最好的方式就是提前设置一条发展红线，一条不可逾越或谨慎逾越的界限。ChatGPT不是利用自然服务人类，而是通过破解人脑的秘密服务人类，此时的人类不是目的而是手段，这是它区别于历史上其他技术的根本所在，也是它被人类所忌惮的真正原因。因此，智商领域这条红线应牢固坚守，即将人工智能技术研发的最后边界严格地限定在

①周玄，赵建超. 人工智能的伦理困境与正向规约[J]. 江西社会科学，2022，42(10)：37-43.

人的生物大脑的智商领域，禁止窥视人的情商机制和心商秘密。此外，还要在法律与道德层面明确人的主体权利，合理规划ChatGPT的应用场景和服务范围，平衡各方利益，构建多元主体参与的同时，传播正确的人本主义价值取向，防止技术理性的越位，促进ChatGPT健康、稳定发展。

2.实现群己共律，加强算法伦理设计与监管

ChatGPT对个人信息的侵害，总是以悄然形式发生在我们身边，隐蔽且形式多样的特点决定了保护隐私要从多方入手，实现群己共律。一是法律是保护个人信息最坚强的手段，应整合相关法律体系，通过立法明确各主体间责任，规定数据的取得要以合法、合规为前提。二是隐私问题的实质是数据滥用和数据侵权的问题。因此，必须要有明确的行业公约和行业禁区，形成自我警示、自我净化、自我完善机制，推动ChatGPT健康、和谐发展。三是个人也应意识到数据权利的重要性，提高隐私保护意识，在与ChatGPT类生成式人工智能对话时不要对个人隐私及机密信息的泄露扩散存在侥幸心理。

人工智能的发展迫切需要在设计之初嵌入伦理规范与道德规则。ChatGPT也不例外，ChatGPT需要具备人类的伦理道德体系，并在此基础上具备训练数据的筛查过滤功能。设计者需要为产品设置信息过滤机制，让ChatGPT学会对用户输入信息的识别筛查，过滤掉敏感、隐私、偏见、歧视等不良信息，再进行算法的学习。不仅如此，由于数据正义是算法正义的前提，所以对于得来的数据必须记录保有采集范围、采集数量、来源所在等重要信息，确保数据审查常态化，并尽可能地实现数据采集的全面化、均衡化，以避免由于数据偏颇、数据无效造成算法歧视的事件发生。

3.坚持科技伦理教育，实现监管与引导并行

ChatGPT的诞生进一步推动了有关教育改革本质的育人问题，即如何培养创新型教育人才。应试型教育不利于学生创造力和思辨力的发展，也更易被ChatGPT钻空子，成为作弊利器。因此，应着重培养学生的创新意识、批判精神和发散思维，形成更加注重学生个性化发展的教育平台。不仅如此，在课堂中应注入科技伦理教育，利用案例、视频、课堂互动等方式，明确合理合规使用ChatGPT和蓄意作弊的区别，鼓励学生形成科技为辅、自“思”为主的良好学习品质，帮助学生树立和养成正确使用ChatGPT等生成式人工智能的意识和习惯，知晓一旦触及技术作弊问题所要承担的后果，为教育领域稳固发展创造优异环境。

对于学术不端风险问题，学者有责任在公开的学术成果中公布ChatGPT等生成式人工智能在研究中的参与情况。例如，Nature在作者指南添加了有关研究人员需要在方法或致谢部分披露他们对大型语言模型的使用原则。这在一定程度上可以起到正向的引导作用。但也不能完全依赖学者的自觉性和主动性，一旦发现因使用ChatGPT等生成式人工智能涉嫌学术不端时，应采取相应的问责机制，并实行终身追责制；同时，基于目前市面上类似GPTZero等作弊检测器都存在误判漏判的问题，应抓紧针对学术不端检测技术的研发和升级，尽早使精准、高效的反算法鉴定器成为保证学术纯净的锐利武器。

4.补齐生成式AI领域短板，走独立自主技术之路

虽然近些年我国人工智能方面无论是论文发表量还是专利申请量均名列世界前茅，但由于人工智能生态系统尚不健全、学术研究落地困难、硬软件欠缺等原因，总体来看，我国人工智能短板还是非常明显的，尤其是生成式人工智能领域与世界高水平国家相比仍存在一定差距。因此，我国迫切需要探索出摆脱受制于人、独立自主的技术发展之路。但必须正视的是，从GPT发展历程来看，生成式人工智能的崛起必不是依靠个人或个别企业就能实现的，而是需要长期的资金投入、完善的制度响应、配套的基础设施，并依靠新型举国体制的顶层设计才能实现的。在这个过程中，如果只把目光放到当下大火的ChatGPT本身，去过分强调对标ChatGPT。那么，在现在训练算法和训练架构升级如此之快的情况下，非常容易造成企业的技术依赖，导致我国生成式人工智能的发展始终屈居人后，无法做到技术上真正的赶超。因此，不宜瞄准特定的技术路径或对标产品，而应该立足于鼓励不同技术路线和产品的竞争。

5.充分利用数据隐私技术

为更好地在这个多变的数字领域保护数据安全和个人隐私，采用一系列先进和创新的技术策略。在数据加密方面，采用多种复杂的对称和非对称加密算法，如TLS、AES和RSA，确保数据在传输和存储过程中的安全性和完整性。借助差分隐私技术，在保护个人隐私的同时，通过添加精确的随机噪声来确保数据分析的准确性和可靠性。此外，实施严格和精细的访问控制策略，如基于角色和属性的访问控制技术（RBAC和ABAC），更加明确和精确地规定谁可以访问哪些特定数据。同时，安全多方计算（SMC）作为一种新兴技术，在保护数据隐私的同时，为实现跨机构的数据共享和合

作分析提供可能，但也认识到仅依靠技术手段是不够的。为全面保护教育数据，还需制定和执行一套完备的法律和政策体系，确保教育数据在各个层面都得到充分和周密的保护，在这个基础上，构建一个既安全可靠又充满创新活力的教育数据生态系统。

6.有效实现技术教育协同

教育者不仅是教学的掌舵者，也是技术应用的引领者。在使用ChatGPT等工具来协同教学时，他们应有足够的敏锐性去洞察学生的真实需求，并结合现代化技术进行个性化教学设计，从而确保教学过程的质量与效果。而AI技术供应商在此合作关系中，需要更为关注和响应教育者的实际需求，持续研发与优化其产品，以保证其在教育应用场景中的稳定性与适配性，这不仅是技术问题，更是深度沟通和理解的过程。教育者应当主动与技术供应商建立一个持续的反馈交流机制，分享实际应用中的经验与挑战，为技术进步提供实战数据支持。另外，教育者在其职业发展中，也应不断地加深对AI技术的认识与熟悉度，通过系统性培训确保自身在教育实践中能够完美地融合并释放技术的全部潜力。

7.高度关注学生心理负荷

整合ChatGPT与其他尖端AI技术应用于教育领域的时代背景下，深入解析和对应学生的心智特性以及妥善管理其认知负担显得至关重要。从宏观到微观的教学策略应细化到个性化层次，这不仅是教学方法的调整，也是根据学生的具体学习轨迹、潜在兴趣和独特能力进行教育内容和方式的深度定制，其核心目的是确保学生在一个合适的心理张力与认知承载界限内进行学习，从而保证学习效率与效果。教育者在为学生提供先进的学习工具时，更重要的是教育他们如何合理地利用这些工具，并在这一过程中培养其独立的思考和问题解决能力，这样可以确保学生在依赖先进技术的同时，不失去自主学习的动力和方向。学生的心理健康和情感平衡应被视为核心，教育者应持续对学生的心理状态进行敏感性监测，及时识别并干预可能出现的心理困境，并为其创造一个充满支持和理解的学习氛围。在此基础上，社会情感学习应当得到更深入的探索和实践，以促进学生的情感成长和心理稳定。

此外，还需要加大基础设施建设和持续性的资金投入，鼓励、支持研发机构对芯片、量子计算等容易被他国卡脖子技术的开发，创造出本土的训练算法和架构，并且需要不断扩充人才队伍，尽可能减少相关人才流失。

在ChatGPT核心研发团队中，华人人数超过1/10，像英伟达和AMD这样知名的芯片企业也不乏华人。我们要做的是在实现基础教育到高等教育一体化培养，形成科学的人才培养体系的基础上，给予创新型人才足够的物质支持和自由探索空间，最终达到既能生产人才、又能留住人才，且富有创造力的目的。

（四）应对策略与发展建议

随着人工智能技术的深入应用，需要警惕学习者是否会对其形成过度依赖，甚至达到异化的程度，这将导致教育目标偏离初衷，人们的身心发展出现偏离的趋势。虽然目前在国内人们尚无法断定ChatGPT快速普及一定会带来严重的滥用问题，但近几个月，在全球范围内显示出一些潜在的问题，值得提前预防和重点关注。

1.加强思想认识，转变传统教育观念

人工智能时代，教育理念的转变和智能工具的应用将共同驱动育人方式加速创新。单一的人类主体转变为复合的人机主体，人机协作成为社会发展的新常态，要正视机遇，加强思想认识，坚定立德树人根本目标，更好地发挥ChatGPT在理解用户需求、生成文本内容、培养批判性思维、发展创新能力等方面的积极作用。必须重视现代技术的复合性、交叉性和迭代性，如今，人工智能技术的快速普及加大了全球国家和地区之间的发展差距，并塑造了产业转型进程。人工智能技术的应用对国家的生产方式、信息安全和劳动力结构等方面产生深远影响，这些影响不仅改变了教育的方式，还超越了传统教育的范畴。现代科技的发展不仅关乎技术本身，还深刻影响着国家的经济竞争力和社会结构，引领着教育领域的变革与发展。人们应该认识到在现代科技的影响下，教育事业和人工智能之间的关系远比表面上看起来的更加紧密。ChatGPT的迅猛发展势头将给教育界带来巨大变化，并推动教育模式向更个性化和适应性更强的方向发展。对于教育从业者来说，需要积极适应这种变化，探索新的教学方式和角色定位，以更好地引导学生的学习和发展。只有这样，才能充分发挥ChatGPT等人工智能技术的潜力，推动教育领域的创新和进步。

2.加快自研进程，实现智能技术自主

根据国务院发布的《新一代人工智能发展规划》，人工智能已被确定为我国重点发展的新兴产业，在未来教育实践场景中被赋予了重要意义。如今，必须面对的现实是，尽管我国是一个数据大国，具备开发人工智能等新技术的数据优势，但想短期内在预训练模型中使用中国数据研制出高效的本土化ChatGPT产品，还需要在核心技术、产品创新和知识产权等方面取得突破。

为了确保智能技术在教育领域的自主可控性，需要采取一些有效的措施。一是要利用集中力量办大事的国家体制优势，提前规划新一代人工智能相关科技项目，特别是在未来教育领域的应用方面进行前瞻性布局。通过加强科研攻关，自主研发人工智能核心技术，提升算法研究技术水平，突破关键领域的瓶颈。二是要深入分析ChatGPT等人工智能产品在教育创新中的实际效果。开展以问题为导向、注重实际应用的人工智能教育实证研究，全面推动人工智能教育相关学科的发展，形成明显的国家技术优势。致力于在全球新一轮竞争中取得领先地位，确保我国在人工智能教育领域的核心地位和主导力量。通过以上措施，可以有效地确保智能技术的自主可控性，推动人工智能在教育等领域的发展，并使我国在国际竞争中处于领先地位。

3.修订法律法规，筑牢数字安全防线

为了更好地保护数字资源和隐私安全，在全球范围内，许多国家已经制定并颁布了相关的法律法规。我国现有的《个人信息保护法》《网络安全法》《数据安全法》等，也需要跟随人工智能技术的发展而不断完善。同时，相关政府职能部门还需要进一步健全数字资源管理责任体系，落实数字资源应用规范和数字技术安全措施等，严格评估智能技术产品在数据收集、处理、存储和传输等方面可能存在的风险，确保智能技术应用的安全性和稳定性。此外，用户教育和意识增强也至关重要，通过加强对公众的宣传和教育，增强用户对数字资源和隐私安全的意识，让他们能够更好地保护自己的个人信息和数据安全。

在人工智能时代，有效维护数字教育市场的秩序，需要政府、企业、教育和公众的共同参与，以形成全面而有效的信息安全保护体系。因此，有必要在中国教育市场应用ChatGPT和类似产品之前对其进行资质核定，建立政府监管、企业自治、行业自律和社会监督相结合的数字教育市场新格局，确保各类人工智能能够依法有序进入中国市场。各级政府部门也需要有针对性地开展法治宣传，切实保障数据安全、保护个人隐私和维护用户权益。

第二节　ChatGPT在教育领域的应用

一、教育如何应对人工智能技术的介入

ChatGPT在未来能否有效融入教育教学，是一个需要不断实践与探索的持续过程。人类进入教育数字化时代，顺应数字化时代的变革是教育不断发展前进中不可改变的。2021年，在国际人工智能与教育会议上，教育部部长怀进鹏提到各国要识变应变、顺势而为，树立科技创新促进智能时代教育发展的理念，充分利用科技赋能教育，加速推进人工智能与教育深度融合。面对ChatGPT类人工智能技术介入教育生态环境后存在的风险问题，教育研究者必须重视，针对潜在危机提前采取措施进行积极干预，确保教育生态环境良好。

（一）重审技术本质，明确教育地位

技术介入教育后，教师首先要辨析技术和教育的地位，技术融入教育最终的目的是促进教育变革，为教育服务。因此，从技术与教育的本质角色定位来看，教育一直处于主导地位，技术只是教育过程中使用的工具，用于辅助教育教学。技术是把双刃剑，以ChatGPT产品为代表的新一代人工智能技术使用者，都不可避免地会成为技术推广应用的参与者。作为教育研究者，应该以积极态度拥抱ChatGPT的到来，乐观主动地接纳人工智能技术对于个性化学习发展的推动、对于教学变革创新的促进等作用。ChatGPT等人工智能产品是由人开发的，其本质是人类改造社会的产物。教育工作者在审视教育中技术的角色后，应该客观认识到正确使用、驾驭ChatGPT也是一项基本能力。在数字化教育时代，教师应该具备一定的数字素养。面对技术对教育的冲击，教师首先要有正确的技术观，结合自身教学场景，能够清楚辨别哪些环节使用技术可以优化教学，不能为了使用技术而用技术；其次，提高自身技术胜任力。既然在未来教育中人工智能产品不可避免地会介入教学，那么教师需要对该产品的技术原理、应用场景等进行深入探究，这样才可以引导学生更好地使用技术。但是，技术的发展又充满变数，要具备新时代的技术胜任力，还需要教师不断学习和探索，在技术的基础上重新思考教育。

(二)回归育人使命,关注学生情感

人工智能时代,教师的角色不再侧重于仅仅完成知识的传授,因为这一项功能,可以利用技术来实现。以ChatGPT为代表的人工智能技术的特点就是以数据为准、关系数据的运算,缺少人与人之间的感受性。新时代的教育使命更多需要关注的是教师如何完成育人的使命,而技术没有情感、缺乏温度和人文关怀。在教师明晰技术的本质后,应该积极回归到教书育人的本位,承担教书育人的双重使命。情感是人区别于其他非生命个体的重要标志,教师要把更多精力放在如何利用技术来实现与学生的沟通交流、对学生的仁爱与关怀上,利用交互对话实现情感碰撞,引导学生树立正确的价值观,落实立德树人的教学任务。教育的本质是一个主体唤醒另外一个主体,在育人方面更重要的是培养学生学习的能力。引导学生接触新技术、新工具,能够驾驭技术为自身学习服务。近几年,由于MOOC等大量网上学习资源的泛滥,教师只需不断引导学生获取以及使用线上学习资源即可。但是,受人工智能技术冲击,教师需要在日常教学中融合ChatGPT等技术,学生如何利用技术来学习也是需要关注的。因此,如何正确、有效地使用技术也成为一种能力。教育永远是一个以人为核心的生态系统,无论将来技术如何更新变动,教师教书育人的使命永远不会发生改变。面对ChatGPT等为代表的技术介入,教师需要坚守利用技术服务教学、服务育人的信念,有效地利用技术促进学生全面发展。

(三)变革评价方式,注重过程评价

人们常常把学生利用ChatGPT类人工智能技术完成作业的过程称为学生借助外脑来完成作业的过程。国际文凭组织在官网上说明人工智能技术将成为我们生活的一部分,就像翻译软件和计算器等,所以人们需要改变我们的教育计划和教育评价方式,以便学生能够有效使用这些人工智能软件。ChatGPT介入教育不可避免,为了防止学生过分依赖外脑来完成学习任务,教育实践者需要针对学生评价方式进行思考。可以从过程性评价入手,要求学生提交作业的同时提交思考提纲或者思考过程资料,并且对于一些难度较大的任务,要提交体现其迭代完成的过程性资料。此外,可以开展一些小组协助学习任务,要求学生在不同阶段保留不同的版本资料。同时,可以在完成相关任务中涉及一些特定引用的资源或者特定题目要求,将问题解决限定在预定范围内,降低ChatGPT完成任务的准确度,提

高学生学习评价的精确度。一些课程以论文形式作为评价材料,要求学生提交论文相关数据资料的来源,确保数据的可靠性和正确性。对于一些引用的内容或观点要规范标注,保证数据来源的权威性。此外,需要提交论文修改的草稿以及相关修改意见,将论文完成过程中的相关工作纳入评价指标中。

(四)完善数字伦理政策法规,提倡AI治理AI

人们不能神化ChatGPT,在驾驭技术的同时应该重视人工智能类产品带来的风险问题。任何人工智能技术应用于教育,并不意味技术层面可以实现的都是伦理层面允许的。人类原有的伦理观念会影响技术的推广,所以制定相关法律监督体系、完善数字伦理制度、构建人工智能伦理框架后,才有可能保证技术更好地被应用推广。ChatGPT作为新技术,在应用过程中可能会出现新问题,不论是教育领域还是整个网络环境,都需要制定出台关于人工智能管理的法律法规,有效规避使用过程存在的法律风险。国内政府和行业内企业可以牵头制定ChatGPT使用手册,引导使用者合理使用技术。同时,在使用过程中,可以让企业介入学校,不定期提供技术培训和指导,便于教师和学生充分了解如何使用新技术。相关科研院校也可以加强在人工智能领域的相关研究,加大这方面师资力量的培养力度。此外,教师、学生、管理者任何一方在使用新技术的同时,都应该做好监督工作,厘清各部门主体责任,坚守数字伦理的相关规定,构建多方协同的监督体系,并对出现的问题进行积极快速的解决。技术本身并无好坏、善恶,关键在于技术的使用者。面对新技术,除了制定相关的法律制度进行约束,还可以思考采用AI治理AI。人工智能技术的核心在于算法,任何算法的发展与完善都是需要不断迭代升级的。人们可以在使用技术前,利用AI技术进行监测工作,将以技术制约技术、以算法监督算法的思想贯穿人工智能产业链,以便技术辅助监测管理功能的实现。

二、ChatGPT赋能教育创新

(一)可以成为教学辅助工具,减轻教师的工作负担

ChatGPT能够作为一种综合性的教学辅助工具,在课程设计、课堂教学、学习评价以及其他事务性工作中,特别是在提供工作思路、组织教学资料等方面,具有很大的作用。例如,ChatGPT能够帮助教师快速地进行教学计划和课程计划的编写。又如,在一堂中学的科学课上,当教师下达

指示，请以植物的光合作用为题目来设计一门课程后，ChatGPT就会立刻提供课程目标、内容安排、教学步骤等。在此基础上，教师可以进一步提问，将课程对象限定为初中一年级，并强调初中学生逻辑思维发展迅速、求知欲强，应设置有动手实操和案例分析的教学环节。这样，ChatGPT就会相应增加“绿叶合成淀粉检验”“绿色植物生成氧气”等实验设计和讨论环节。此外，ChatGPT还能辅助教师生成各级问题清单，展示课程案例图片或视频，创建虚拟讨论群，编写学习评估试题，生成学生评估报告。有研究人员选取了一段中文文本，并让ChatGPT编制10个题目来检测学生对文本的了解程度，而这10个题目中有6个是可用的。

（二）可以解答专业学术问题，加快科研创新进度

与传统搜索引擎或知识库相比，ChatGPT更具智能化和针对性。它可以根据用户提出的专业学术问题，从海量数据中抽取相关信息，并进行有机整合，生成有条理、有逻辑的回答。同时，ChatGPT还可以根据用户的实际需求，提供个性化的建议和方案，大大提高研究的针对性和有效性。ChatGPT的强大之处不仅在于它能够快速回答用户的问题，而且在于它能够理解用户的意图并生成相应的代码或模型。这对于科研人员来说非常有价值，因为他们可以借助ChatGPT的能力快速构建算法、设计实验方案，甚至进行数据分析等等，从而大大缩短研究周期，提高研究效率和质量，加快科研创新进度。此外，ChatGPT还能够进行对专业学术问题的修改、校对等操作。

（三）可以搭建自主学习平台，实现教育私人定制

ChatGPT所拥有的庞大的数据库及其自治应用程序，能够为学生提供个性化的教学服务。在此基础上，学生就有了自主选择学习内容和方式的能力。在这种情景下，数据信息可以按照学生的学习兴趣、学习风格、学习表现和进展，来实现学生学习过程的自适应。例如，能够基于学生的兴趣，发掘和建议阅读材料，为学生创建个人的电子图书馆；能够帮助学生制订生活和学习规划，如当学生向ChatGPT咨询如何做一个称职的软件测试员，ChatGPT提出编程语言、测试方法学、数据库和SQL、沟通技巧和团队协作等技能学习方面的意见，以及跟踪最新技术、了解软件开发生命周期、寻找参与高水平项目的机会等职业发展方面的意见，为学生的职业发展规划提供具体的指导。

（四）可以重构学校教育结构，使学校走向未来学习中心

人工智能的引入为教育带来多种变化，使学校走向未来学习中心（或者说被未来学习中心取代）。一是角色关系变革。学生、教师和家长等有学习需求的人都将成为学习者。所有人都可以担任教师，学生、教师、家长都可以成为教育管理者和学习伙伴。二是学校的课程内容将更加丰富，但课程体系将更加系统简单。它主要包括基础的生命教育课程，主干性的智识教育、道德教育和艺术教育课程，以及解决个性化问题的特色课程。三是学习方式变革。混龄学习、游戏学习等将成为主流。学生需要掌握新型智能技术，不断提升自我管理与合作学习的能力，并在学习中突破自我，创造新知识。四是学习评价变化。未来学习中心将根据学生的发展需求和现实进步空间制订个性化评价标准，学习成果的认证和存档将全部交由终身制的学分银行处理。

三、ChatGPT在教育教学中的可持续应用

ChatGPT将会颠覆人类获取知识的途径和方法，给人类带来知识再创造的新范式。有研究发现，开放社区公众对“ChatGPT+”教育的关注主题呈多元化的特点，态度呈分化趋势，且在教师的教学方式、教育应用的伦理风险、学生的学习管理和评估、未来教育的发展方向等方面呈观点多极化特征[①]。面对发展势如破竹的ChatGPT类生成式人工智能技术，未来人才培养的理念与范式应如何突破传统单向知识传授型的教学藩篱？

（一）引导生成式人工智能技术的规范使用

根据开放社区公众对“ChatGPT+”教育的关注主题及态度可知，公众在使用ChatGPT辅助学习的过程中存在利用ChatGPT代写作业、抄袭或作弊等学术不端行为。出现这种现象的原因包括缺乏正确的学术道德和价值观，对于新技术的使用缺乏正确引导；缺乏足够的学术能力与信心，对完成学术写作任务充满畏惧；追名逐利的思想比较严重，缺乏对科学研究的耐心和激情。

为了解决上述问题，教育部门有必要加强公众对ChatGPT这类生成式人工智能技术的规范使用，提高公众的科技素养和道德意识。

学校等教育机构等应加强对公众的科技素养和学术道德教育，使其具

①田浩然，赵之灿．中国省域高等教育资源集聚布局的创新效应研究[J]．重庆高教研究，2024，12(01)：32-45.

备良好的信息意识与智能社会责任感,避免利用技术进行不正当行为。一方面,需要加强信息意识培养。学校等机构应该提供培训和指导,帮助公众了解信息的来源和评价方法,使他们能够辨别信息的真伪,不轻信未经证实的信息。另一方面,教师等教育工作者应该具备良好的科技素养和学术道德,为学生树立榜样。他们应该接受专门的培训,以便能够在教学中融入科技素养和学术道德教育。

教育管理部门可以加强对科学研究的社会价值宣传和教育,以鼓励公众更多地关注科学和研究,而不仅仅是个人利益。例如,制定科学教育政策,确保科学教育在学校教育中得到充分重视。政策可以包括对科学课程的设置、科学实验室的配备和科学教师的培训等方面的规定,以提高学生的科学素养和对科学研究的兴趣。教育管理部门还可以与媒体合作,加强对科学研究的宣传和教育。如通过电视、广播、报纸和网络等渠道,向公众传播科学的价值和意义,并鼓励他们关注科学研究。

(二)强化对各方创新能力的培养

根据开放社区公众对"ChatGPT+"教育的关注主题可知,过度依赖技术给学生的思考和判断能力带来了负面影响。造成这种现象的原因包括:学生为了迅速获取和处理信息而依赖技术工具,容易忽略对自身思考能力的培养;当前学校的作业以及考试可以依靠工具完成作答,从而易使学生养成依赖的习惯。解决上述问题,我们可以考虑从以下几个方面入手:

一是培养学生基于人机协同的高阶思维、问题解决、创新等能力。学校可以组织创新类比赛和科技展览,提供平台和资源,鼓励学生自主设计和实践科技项目,培养学生的创新能力。

二是转变教师传统的教学观念。从"知识传授"向"智慧育人"转变,需要教师关注学生的全面发展,注重培养学生的创新能力和思维品质。同时,教师需要注重自身角色的转变,成为学生的指导者和合作者,帮助学生解决实际问题,培养学生的创新精神和创造力。此外,教师还要注重培养学生的信息素养和智能化素养。学生需要掌握智能化技术的基本知识和技能,能够运用智能化技术进行自主学习和创新实践。

三是构建家校协同育人生态。学校可定期举行家长讲座,介绍创新教育的理念和方法,让家长了解如何帮助孩子培养创新能力和独立思考能力。

（三）推进生成式人工智能和教育教学的深度融合

根据开放社区公众对“ChatGPT+”教育的关注要点可知，ChatGPT、机器学习等人工智能技术正在改变传统的教学模式和学习方式。如何将其与教育教学进行融合，以更好地在学校教育中落地？当前，人工智能技术与教育的融合仍处于起步阶段，还存在众多的不足之处，如“数字鸿沟”让部分地区的学生依旧无法接触到人工智能教育，使教师无法针对每个学生进行个性化教学。基于此，推进生成式人工智能和教育教学的深度融合具有现实意义。在实践中，我们可采用如下策略：

一是在基础教育阶段普及人工智能课程，以培养学生熟练运用相关工具与技术的能力。首先，基础教育要构建基于人工智能的教育平台。这种平台可以根据学生的学习数据提供针对性的教学资源和建议。其次，在推进生成式人工智能和教育教学深度融合的过程中，学校要关注学生的全面发展，确保人工智能技术的应用不仅要提升学生的技术能力，而且要促进他们创新思维、社会责任感等方面的发展。

二是在基础研究中深入探究人工智能的基本原理和算法，研究人工智能与教育教学的内在联系，以及人工智能在教育教学中的应用方法和应用场景。同时，还要对人工智能教育中的关键技术进行研究，如对自然语言处理、机器学习、计算机视觉等进行研究，以提高人工智能在教育教学中的智能化程度和普适性。此外，在应用研究方面，要结合真实的教育情境，对各主体要素进行深入研究。例如，教师和学生需要了解如何利用人工智能技术提高教育教学效果和学习体验；教育管理者需要了解如何规划和管理人工智能教育，提高教育教学效率和质量；政策制定者需要了解如何制定相关政策和规范，促进人工智能教育的健康发展。

三是在教育教学中不仅要关注到人工智能教育的教学，而且要将所学的知识应用于实践。学校和企业应该建设人工智能技术实验室，为学生提供实践和创新的平台，推动人工智能与教育教学的深度融合。深入推动人工智能在教育教学中的应用需要政府、学校、企业和社会各界的共同努力。

（四）建立健全新技术伦理治理体系

根据开放社区公众对“ChatGPT+”教育的认识以及态度可知，虽然ChatGPT在教育领域具备潜力，但也不断显现出风险隐患，包括偏见歧视、算法滥用等问题。此外，ChatGPT可以收集学生的个人数据，如果这些数据被用于身份识别、人格分析等方面，将会侵犯学生的权益。因此，我们需要认识到新技术带来的风险，并采取相应的措施和管理手段，以确保公众的权益得到保护。

当前，我国在制定互联网、大数据和人工智能发展战略时，也极其重视伦理和隐私问题的研判与应对。2023年4月，国家互联网信息办公室发布《生成式人工智能服务管理办法（征求意见稿）》，公开征求意见。尽管已存在许多法律法规来防范已暴露的安全隐患，但是人工智能技术的发展速度超乎我们想象，依然需要我们保持高度谨慎的态度去面对，同时继续建立完善的人工智能技术监管体系。首先，政府可以制定更为详尽、全面的法律法规，明确人工智能技术在研发、应用、传播等方面的界限，并就技术所涉及的隐私、安全等问题进行规范和保障。这包括增加对违反规定者的惩罚力度，以及对相关技术的使用进行严格监管等。此外，政府还可以通过设立专门机构或组织的方式，负责监督和管理人工智能技术的发展和应用，确保其符合法律和社会伦理的要求。这些措施将有助于促进人工智能技术的健康发展，并为人类社会的进步和发展提供有力支持。其次，数据隐私保护是重中之重，我们要规定数据处理的合法性，要求数据处理者采取必要的安全措施，确保数据不被滥用或泄漏。最后，我们要建立监管和执法机制，确保法律法规的有效实施。总之，人工智能技术的安全和伦理问题是一个需要长期关注的问题，需要政府、企业、社会各界共同努力，不断完善相关的法律法规和伦理规范。

四、ChatGPT促进下教育的未来

ChatGPT的强大功能表明，传统的机械性教育在很大程度上是不符合人工智能时代的要求的，未来的教育应该注重培养学生的创造性思维与创新能力，未来社会的发展需要富有创造力的人才来引领。

（一）教师重视原理推导过程的传授

在传统的学校教育中，教师传授知识时很少向学生讲授原理的推导过程，只要求学生熟记公式，并在题目中熟练运用，例如，大部分学生都知道勾股定理是指直角三角形的两条直角边的平方和等于斜边的平方，但几乎没有人知道勾股定理是由谁发现的，又是怎么得来的，因为数学考试不会考这些方法论，学生只需记住公式再算出标准答案即可。

然而,在人工智能时代,人类大脑在背公式和刷题等方面的能力可能会越来越比不上机器。面对这种情况,我们更应该积极响应众多教育者的号召,注重教授学生掌握原理背后的方法论,而不是要求学生一味地刷题、背公式。要让学生了解前人是用何种方法、在何种条件下获得这些重大发明以造福人类的。学生要学会这种方法论的推导过程,进而探索、推导出更多新的原理或者世界运行的规律,并最终创造出更高级、更先进的技术造福人类。未来教育的评价可能将不再考查成绩的高低,而是考查发明创造的多少,学校教育应当注重培养创造性人才。

(二)家长注重孩子人性的培养与天性的释放

面对ChatGPT这类科技的迅猛发展,父母也应该重新审视自己培养孩子的方式方法,不仅仅监督孩子刷题训练,还应该注重培养孩子的人性,释放孩子的天性。

首先,父母应该注重提高孩子的情商。孩子需要学会与同龄人相处,不要害怕与人交往;让孩子学会在失败和挫折中成长和进步,培养分享、合作和同理心,学会感受和理解别人的快乐和痛苦。其次,家长应该注重培养孩子的意志品质。让孩子多参与体育活动,锻炼身体的同时也可以磨炼意志。最后,家长应该帮助孩子发展广泛的兴趣爱好。让孩子在学校之外拓宽自己的视野,接触不同领域的知识和技能,促进孩子的思维发展和创造力的提高。通过多样化的体验和尝试,孩子可以发现自己的潜力和兴趣所在,更好地迎接自己的未来。

(三)鼓励教育与人工智能工具互促共进

我们应该重新审视人工智能、计算机,以及算法等科技。在应用人工智能之前,我们应该清楚地了解它的优点和缺点,以及它可以为我们提供的帮助和支持。我们应该学会如何使用人工智能工具,以便最大限度地发挥它们的潜力。同时,我们也需要了解它们的局限性,以便在使用它们时做出明智的决策。此外,应该确保人工智能的开发和应用符合道德和法律标准。保护用户的隐私和安全;开发透明和公正的算法,并确保它们不会产生不平等或歧视性结果。最后,我们应该把人工智能视为一种帮助我们解决问题和提高效率的工具,而不是一种替代人类的工具。我们需要认识到,人类的创造力、想象力和判断力是无法被人工智能所取代的。因此,我们应该将人工智能作为一种补充,来帮助我们更好地完成工作和生活中的任务。

(四)"数字"作桨,奋楫前行

党的二十大报告提出:"推进教育数字化,建设全民终身学习的学习型社会、学习型大国。"教育部印发《学习型社会建设重点任务》,强调实施学习型社会建设和国家教育数字化战略工程,将教育数字化比作推进学习型社会建设的倍增器。在当今数字化时代,必须转变教育观念,正视人工智能发展,合理运用数字化技术,提高数字素养和信息素养。不断增强数据收集、处理、分析、解释的能力,提升有效搜索和评估信息的能力,培养批判性思维和信息筛选能力,以适应数字化时代教育信息化的学习和发展。

(五)资源助力,夯实基础

教育行政部门和学校应高度重视,提供必要的培训资源支持,包括教材、教具、技术设备、专家指导等,确保教师能够获得必要的知识和技能。首先,需要建立大规模的教师培训语料库,为ChatGPT的训练提供充足的数据支持;其次,在技术上给予倾斜,设计专门的教学场景,研发针对教师培训的ChatGPT模型,开拓适应教师需求的在线学习资源、个性化辅导工具和反馈支持系统;最后,还需要建立完善的教师培训平台,开发ChatGPT在线上教育平台和虚拟学习环境中的应用,为教师提供在线学习和交流的场所,更好地满足教师培训的需求。

(六)课程优化,有机融合

在课程设计方面,需要加强教师的技术知识培养,并将技术与教学知识有机融合。在课程设计中加入更多与技术整合相关的内容,例如数字教学工具的应用、在线协作平台的使用等。提供与现实教学需求紧密相关的培训内容,帮助教师了解并掌握如何将ChatGPT等人工智能技术融入课堂实践中。包括但不限于明确课程中引入ChatGPT等AI工具的学习目标,与现有课程目标相结合,确保教学内容的连贯性和一致性;提供关于ChatGPT等AI工具的基本原理和背后的算法、模型以及训练过程的知识,帮助学生理解其工作方式和潜在局限性;讨论ChatGPT等工具的伦理、道德、隐私、偏见等问题,培养学生对ChatGPT等工具的合理使用和伦理责任的意识等内容。

(七)方法先行,探究实践

强化教师培训中的实践环节,灵活运用创造性和探究性学习、项目式学习、协作学习、个性化学习等教学方法,确保教师全面掌握ChatGPT等AI工具并将其应用于教学实践。例如,鼓励学生通过使用ChatGPT进行探究、实验和创造性思考,并激励他们提出问题、开展研究和提出创新解决方案,引导学生发现AI工具的潜力;促进学生之间的交流协作,鼓励他们在小组项目中分享使用经验和看法,共同利用ChatGPT等AI工具进行学习和问题解决;利用ChatGPT等AI工具提供个性化学习支持,根据学生的学习需求和兴趣提供个性化的学习资源、辅导和反馈。

(八)完善评价,持续关注

建立评估体系是确保ChatGPT在基础教育教师培训中发挥有效作用的关键。评价反馈体系涵盖技术素养评估、专业发展需求调查、教育者培训课程评估等具体内容。技术素养评估对象为教育工作者的技术素养和数字能力,即使用ChatGPT等AI工具的熟练程度,可以通过问卷调查、观察或实际任务完成情况来评估;专业发展需求指通过问卷或访谈形式,考察教育工作者对ChatGPT等AI工具的认知、兴趣和需求,以及他们希望获得哪些培训和支持;教育者培训课程评估主要内容为评估当前可用的教育者培训课程,了解其是否涵盖了与ChatGPT等AI工具相关的内容,并考虑课程的质量、实用性和适应性。通过评价反馈体系持续关注ChatGPT等AI工具在教育中的实际效果,帮助教育工作者更好地了解其优势和不足之处,从而更好地应用于教育教学之中。

通过智能推荐培训内容、实现个性化教学指导、评估教师的教学水平等方式,ChatGPT技术可以帮助教师更好地获取所需的知识和技能,提高学习效果和教学水平。未来,随着人工智能技术的不断发展,ChatGPT在基础教育教师培训中的应用将会越来越广泛。

参考文献

[1]包昊罡，王轶晰.ChatGPT背景下的基础教育数字资源建设[J].中国基础教育，2023(05):39-42.

[2]鲍赟力，孙雨.人工智能在远程教育领域的应用路径研究[J].成人教育，2020，40(11):13-16.

[3]蔡旻君，芦萍萍，黄慧娟，等.信息技术与教学缘何难以深度融合——兼论信息技术应用于课堂教学时需正确处理的几组重要关系[J].电化教育研究，2014，35(10):23-28，47.

[4]曹顺庆，刘诗诗.重写文明史[J].四川大学学报(哲学社会科学版)，2023(01):5-17，186-187.

[5]陈凡，贾璐萌.技术伦理学新思潮探析——维贝克"道德物化"思想述评[J].科学技术哲学研究，2015，32(06):54-59.

[6]陈荣，郑凯.多元主体参与共推数字化转型[J].中国教育网络，2022(05):21-23.

[7]邓建国.概率与反馈:ChatGPT的智能原理与人机内容共创[J].南京社会科学，2023(03):86-94，142.

[8]邓静秋.家庭教育促进法的宪法逻辑[J].苏州大学学报(教育科学版)，2021，9(04):64-71.

[9]段伟文.生成式人工智能对学习与教育的冲击及其伦理应对[J].人民教育，2023(11):45-47.

[10]方海光，孔新梅，李海芸，等.人工智能时代的人机协同教育理论研究[J].现代教育技术，2022，32(07):5-13.

[11]冯海英，李江源.教育秩序:教育制度建设的价值追求[J].清华大

学教育研究,2009,30(05):22-29.

[12]冯雨奂.ChatGPT在教育领域的应用价值、潜在伦理风险与治理路径[J].思想理论教育,2023(04):26-32.

[13]管佳,韩婷芷,徐国兴,等.人工智能技术赋能我国高等教育拔尖人才培养[J].中国电化教育,2022(10):97-101.

[14]郭传凯.人工智能风险规制的困境与出路[J].法学论坛,2019,34(06):107-117.

[15]何克抗.21世纪以来的新兴信息技术对教育深化改革的重大影响[J].电化教育研究,2019,40(03):5-12.

[16]何灶,赵磊磊.智能时代教师数字胜任力发展困境及策略研究[J].贵州师范学院学报,2021,37(03):53-61.

[17]贺德方,陈宝明,周华东.国际科技立法发展趋势分析及若干思考[J].中国软科学,2020(12):1-10.

[18]黄兴涛.晚清民初现代"文明"和"文化"概念的形成及其历史实践[J].近代史研究,2006(06):1-34,0-1.

[19]金耀基.论大学通识教育的本质与意义——简介香港中文大学的通识教育的理念与实践[J].现代大学教育,2021,37(05):1-6,112.

[20]冷静,付楚昕,路晓旭.人工智能时代的个性化学习——访国际著名在线学习领域专家迈克·沙普尔斯教授[J].中国电化教育,2021(06):69-74.

[21]李丰.人工智能与艺术创作——人工智能能够取代艺术家吗?[J].现代哲学,2018(06):95-100.

[22]李广建,罗立群.国家科研论文和科技信息高端交流平台的战略定位与核心特征[J].图书馆论坛,2022,42(01):13-20.

[23]李健.出版视域下生成式人工智能创作物的权利归属与制度应对[J].出版发行研究,2023(03):41-47.

[24]李世瑾,胡艺龄,顾小清,等.如何走出人工智能教育风险的困局:现象、成因及应对[J].电化教育研究,2021,42(07):19-25.

[25]刘建.人与机器的张力:教育装备价值功用的哲学思考[J].南京师大学报(社会科学版),2018(2):79-88.

[26]刘铁芳.教育研究中的人文意蕴[J].教育研究,2008(11):38-44.

[27]刘远杰.重塑国家教育秩序——现代历史大变局中的中国教育文明[J].教育研究,2023,44(02):55-67.

[28]罗志佳,陈韦宏.ChatGPT介入教育领域的技术运用、风险洞悉与发展路径[J].重庆理工大学学报(社会科学),2023,37(06):119-128.

[29]蒙贵莲.陈鹤琴《家庭教育》之“普通教导法”的现代意义[J].品位·经典,2022(01):34-36.

[30]彭绍东.人工智能教育的含义界定与原理挖掘[J].中国电化教育,2021(06):49-59.

[31]戚凯.ChatGPT与数字时代的国际竞争[J].国际论坛,2023,25(04):3-23,155.

[32]钱海燕,杨成,吉晨子,等.人工智能时代教师角色的审视[J].中国教育信息化,2021(21):33-38.

[33]钱佳,郭秀旗,韦妙,等.农村教学点教育信息化政策实施困境与路径选择[J].教育研究与实验,2018(06):12-16.

[34]曲芷萱,王朋娇.基于学习分析的学生个性化学习资源推送[J].软件,2019,40(12):163-166.

[35]桑基韬,于剑.从ChatGPT看AI未来趋势和挑战[J].计算机研究与发展,2023,60(06):1191-1201.

[36]孙立会,沈万里.算法风险与智能教育中人的全面发展[J].现代远距离教育,2023(02):61-69.

[37]田浩然,赵之灿.中国省域高等教育资源集聚布局的创新效应研究[J].重庆高教研究,2024,12(01):32-45.

[38]汪雄.算法社会中的法律沉思[M].北京:中国政法大学出版社,2020.

[39]王晨月.基于深度学习和计算机辅助技术的非遗纹样生成与设计研究[D].上海:华东理工大学,2021.

[40]王禄生.从进化到革命:ChatGPT类技术影响下的法律行业[J].东方法学,2023(04):56-67.

[41]王平,朱小蔓.建设情感文明:当代学校教育的必然担当[J].教育

研究,2015,36(12):12-19.

[42]王晓敏,刘婵娟.人工智能赋能教育的伦理省思[J].江苏社会科学,2023(02):68-77.

[43]王佑镁,王旦,梁炜怡,等."阿拉丁神灯"还是"潘多拉魔盒":ChatGPT教育应用的潜能与风险[J].现代远程教育研究,2023,35(2):48-56.

[44]王佑镁,王旦,梁炜怡,等.ChatGPT教育应用的伦理风险与规避进路[J].开放教育研究,2023,29(02):26-35.

[45]王兆璟,陶洋.全球视野下的教育图志——联合国教科文组织重要教育报告的在场分析[J].西北师大学报(社会科学版),2023,60(04):108-116.

[46]翁奇峰.基于GAN的两阶段图像生成方法研究[D].成都:电子科技大学,2023.

[47]吴文涛,刘和海,白倩.建设学习型大国:以教育数字化践行中国式现代化[J].中国电化教育,2023(03):17-24,45.

[48]习近平.把中国文明历史研究引向深入增强历史自觉坚定文化自信[J].求知,2022(08):4-6.

[49]肖慧.重塑学校教育生态:构筑"人在中央"的智慧校园[J].中小学管理,2023(01):32-34.

[50]谢洪明,陈亮,杨英楠,等.如何认识人工智能的伦理冲突?——研究回顾与展望[J].外国经济与管理,2019,41(10):109-124.

[51]雅斯贝尔斯,童可依.《什么是教育》[J].读书,2021(05):57.

[52]杨曼婷.基于GAN的图像生成算法研究[D].淮南:安徽理工大学,2022.

[53]杨韶晟.基于VAE的条件生成式对抗网络模型研究[D].长春:吉林大学,2019.

[54]杨现民,张昊,郭利明,等.教育人工智能的发展难题与突破路径[J].现代远程教育研究,2018(03):30-38.

[55]杨宗凯.元宇宙推动教育的全面数字化转型[J].教育研究,2022,43(12):23-26.

[56]姚志伟，李卓霖．生成式人工智能内容风险的法律规制[J]．西安交通大学学报（社会科学版），2023，43（05）：147-160.

[57]叶澜．中国哲学传统中的教育精神与智慧[J]．教育研究，2018，39（06）：4-7，23.

[58]尹弘飚，秦晗．教师专业学习社群研究：范式、旨趣与论述[J]．华东师范大学学报（教育科学版），2024，42（3）：61-77.

[59]尹璐，安维复，刘进，等．教育人工智能的哲学意蕴[J]．高教探索，2021（05）：39-45.

[60]于秋月，刘坚．"人工智能+教育"的伦理分析及主体重塑[J]．学术探索，2024，（1）：148-156.

[61]余胜泉．教育数字化转型的关键路径[J]．华东师范大学学报（教育科学版），2023，41（03）：62-71.

[62]禹卫华．生成式人工智能数据原生风险与媒介体系性规范[J]．中国出版，2023（10）：10-16.

[63]喻长志．大数据时代教育的可能转向[J]．江淮论坛，2013（04）：188-192.

[64]袁振国．教育学的历史转向——关于教育学世界一流学科建设的思考[J]．教育研究，2023，44（05）4-15.

[65]张立新，陈倩倩．博弈与权衡：智能教育算法的规制性与人的自主性[J]．现代教育技术，2023，33（04）：32-39.

[66]张绒．生成式人工智能技术对教育领域的影响——关于ChatGPT的专访[J]．电化教育研究，2023，44（02）：5-14.

[67]张炜，周洪宇．教育强国建设：指数与指向[J]．教育研究，2022，43（01）：146-159.

[68]张欣，陈新忠．人工智能时代教育的转向、价值样态及难点[J]．电化教育研究，2021，42（05）：20-25，69.

[69]张欣．生成式人工智能的算法治理挑战与治理型监管[J]．现代法学，2023，45（03）：108-123.

[70]赵磊磊，闫志明．生成式人工智能教育应用的生态伦理与风险纾解[J]．贵州师范大学学报（社会科学版），2023（05）：151-160.

[71]赵磊磊,张黎,代蕊华,等.教育人工智能伦理:基本向度与风险消解[J].现代远距离教育,2021(05):73-80.

[72]周琴,文欣月.从自适应到智适应:人工智能时代个性化学习新路径[J].现代教育管理,2020(09):89-96.

[73]周玄,赵建超.人工智能的伦理困境与正向规约[J].江西社会科学,2022,42(10):37-43.

[74]朱光辉,王喜文.ChatGPT的运行模式、关键技术及未来图景[J].新疆师范大学学报(哲学社会科学版),2023,44(04):113-122.

[75]朱新均.学习型社会建设的理念、路径和对策[J].现代远程教育研究,2011(01):3-11.

[76]祝智庭,韩中美,黄昌勤,等.教育人工智能(eAI):人本人工智能的新范式[J].电化教育研究,2021,42(01):5-15.